BREVE HISTORIA DE LA SEGUNDA GUERRA MUNDIAL

JESÚS HERNÁNDEZ

nowtilus

Colección: Breve Historia (www.brevehistoria.com)
www.nowtilus.com

Título: *Breve Historia de la Segunda Guerra Mundial*
Autor: © Jesús Hernández
© 2006 Ediciones Nowtilus S.L
Doña Juana I de Castilla 44, 3° C, 28027 Madrid

Editor: Santos Rodríguez
Responsable editorial: Teresa Escarpenter

Diseño y realización de cubiertas: Carlos Peydró
Diseño de interiores y maquetación: Juan Ignacio Cuesta

ISBN13: 978-84-9763-279-9
Depósito legal: B-31270-2007

Fecha de la Primera edición: Junio 2006
Fecha de la Segunda edición: Julio 2007
Printed in Spain
Imprime: Litografía Roses

*«Por más que la guerra me atraiga y mi mente
se fascine con sus situaciones tremendas,
cada vez estoy más convencido de la asquerosa
y malvada locura de esa barbarie»*

Winston Churchill (1874-1965)

ÍNDICE

PRÓLOGO

SANGRE, SUDOR Y LÁGRIMAS

JUAN ANTONIO CEBRIÁN

RECUERDO CON VIBRANTE EMOCIÓN mis primeros años de adolescencia en los que devoraba todo tipo de narraciones con indiscutible preferencia —dada la edad— hacia la literatura de aventuras, aunque siempre encontraba horas suficientes para sumergirme en las coloristas viñetas de las recordadas hazañas bélicas, donde los héroes de la Segunda Guerra Mundial conseguían salvarnos de los malos en los momentos más acuciantes y desesperados. Más tarde, esa vocación por la historia que se había despertado en mí, me incitó a navegar por miles de páginas en las que este horrible suceso se me presentó con la crudeza propia de la realidad. Obviamente me percaté de inmediato que aquello estaba muy lejos de mis ingenuas apreciaciones concebidas tras la lectura de los cómics y poco a poco despojé a este singular acontecimiento guerrero de su vitola heroica para asumir que existían innumerables circunstancias trágicas detrás de cada decisión política, de cada ofensiva militar, de cada ciudad bombardeada.... La historia de la guerra ofrece la mayor miseria a la que un ser humano se puede enfrentar, lo vemos en las caras de los refugiados que han perdido sus raíces, de los prisioneros que esperan anhelantes el fin de la locura para regresar a casa y abrazar a los suyos, de los supervivientes libres al fin de los castigos procurados por un enemigo al que no conocen.

Ninguno de los más de siete mil conflictos armados constatados a lo largo de la cronología humana se puede equiparar en horror, masacre y destrucción a la Segunda Guerra Mundial vivida entre los años 1939-1945 del pasado siglo XX. Ni siquiera en nuestros días los más exhaustivos investigadores históricos se ponen de acuerdo a la hora de establecer una cifra certera sobre las muertes que ocasionó la contienda, aunque se barajan unas sesenta millones de almas perdidas por causa de los combates, enfermedades, hambrunas y represalias sufridas por los contendientes. En aquel tiempo nuestro planeta, con la civilización que en él moraba, se vio abocado al más inexorable abismo. Las nuevas armas que se emplearon y a las que el hombre nunca se había enfrentado, pusieron en jaque nuestros conceptos vitales, nuestra forma de entender la convivencia y sobre todo nuestra percepción de cómo había sido la vida hasta entonces. Todo dio un giro trascendental con la llegada al poder de auténticos psicópatas sociales como Adolfo Hitler, Benito Mussolini o José Stalin, los cuales no repararon en hecatombes colectivas en el intento de hacer prevalecer sus postulados ideológicos y acaso personales.

Durante cinco años y ocho meses el mundo zozobró mientras aprendía a marchas forzadas términos tales como: *Guerra Relámpago, Operación Barbarroja, Día de la infamia, Solución final, bomba atómica...*. En realidad de lo que se trataba en aquel instante definitivo, era decidir qué camino se debería seguir en adelante, qué metas trazaríamos para encarar con decisión el futuro. Y lo cierto es que, en aquel momento culminante, el gran tablero de juego que sustentaba nuestro quehacer en la tierra se vio más tambaleante que nunca por causa de atronadores estallidos provocados por el impacto de los obuses de calibre 88, las ráfagas de ametralladoras de posición o las bombas lanzadas desde los majestuosos B29.

De la Segunda Guerra Mundial se ha escrito lo suficiente para llenar varios centros de interpretación y decenas de bibliotecas con miles de títulos que han abordado con más o menos eficacia los diferentes aspectos generados por ese escenario cuajado aún de incertidumbres, miserias e intrigas.

Les invito por tanto a descubrir esta Breve Historia propuesta por el brillante Jesús Hernández, un autor para el que no es ajeno este difícil capítulo de nuestra peripecia, pues ya acreditó en obras anteriores su conocimiento claro y exhaustivo de la materia. Con este libro usted conocerá mucho mejor las singularidades de la guerra más asombrosa que vieron los tiempos y caminará seguro, gracias a la agilidad narrativa de Jesús, por los diferentes teatros de operaciones, desde la inicial Guerra Relámpago alemana hasta los hongos atómicos que se levantaron en Japón tras los ataques norteamericanos de 1945, pasando por el genocidio del pueblo judío, las sangrientas batallas en el frente del Este o la resistencia a ultranza de los británicos ante los interminables bombardeos de la Luftwaffe alemana. Asimismo vivirá episodios como el hundimiento del III Reich con sus sueños de grandeza milenaria, o los preparativos del Día D con la mayor movilización de tropas de la historia. En Jesús Hernández confluyen las mejores virtudes del historiador riguroso y del periodista capaz de transmitir información de forma didáctica. En consecuencia, esta obra es muy aconsejable para todos aquellos que quieran iniciarse en uno de los capítulos más interesantes de la era contemporánea. Les aseguro que no saldrán defraudados tras leer este libro y que querrán saber mucho más en torno a un momento crucial que en palabras del premier británico Winston Churchill nos costó a los humanos: «Ríos de sangre, sudor y lágrimas».

INTRODUCCIÓN

LA SEGUNDA GUERRA MUNDIAL siempre ha despertado un gran interés entre los aficionados a la historia, llegando en muchos casos a levantar una auténtica pasión. El motivo de la atracción que ejerce la contienda de 1939-1945 puede radicar quizás en que, en sólo seis años, se concentró tal cantidad de acontecimientos que es imposible conocerlos todos; por mucho que se profundice en su estudio, siempre habrá lugar para el episodio insólito e inesperado.

Historias heroicas, novelescas o enigmáticas, y también terribles, crueles o dramáticas, conviven en un infinito mosaico que nunca agota su capacidad para sorprender y fascinar al lector más exigente. Como prueba, basta constatar la cantidad de obras sobre la Segunda Guerra Mundial que figura en el catálogo de una célebre librería en Internet: un total de 248.327 títulos. Si nos imaginamos a alguien que decidiese leerlos todos, a un ritmo de dos libros por semana, ¡tardaría 2.500 años en conseguirlo! Pero este paciente y longevo lector, cuando culminase tan encomiable esfuerzo de lectura, se sentiría bastante frustrado, puesto que, con toda seguridad, la lista ya habría crecido mucho más...

Teniendo esto en cuenta, cuando me propuse condensar la historia de ese inabarcable conflicto en un solo volumen comprendí de inmediato la enorme dificultad de la empresa. Una vez asumida la imposibilidad de concentrar de manera exhaustiva todo el desarrollo de la guerra en unas pocas páginas, opté por ofrecer un relato ágil y sencillo, en ocasiones colorista, y deslizando de vez en cuando alguna licencia literaria, con el objetivo de que el lector aumente sus conocimientos a la vez que disfruta con la narración de los hechos. Para ello he tenido que sacrificar muchos nombres propios que merecerían aparecer aquí, me he visto forzado a ignorar algunos hechos de armas de cierta relevancia, y he reducido al mínimo la anotación de fechas y lugares, todo en aras de conseguir un argumento que espero sea emocionante y atractivo.

Sin duda, no serán pocas las carencias de este libro, pero considero que, como hemos visto, existe una bibliografía amplísima a disposición del lector que desee profundizar más. Pero, al mismo tiempo, no creo que existan demasiados libros como éste, en el que la historia de la Segunda Guerra Mundial se presente resumida en un solo volumen de forma tan asequible y, a la vez, tan apasionante.

Así pues, prepárense porque el gran enfrentamiento bélico del siglo XX está a punto de comenzar. Empuñen el arma con decisión, comprueben las municiones, ajústense el barboquejo del casco y no se separen de mí durante toda la misión. Y aunque ahora estén cómodamente sentados en el sillón de su casa, no se confíen; en cuanto escuchen el silbido de las balas enemigas... ¡cuerpo a tierra!

Jesús Hernández
jhermar@hotmail.com
jesus.hernandez.martinez@gmail.com

1 LA GUERRA RELÁMPAGO

A LAS 4:45 DE LA MADRUGADA del viernes 1 de septiembre de 1939, un guardia de fronteras polaco dormita confiadamente en su puesto de control cuando, de repente, oye ruido de motores en el exterior.

Al salir de la caseta, y sin haber podido despejarse todavía el sueño de los ojos, ve cómo un grupo de soldados alemanes avanza con paso firme y decidido hacia él.

Intenta darles el alto, pero uno de aquellos soldados lo lanza de un empujón al suelo. Los otros, entre risas, y mientras un camarógrafo inmortaliza ese momento histórico, levantan a pulso la pesada barrera que marca la línea de la frontera germano-polaca y la apartan a un lado. Al cabo de unos minutos, la columna ya avanza a toda velocidad por la carretera rumbo al interior de Polonia.

El guardia de fronteras, desde la cuneta, contempla impotente cómo ante sí pasan tanques, camiones y motocicletas, dejando atrás una espesa nube de polvo. También oye ruido de motores en el cielo: al levantar la cabeza ve las primeras luces del alba reflejándose en el fuselaje verde oliva de una escuadrilla de aviones, siguiendo a la columna a poca altura. Mientras, más y más soldados atraviesan la frontera al ritmo cadencioso que marcan sus altas botas de cuero negro.

Aquel atónito guardia polaco no es consciente de ello, pero acaba de ser testigo privilegiado del comienzo de la Segunda Guerra Mundial, una contienda que acabará costando la vida a más de 50 millones de personas y que marcará la historia del siglo XX.

Paradójicamente, nadie había deseado aquella guerra. En el ánimo de Polonia no figuraba el deseo de provocar a su poderoso vecino alemán. Ni Francia ni Gran Bretaña, que se verían obligados a declarar la guerra a Alemania tres días después, tenían la más mínima intención de involucrarse en una guerra.

Pero, aunque resulte sorprendente, Hitler no tenía previsto enfrentarse a las potencias occidentales tan pronto. Según los arriesgados cálculos del dictador nazi, ni el gobierno de Londres ni el de París iban a mover un dedo por defender a Polonia, tal como había sucedido cuando engulló Austria o Checoslovaquia.

En sus previsiones, más adelante, Alemania estaría ya en condiciones de medirse a británicos y franceses, quizás en 1942 o 1943. De hecho, todos los programas de rearme iban encaminados a alcanzar en esos años sus mayores cifras de producción. Hitler había dado orden de construir una potente flota de superficie capaz de disputar a la Marina de guerra británica —la *Royal Navy*— el dominio de los mares, pero que no estaría preparada hasta entonces. Ni tan siquiera se contaba en 1939 con una flota de submarinos suficientemente potente.

Pero a las nueve de la mañana del domingo 3 de septiembre, cuando las tropas polacas llevaban ya dos días intentando sin

Impresionante demostración nacionalsocialista en Nuremberg. En ese momento, los jerarcas nazis no podían pensar que, años más tarde, serían juzgados en esa misma ciudad por los crímenes cometidos al frente del Tercer Reich.

éxito resistir el imparable avance de los *panzer*, en el Ministerio de Asuntos Exteriores alemán se recibió un ultimátum británico anunciando que a las 11 entraría en vigor el estado de guerra entre ambas naciones.

Hitler, al recibir el papel, se quedó petrificado; todos sus planes se habían visto alterados. Estuvo unos minutos sin pronunciar una palabra, hasta que rompió el silencio para preguntar a Joachim Von Ribbentrop, su ministro de Asuntos Exteriores:

—¿Y ahora qué?

—Supongo que antes de una hora llegará el ultimátum de Francia— le respondió Von Ribbentrop.

El veterano ministro alemán no se equivocaba. Al cabo de un rato llegó el esperado comunicado del gobierno galo, pero en este caso anunciando la declaración del estado de guerra para las cinco de la tarde de ese domingo.

El inminente estallido de la contienda no fue recibido por los jerarcas nazis precisamente con júbilo. Como si una oscura —y a la postre, acertada— premonición hubiera pasado por la mente de Hermann Goering, el obeso jefe de la *Luftwaffe* —la fuerza aérea germana—, éste sólo acertó a exclamar:

—Si perdemos esta guerra, ¡que el cielo nos proteja!

Entre la población germana tampoco se desató el entusiasmo. Quizás influidos por el hecho de que esa tarde no se encendiese el alumbrado público de las ciudades en previsión de un posible bombardeo aéreo, los alemanes se encerraron en sus casas y se sentaron alrededor de sus receptores de radio para seguir los acontecimientos.

Las calles de Berlín presentaron esa tarde de domingo y los días siguientes un aspecto desierto y desangelado, que no traía consigo los mejores augurios para la guerra que acababa de comenzar.

El origen del conflicto

Pero, ¿qué ominoso camino había recorrido Europa hasta llegar a ese punto de no retorno?

¿Cómo era posible que la generación que había padecido en primera línea la tragedia de la Primera Guerra Mundial volviera a repetir los mismos errores que cometieron los que condujeron a sus naciones a aquella catástrofe?

Hay que tener presente que la mayoría de protagonistas de la Segunda Guerra Mundial —Hitler, Goering, Rommel, Churchill, De Gaulle, Patton o Truman, entre muchos otros— había combatido en las trincheras durante la contienda de 1914-1918 y conocían perfectamente el desastre al que se enfrentaba el continente europeo en caso de que estallase otra conflagración.

Pero, aún así, las principales potencias acabaron enfrentadas en una lucha encarnizada que dejaría atrás algunos de los límites que existieron en el anterior conflicto, como fue el ataque indiscriminado a las poblaciones civiles, quedando rebasado ampliamente durante la Segunda Guerra Mundial.

En cierto modo, el conflicto que comenzó aquella madrugada de septiembre en la frontera polaca no era más que la continuación de la guerra que había terminado dos décadas antes con la derrota de Alemania.

El 10 de noviembre de 1918, un soldado germano se recuperaba en un hospital de la ceguera temporal que le había provocado un ataque con gases sufrido un mes antes. Pese a que su país se estaba desangrando por el esfuerzo de una guerra que duraba ya cuatro interminables años, por la imaginación de aquel soldado no pasaba ni por asomo la idea de una derrota. Había permanecido en el frente durante casi todo el tiempo que había durado la guerra, por lo que desconocía las penurias por las que atravesaba la población de su país. En su mente alejada de la realidad, Alemania estaba a punto de lanzar la ofensiva definitiva, el gran avance que llevaría a las armas germanas triunfantes hasta París.

Por eso su sorpresa, primero, y luego su rabia y su desesperación, fueron mayúsculas cuando el 10 de noviembre de 1918 un anciano se dirigió a él y al resto de heridos que se recuperaban en el hospital de Passewalk para comunicarles que el Káiser había abdicado y que la guerra acabaría a las once de la mañana del día siguiente; ¡Alemania había perdido la guerra!

Todo lo que cimentaba la vida y el pensamiento de aquel soldado se había venido abajo en un instante. Todos los sacrificios y penalidades padecidos por él y sus compañeros no habían servido para nada. Los dos millones de soldados alemanes muertos habían caído inútilmente.

En ese preciso instante comenzaba la cuenta atrás para un nuevo y aún más sangriento conflicto. Aquel excéntrico cabo, que respondía al entonces anónimo nombre de Adolf Hitler, se juró a sí mismo vengar aquella humillación. Pero había que buscar un culpable de la derrota; Hitler lo encontró en los judíos, que —en su enfermiza mente— se habían enriquecido con la guerra y finalmente habían perpetrado, junto a los comunistas, la denominada «puñalada por la espalda» que había llevado a su país a esa capitulación vergonzosa.

Allí, en aquel hospital, se estaba incubando la catástrofe que asolaría Europa dos décadas más tarde. El gran enigma es saber cómo fue posible que las obsesiones y las fantasías de un fanático pasasen a convertirse en las directrices de la política de un país del peso económico e intelectual de Alemania.

Para encontrar una explicación a ese rapto de la voluntad de la nación germana hay que remitirse al Tratado de Versalles, firmado en 1919, por el que las potencias vencedoras sometían a Alemania a una serie de condiciones que la mayoría de la población germana consideró intolerables. El hecho de que algunas regiones alemanas pasasen a control militar de los vencedores o la obligación de hacer frente al pago de unas ingentes sumas de dinero en concepto de reparaciones de guerra no fue tan doloroso como el que Alemania debiera reconocer en exclusiva la culpabilidad en el estallido de la guerra. Eso fue considerado como una afrenta insoportable que algún día debía ser vengada.

Uno de los artífices del Tratado de Versalles, el primer ministro inglés Lloyd George, era plenamente consciente de que aquel documento no garantizaría en el futuro la paz en Europa.

El *premier* británico confesó que el Tratado provocaría otra guerra a los 20 años de su firma y, por desgracia, no se equivocó en absoluto. Por su parte, Robert Lansing, secretario de Estado norteamericano, no compartía el optimismo de su presidente, Wilson, y aseguró que «la próxima guerra surgirá del Tratado de Versalles, del mismo modo que la noche surge del día».

Pese al peligro evidente de que Europa volviera a verse abocada a un conflicto armado aún más sangriento en el plazo de una generación, las potencias occidentales, pero en especial Francia, no supieron estar a la altura de lo que la responsabilidad histórica requería. La solicitud de la república de Weimar —el nuevo Estado democrático alemán— de pasar para siempre la página del conflicto y admitir a Alemania como un miembro más en el concierto de las naciones se encontró siempre con la incomprensión y la desconfianza del gobierno de París de turno.

La obligación al pago de las reparaciones de guerra impidió a Alemania consolidar su economía. Paro, disturbios, inestabilidad política, fueron el caldo de cultivo en el que la desengañada población germana giró su vista hacia los que le proponían soluciones radicales para poner así fin a ese estado de postración permanente.

Las consecuencias de esta miopía política de las potencias vencedoras se verían más tarde. Después de un esperpéntico intento de hacerse con el poder por la fuerza en 1923, mediante un fallido golpe de Estado surgido en una cervecería de Munich, Hitler se aupó al poder, forzando al límite las reglas de la democracia, diez años más tarde. Gracias a un innovador y efectivo uso de la propaganda, sumado al clima de coacción creado por sus seguidores más fanáticos, que no dudaban en recurrir a la intimidación y la agresión física, obtuvo unos resultados electorales que le permitieron exigir la cancillería al anciano presidente Hindenburg.

En cuanto fue nombrado canciller, el 30 de enero de 1933, Hitler puso en marcha su plan para crear un Estado totalitario. De nada sirvieron las advertencias del general Erich Ludendorff, que conocía muy bien a Hitler. En una carta dirigida a Hindenburg, el veterano militar le hacía responsable de lo que le sucediese en el futuro a Alemania, asegurando que «Hitler, ese hombre nefasto, conducirá a nuestro país al abismo y a nuestra nación a un desastre inimaginable». Nuevamente, nadie hizo nada por evitar la catástrofe que se adivinaba en el horizonte.

Un incendio intencionado —aunque probablemente causado por los propios nazis— del *Reichstag* fue utilizado como oportuna excusa para ilegalizar al Partido Comunista y arrebatarle sus escaños. Además, se inauguró el campo de concentración de Dachau para internar a todos lo que se mostrasen críticos con el nuevo régimen de terror que se había impuesto en Alemania.

Si Francia y Gran Bretaña eran en último término responsables por inacción del ascenso de Hitler —ya convertido en *Führer*—, el pueblo germano también lo era en no menor medida; la mayoría de los alemanes asistió con indiferencia a la persecución a la que de inmediato fueron sometidos los ciudadanos de origen judío; médicos, profesores o funcionarios que hasta ese momento habían ejercido su profesión con normalidad, se encontraban de repente con la imposibilidad de seguir trabajando. Lo mismo les ocurriría a los comerciantes hebreos, obligados a cerrar sus tiendas, ante la mirada esquiva del resto de alemanes, que no reaccionaron ante los abusos del régimen nazi, pensando que la locura a la que asistían no les acabaría afectando a ellos. Estaban muy equivocados.

Las intenciones de Hitler quedaron claras ya en octubre de 1933, cuando Alemania se retiró de la Sociedad de Naciones. Su primer desafío a la comunidad internacional fue instaurar el servicio militar obligatorio en marzo de 1935, violando el Tratado de Versalles, y admitiendo la existencia de la *Luftwaffe*.

Ese mismo año se dictaron los decretos antisemitas de Nuremberg, por los que prácticamente se decretaba la muerte civil de los judíos, como primer paso hacia su futura eliminación física. Tras recuperar la región del Sarre mediante un plebiscito, Hitler convocó también un referéndum, logrando un 99 por ciento de los votos. Pese a todos los indicios, ni Gran Bretaña ni Francia consideraban aún al Tercer Reich como una amenaza para la paz.

Hitler inició un rearme generalizado, saltándose las limitaciones impuestas por el Tratado de Versalles, sin que las potencias occidentales intervinieran. Incluso, los británicos alcanzaron un acuerdo con la Alemania nazi por el que se le permitía iniciar la construcción de una flota de guerra, pero siempre y cuando se mantuviese el predominio de la *Royal Navy*.

LA EXPANSIÓN DEL TERCER REICH

En marzo de 1936, los alemanes entraron con tan sólo cuatro batallones en Renania, una región industrial fronteriza con Francia que había permanecido desmilitarizada desde el final de la Primera Guerra Mundial. Hitler confesó que si los franceses hubieran reaccionado en ese momento, el entonces débil ejército germano hubiera sido arrollado, pero el *farol* de Hitler tuvo éxito y pudo apuntarse un nuevo tanto ante la población germana, que veía con satisfacción cómo el *Führer* iba sacudiéndose todas las humillaciones impuestas por el Tratado de Versalles.

Los espectaculares éxitos alcanzados por Hitler en materia económica y en política internacional restaron credibilidad a los pocos que se atrevían a denunciar los excesos del estado policial en el que se había convertido Alemania. El paro desapareció de las preocupaciones del alemán medio, se inició la construcción de una moderna red de autopistas que sería la envidia de todos los visitantes extranjeros y Berlín dio a conocer al mundo la mejor cara de la utopía nazi en los Juegos Olímpicos de 1936.

Aunque estaba específicamente prohibida por el Tratado de Versalles, Hitler consiguió la anexión de Austria, el llamado *Anschluss*, en marzo de 1938. Antes de que sus tropas entrasen en su país natal, los nazis habían llevado a cabo una intensa campaña de desestabilización, lo que incluyó el asesinato de su canciller en 1934. Finalmente, Hitler pudo regresar a la ciudad en la que en su juventud había vivido como un indigente, pero en esta ocasión saludando desde un automóvil Mercedes negro blindado, protegido por una cohorte de ceñudos soldados y aclamado por sus compatriotas, que habían caído hechizados por su demostración de poder.

En septiembre de 1938, Hitler reclamaría la anexión de la región checoslovaca de los Sudetes, amparándose en el origen alemán de sus habitantes. El pequeño país centroeuropeo, que poseía una importante industria de guerra y un ejército preparado para entrar en guerra, acudió a Francia y Gran Bretaña para pedir auxilio ante las amenazas alemanas. En lugar de garantizar su independencia, intentaron convencer a los checos para que se mostraran *razonables*. Cuando las potencias occidentales comprendieron que Hitler estaba dispuesto a llegar a la guerra para obtener su propósito, decidieron reunirse con él, con Mussolini en el papel de mediador.

En la noche del 29 al 30 de septiembre de 1938 se consumó en Munich la claudicación de las potencias democráticas ante la desmedida ambición de Hitler. Mientras al representante de Checoslovaquia, el presidente Edvard Benes, se le impedía estar presente en la sala de negociaciones, se decidió desmembrar su país para aplacar al dictador germano. El 1 de octubre, las tropas alemanas irrumpirían en territorio checo, en cumplimiento de los acuerdos del pacto, apoderándose así de la región de los Sudetes.

Los representantes de Francia y Gran Bretaña temían la reacción de sus compatriotas ante su indigno comportamiento, pero en realidad fueron recibidos como héroes. El primer ministro galo, Edouard Daladier murmuró entre dientes: «¡Qué idiotas!», cuando contempló a las masas parisinas aclamándole al paso de su coche oficial.

Por su parte, el cándido y bienintencionado *premier* británico, Neville Chamberlain, bajó de su avión agitando en sus manos el papel del pacto y exclamando «¡paz para nuestro tiempo!», en medio de los vítores de los londinenses, que le cantaban «porque es un chico excelente...». El único político que se atrevió a *aguar la fiesta* fue Winston Churchill: «Hemos sufrido una derrota absoluta y total», afirmó en la Cámara de los Comunes. Aunque fue duramente criticado, tanto por el resto de los diputados como por toda la prensa, el clarividente futuro primer ministro sabía que estaba en lo cierto.

Británicos y franceses habían creído siempre a Hitler cuando les aseguraba que cada uno de esos pasos del expansionismo alemán era su «última reivindicación en Europa», sin darse

Los tanques alemanes atraviesan con decisión la frontera polaca en la mañana del 1 de septiembre de 1939. Los polacos cometieron el error de plantear la defensa cerca de la línea fronteriza, siendo arrollados por los *panzer*.

cuenta de que su ingenuidad estaba alimentando el monstruo que tarde o temprano iba a intentar destruirlos. Pero ese autoengaño estaba a punto de finalizar.

El 15 de marzo de 1939, cuando las tropas alemanas ocuparon Praga, convirtiendo aquel pacto mostrado orgullosamente por Chamberlain a la multitud en papel mojado sin ningún valor, las potencias occidentales comenzaron a comprender que, aunque fuera un poco tarde, la época de las concesiones a Hitler debía terminar.

Polonia sería el siguiente objetivo de la voracidad de Hitler. La antigua ciudad germana de Danzig, territorio polaco desde el final de la Primera Guerra Mundial, era el motivo de conflicto presentado por Alemania para obtener nuevas ganancias territoriales. Danzig se encontraba en un corredor que unía el centro de Polonia con el Mar Báltico, partiendo el territorio prusiano en dos.

Nuevamente, Hitler se aprovechará de una de las afrentas surgidas del Tratado de Versalles para justificar sus reivindicaciones. El 26 de marzo exigió la entrega de Danzig, pero en este caso los polacos, al tener muy presente lo que les había ocurrido a los checos, consiguieron una garantía de ayuda de Gran Bretaña, a la que luego se sumó Francia.

Hitler también movió hábilmente sus piezas; el 22 de mayo firmó con Mussolini el Pacto de Acero, por el que ambas naciones se comprometían a ayudarse mutuamente. En el tablero europeo se estaban perfilando ya las alianzas del inminente conflicto.

Aunque, de cara al exterior, la pretensión de Hitler era solamente retornar Danzig a territorio del Reich, su intención era adueñarse de Polonia. Pero para ello debía neutralizar antes a la Unión Soviética. Él sabía que al astuto Stalin no se le podía engañar del mismo modo que había hecho en Munich con Daladier o Chamberlain, por lo que tramó una genial jugada diplomática.

Para sorpresa y consternación de todos, sobre todo para los partidos comunistas europeos, el 23 de agosto de 1939 se firmaba en el Kremlin un pacto entre la Alemania nazi y la Rusia soviética que, aunque la historiografía lo ha presentado como de «no agresión», en realidad era un acuerdo de colaboración en toda regla. Por parte germana lo rubricó el ministro de Asuntos Exteriores, Von Ribbentrop, y por la soviética su homólogo Vyacheslav Molotov, con la presencia de Stalin.

Este acuerdo antinatural entre regímenes tan opuestos escondía unas cláusulas secretas que eran las que habían motivado realmente el acercamiento. En ellas se estipulaba el reparto de Europa Oriental en áreas de influencia alemanas y soviéticas «en el caso de que se produjesen modificaciones político-territoriales» o, prescindiendo de eufemismos, si Alemania lanzase sus *panzer* contra los polacos. Por ese pacto secreto, los Estados Bálticos pasaban a control ruso, así como una franja polaca, mientras que los alemanes tenían las manos libres para apoderarse de la parte occidental de Polonia. Además, Alemania se comprometía a vender maquinaria y productos manufacturados a los soviéticos a cambio de trigo y materias primas.

La reunión en el Kremlin finalizó, como no podía ser de otro modo, con los correspondientes e inacabables brindis a los que es tan aficionado el pueblo ruso. En este caso no fueron con vodka sino con champán, que pese a ser éste de Crimea tuvo una excelente aceptación entre los presentes. Las botellas se vaciaban con la misma rapidez que se descorchaban, hasta que incluso Stalin terminó tambaleándose.

Hitler, desde Berlín, también celebró —aunque sin alcohol, pues era abstemio— el triunfo conseguido. Por fin tenía las manos libres para la invasión de Polonia. La única potencia que podía interferir en sus planes al verse amenazada, la Unión Soviética, ya estaba domesticada.

Los observadores británicos y franceses presentes en Moscú y Berlín informaron a sus respectivos gobiernos de lo que se estaba tramando, pero sus líderes volvieron a pecar de ingenuos y no le dieron al acuerdo la importancia que merecía. Por su parte, los polacos estaban espantados ante la confabulación de sus dos grandes enemigos históricos, una repentina *amistad* que no hacía presagiar nada bueno para ellos.

LA INVASIÓN DE POLONIA

Todo estaba preparado para la invasión, pero era necesario buscar una excusa para justificarla. Hitler encargó que unos días antes se representase un ataque polaco a una emisora de radio alemana en Gleiwitz. Para ello se escogieron unos presos comunes, se les vistió con uniformes polacos y se les mató a sangre fría, pero de tal modo que pareciese que hubiera habido un enfrentamiento con los soldados alemanes encargados de proteger la emisora. La mascarada no convenció a nadie, pero tampoco era necesario. En la madrugada del 1 de septiembre, las tropas alemanas cruzaban la frontera.

El plan alemán consistía en atacar Polonia desde tres flancos: por el norte, desde Prusia Oriental, cortando el corredor y rodeando la ciudad de Danzig, en la que la población germana reduciría a la débil guarnición polaca; desde el oeste, a través de

Prusia Occidental; y, desde el sur, tomando como punto de partida el territorio checo ocupado.

El crucero germano *Schleswig-Holstein* bombardeó desde el inicio de las operaciones a las fuerzas polacas que protegían el puerto de Gdynia, en el corredor que se abría al Báltico y que constituía la puerta de Danzig. Al caer la noche del primer día de guerra, la disputada Danzig ya estaba en manos alemanas pero, naturalmente, Hitler no ordenó parar la ofensiva al ver cumplida su reivindicación sobre la ciudad que hasta ese momento había estado bajo dominio polaco. Los combates no acabarían hasta que Polonia entera doblase la rodilla.

Al término del primer día, se vio claramente que la diferencia entre ambos ejércitos era abismal. Aunque los polacos disponían de 30 divisiones en activo, por 40 de los alemanes, las tropas de Hitler eran muy superiores, al contar con varias divisiones acorazadas y motorizadas. Por el contrario, los polacos tenían una docena de brigadas de caballería, de las que sólo una era motorizada. En total sólo disponían de 600 carros blindados para oponerse a los 3.200 con que contaban los alemanes. La diferencia era similar a la que se daba en el aire; mientras que la fuerza aérea polaca constaba de 842 aviones anticuados, la moderna *Luftwaffe* disponía de 3.234 aparatos.

Aunque en ese momento los ejércitos alemanes no tenían aún experiencia en combate, sí que eran las fuerzas armadas mejor entrenadas de Europa. Sus tácticas militares eran revolucionarias; hasta ese momento, siguiendo el mismo esquema de la Primera Guerra Mundial, se creía que el tanque debía acompañar a la infantería, apoyándola y protegiéndola en su lento avance, pero los alemanes rompieron totalmente con el pasado.

Paradójicamente, aprovechando las teorías de un joven militar francés entonces desconocido llamado Charles De Gaulle, consideraron que los tanques podían romper la línea del frente gracias a su velocidad y envolver a las tropas enemigas. Detrás llegaría la infantería para liquidar la bolsa resultante. Los ataques a baja altura de la aviación ayudarían a crear el pánico entre las filas rivales. De Gaulle no consiguió convencer a sus compatriotas de que el futuro estaba en las divisiones motorizadas, pero los teóricos germanos sí que supieron visualizar el que iba a ser uno de los capítulos más espectaculares de la historia militar. Esa innovadora y arrolladora manera de combatir sería bautizada como la «guerra relámpago» o *Blitzkrieg*.

Los alemanes supieron mantener su secreto bien guardado hasta que lo pusieron en práctica contra el obsoleto ejército polaco, basado aún en la fuerza de su caballería, dotada de armas blancas y fusiles. El 2 de septiembre, la brigada de caballería Pomorska atacó a los blindados alemanes a punta de lanza; como era previsible para cualquiera menos para los mandos polacos, los valientes jinetes no tardaron en ser aniquilados. Los ataques coordinados por radio llevados a cabo por unidades acorazadas, apoyadas por la aviación, enviarían a estos ejércitos decimonónicos al baúl de la historia.

Además, la estrategia defensiva seguida por el ejército polaco fue sencillamente desastrosa; en lugar de renunciar a la defensa de las zonas fronterizas, sin accidentes geográficos destacables, y atrincherarse en posiciones fácilmente defendibles como eran los ríos Vístula y San, Polonia lanzó a dos tercios de sus fuerzas a rechazar a los alemanes en cuanto penetraron en territorio polaco. El Ejército de Tierra alemán —conocido popularmente como la *Wehrmacht*/ pese a que este término incluye también a las fuerzas de Mar y Aire—, muy superior en capacidad de movimiento y con un dominio del aire casi absoluto, no tuvo problemas para articular unas gigantescas pinzas en las que las voluntariosas tropas polacas quedaban atenazadas.

Polonia tampoco anduvo muy ágil a la hora de movilizar a todo su ejército, que podía haber estado integrado por dos millones y medio de hombres, si se hubiera llevado a cabo a tiempo la movilización. En ese caso, el resultado de la campaña como mínimo habría sido más incierto, teniendo en cuenta que la fuerza alemana no llegaba al millón de efectivos.

Al segundo día de la campaña, el sábado 2 de septiembre de 1939, los británicos presentaron un ultimátum a Alemania para que se retirase de Polonia, mientras que Francia —temerosa de una reacción germana para la que no estaban preparados— se limitó a solicitar una retirada con vistas a alcanzar posteriormente un acuerdo similar al de Munich.

Ante la negativa germana a retirar a su ejército, y tal como ha quedado reflejado al comienzo de este capítulo, Gran Bretaña presentó su declaración de guerra a las 11 de la mañana del domingo 3 de septiembre. Francia, a regañadientes, la seguiría seis horas más tarde.

Aunque Hitler confió hasta el último segundo en que las potencias occidentales se inhibirían ante su brutal agresión a Polonia, no fue así. Pero la apuesta del *Führer* debía continuar hasta el final. Era necesario que la resistencia polaca fuera definitivamente vencida antes de que pudiera recibir algún apoyo de sus aliados.

Los *panzer* comenzaron a rodar a gran velocidad por las llanuras polacas, mientras los aviones *Stuka* sembraban el caos en las comunicaciones enemigas. Sus bombardeos en picado aterrorizaban a los polacos; en el momento de iniciar el descenso se ponía en marcha automáticamente una sirena cuyo penetrante ulular anunciaba la llegada de la muerte desde el cielo.

La sirena de los *Stuka* se convirtió en una importante arma psicológica, que compensaba las limitaciones de este aparato, como eran la escasa velocidad o su armamento insuficiente. Al haber quedado destruidos los aeródromos polacos junto a su exigua aviación en los primeros días de la campaña, los temibles *Stuka* se hicieron dueños del aire, adquiriendo un halo mítico que los convertiría para siempre, junto a los *panzer*, en el símbolo de la guerra relámpago.

Antes de una semana, tras haber recorrido 250 kilómetros, las tropas alemanas ya amenazan Varsovia. El día 6 había caído Cracovia y ahora es la capital la que debe enfrentarse al rodillo teutón. El día 8 se cierra el cerco sobre Varsovia y al día siguiente da comienzo la batalla definitiva.

Los polacos intentan pasar al contraataque en Poznan para aligerar la presión sobre la capital. Esta maniobra culmina con cierto éxito, lo que hace anidar en el gobierno polaco la esperanza de que Varsovia pueda resistir. El motivo del frenazo sufrido por el avance alemán es la llegada de los primeros

La guerra relámpago se basaba en la coordinación de la fuerza aérea y la terrestre. En la imagen, el temible *Stuka* que hacía sonar una sirena cuando efectuaba sus bombardeos en picado, para aterrorizar así al enemigo.

problemas de abastecimiento causados por la extensión de sus líneas. Pero los polacos no saben aprovechar este momentáneo respiro, al no decidirse a organizar una ofensiva y limitarse a lanzar descoordinados zarpazos a lo largo de todo el frente.

Pero esta pequeña luz al final del túnel que han vislumbrado los polacos se apaga rápidamente. El 17 de septiembre, el ejército soviético cruza la frontera oriental polaca, en cumplimiento del acuerdo firmado en el Kremlin el 23 de agosto. Los polacos no disponen allí de fuerzas organizadas para proteger la frontera y los rusos avanzan casi sin oposición, sufriendo tan sólo 700 bajas. Stalin acude así a tomar la parte del *pastel polaco* que le corresponde.

Al día siguiente, el gobierno polaco escapa rumbo a Rumanía. El último escollo que les queda a las tropas de Hitler para alcanzar su objetivo de apoderarse de Polonia es la captura de Varsovia, defendida por un cinturón de fortificaciones. Al principio, por la cabeza de los polacos, amantes de su patria, no pasa la posibilidad de una capitulación. Los 120.000 hombres que defienden la capital están dispuestos a morir defendiéndola. Todos sus habitantes se quedan; sólo se permite abandonar la ciudad a extranjeros y diplomáticos.

La capital polaca soportará heroicamente los salvajes bombardeos de la *Luftwaffe* durante nueve días más, pero el 27

Las tropas alemanas se mostraron intratables en el campo de batalla. Bien entrenada y pertrechada, la *Wehrmacht* sorprendió a Europa con una campaña rápida y eficaz, ante la que nada pudo hacer el anticuado Ejército polaco, que aún confiaba en las cargas de caballería.

de septiembre comienzan a verse banderas blancas en las ventanas. Varsovia se ve obligada a rendirse.

El 28 cae la ciudad de Thorn, el último reducto de la resistencia polaca. Ese día se firma el acta de capitulación. Los oficiales polacos podrán conservar sus sables en reconocimiento a su valor y los soldados polacos quedarán en libertad una vez estabilizado el país. Pero no ocurrirá lo mismo con los 170.000 soldados que han sido capturados por los rusos; miles de oficiales no regresarán nunca a casa, como se verá más adelante.

La campaña de Polonia se ha terminado en sólo 28 días. Los alemanes han sufrido 10.000 bajas, pero se han perdido más de 150.000 vidas polacas, entre soldados y víctimas civiles de los bombardeos.

Europa ha asistido atónita al incontenible avance de los *panzer* por las llanuras polacas. Pero el viejo continente sabe que la agresión de Hitler no se limitará a su reciente conquista; ante la imposibilidad para las potencias occidentales de plantearse la liberación de Polonia, únicamente queda aguardar para ver quién será la próxima víctima de la arrolladora máquina de guerra alemana...

2 Noruega y Dinamarca, invadidas

GRAN BRETAÑA Y FRANCIA habían declarado la guerra a Alemania, tras la agresión de ésta a Polonia. Después de dos décadas, Europa se encontraba de nuevo sumida en la catástrofe. De nada habían servido los diez millones de muertos que provocó la Gran Guerra; el continente volvía a afrontar un conflicto que amenazaba con ser aún más sangriento que el que lo había destrozado entre 1914 y 1918.

Al igual que había ocurrido al inicio de la Primera Guerra Mundial, los primeros éxitos sonrieron exclusivamente a los alemanes. El mismo domingo 3 de septiembre, el día de la declaración de guerra a Alemania, el submarino U-30 hundía el vapor británico *Athenia*, causando la muerte de 1.400 pasajeros, presumiblemente al confundirlo con un mercante corsario.

En cambio, la única acción aliada que se dio el día del rompimiento de las hostilidades fue un inofensivo bombardeo sobre algunas ciudades alemanas. Pero, en lugar de bombas, los aviones británicos lanzaron un total de seis toneladas de octavillas en las que se pedía a la población civil germana que diera la espalda a sus dirigentes, asegurando que éstos no deseaban la paz. Para que se supiera exactamente a quién iba dirigido el mensaje, los panfletos estaban ridículamente encabezados de la siguiente forma: «Comunicado al Pueblo Alemán».

Este seráfico intento de minar el poder de Hitler fue, de todos modos, bien acogido por los que consiguieron hacerse con grandes fajos de estos papeles que llegaron al suelo sin desatar, al encontrarles una prosaica utilidad en el baño de sus casas. Un oficial británico disconforme con la medida y que denominó esa campaña como una «guerra de *confetti*» declaró que, en ese escatológico aspecto, se habían cubierto las necesidades de la población alemana para los siguientes cinco años...

LA *DRÔLE DE GUERRE*

En cuanto las tropas germanas entraron en Polonia, los franceses recibieron súplicas desesperadas de los polacos para que atacasen las fronteras occidentales de Alemania. Desde París se aseguraba que la ofensiva se estaba llevando a cabo; esto levantó las esperanzas de Varsovia, pero en realidad se trataba de un ataque simbólico. El general Gamelin anunció que más de la mitad de sus divisiones estaba en contacto con el enemigo, pero le faltó aclarar que tan sólo se trataba de contacto visual.

Al final, el *ataque* a Alemania consistió en un mínimo avance en el que casi no se entró en acción, en una operación que se denominó «Sarre» al desarrollarse en esta región. El progreso de las tropas francesas se inició el 6 de septiembre, pero se dieron órdenes de no penetrar más que unos pocos kilómetros en terreno alemán, lo que demostraba que la escaramuza estaba destinada simplemente a levantar la moral de los polacos, así como a salvar, en cierta medida, el honor de Francia. El 12 de septiembre, al ser evidente que nada podía salvar ya a los polacos, el avance fue frenado definitivamente.

Tras la caída de Polonia, ni los alemanes ni los Aliados decidieron llevar a cabo ninguna operación terrestre de envergadura, aunque el 16 de octubre los alemanes recuperaron el escaso territorio ocupado por las tropas galas en la operación «Sarre». A partir de entonces, los centinelas franceses, protegidos por la Línea Maginot, observaban con sus prismáticos a los alemanes, mientras que los germanos, desde la Línea Sigfrido, vigilaban atentamente a los soldados galos.

Esa tensa fase del conflicto sería conocida en Alemania como *sitzkrieg* (guerra de posiciones) y en Gran Bretaña como *phony war* (la guerra de mentira). De todos modos, esos meses de inactividad en los frentes terrestres han pasado a la historia con su denominación en francés; *drôle de guerre* (la extraña guerra).

Por su parte, los británicos enviaron a Francia un ejército expedicionario que se encargó únicamente de realizar trabajos de fortificación y de intercambiar algún disparo lejano con los alemanes. La prueba de que los soldados ingleses no corrían mucho peligro es que la primera víctima mortal entre las filas británicas no llegaría hasta el 9 de diciembre. En cambio, los choques armados de septiembre y octubre habían pasado una factura a sus aliados franceses en forma de 1.800 bajas.

A falta de guerra en el continente, el enfrentamiento se trasladó al mar. Allí los británicos tenían todas las de ganar, gracias a su hegemonía naval, pero no contaban con que los alemanes exprimirían al máximo sus escasos recursos, gracias a la audacia y, en ocasiones, a la falta de escrúpulos. Así pues, Hitler dio *luz verde* a sus submarinos para que atacasen cualquier mercante aliado y ordenó bloquear los puertos ingleses lanzando minas magnéticas, lo que causaría un grave perjuicio al aprovisionamiento de las islas.

Finalmente se produjo la respuesta aliada a la soberbia germana, cuando el crucero británico *Ajax* logró hundir al buque alemán *Olinda* en aguas de Sudamérica. Pero a la Marina de guerra alemana —la *Kriegsmarine*— no le inquietó la pérdida de ese barco, puesto que estaba tramando una operación tan ambiciosa como arriesgada, una de las más audaces de la historia de la guerra en el mar.

DUELO EN EL MAR

La base naval de Scapa Flow estaba considerada como el lugar más seguro para la flota británica. Este extenso fondeadero se encuentra en las islas Orcadas, muy próximas a la costa norte de Escocia. Las Orcadas son un conjunto de islas escasamente habitadas, sin vegetación alta, y azotadas por vientos fríos, que forma un mar interior al que únicamente puede accederse desde mar abierto a través de unos pocos canales naturales. La profundidad de sus aguas y el hecho de que sus entradas sean fácilmente controlables, hizo de Scapa Flow una fortaleza naval casi legendaria.

En la Primera Guerra Mundial los alemanes ya intentaron en vano penetrar en ella, demostrándose que era una empresa prácticamente imposible. Pero en octubre de 1939 la audacia germana no conocía límites, por lo que el máximo responsable de la flota submarina, el almirante Doenitz, decidió golpear al orgullo británico precisamente en donde menos lo esperaba, en Scapa Flow.

Para ello eligió el submarino U-47, con el teniente de navío Gunther Prien al frente. Éste situó al sumergible en una de las entradas del fondeadero, que estaba protegida con barcos hundidos, redes y cadenas. Gracias al conocimiento exhaustivo que tenía sobre las mareas de la zona, en la madrugada del 14 de octubre logró esquivar esas defensas. Para ello avanzó por la superficie amparándose en la oscuridad, evitando así las redes antisubmarino, y después se sumergió rozando el fondo, para pasar así por debajo de las cadenas.

Cuando entró en la base buscó el acorazado *Ark Royal* y disparó sus torpedos, hiriéndolo de muerte. También averió gravemente al *Repulse*, aunque al final éste sobreviviría. Los marineros británicos, al estar convencidos de que no podía haber intrusos, creyeron que se trataba de explosiones fortuitas, por lo que el U-47 aprovechó para salir de la base por el mismo camino por el que había entrado. Cuando los ingleses comprobaron estupefactos que se habían empleado torpedos, ya era tarde; el submarino de Prien navegaba rumbo a Alemania, cruzando a toda máquina el Mar del Norte rumbo a su base en Kiel.

Los resultados del ataque podían haber sido mucho más trágicos para los británicos si Prien no se hubiera retirado tan pronto y hubiera continuado torpedeando a los buques que allí se encontraban, pero el comandante del U-47, tras su éxito inicial, prefirió no tentar más a su suerte.

Pese a que los daños sufridos por su flota no habían sido graves, Gran Bretaña se sintió herida en lo más profundo de su orgullo tras la afrenta de Scapa Flow. Por su parte, los alemanes elevaron a Prien a la categoría de héroe nacional, recibiendo la Cruz de Caballero de la Cruz de Hierro de manos del *Führer*.

Pero los ingleses no tuvieron que esperar mucho para resarcirse de esa espectacular ofensa, propinando a los alemanes un certero y contundente golpe. El objetivo era el *Graf Spee*, un majestuoso barco calificado como «acorazado de bolsillo» debido a su pequeño tamaño, la mitad de un acorazado normal para poder cumplir con las limitaciones impuestas por el Tratado de Versalles, lo que le permitía ser muy veloz. Su grueso blindaje y sus poderosos cañones hacían de él un temible enemigo en el mar.

El acorazado, con el capitán Hans Langsdorff al mando, había zarpado en agosto de 1939 rumbo al Atlántico Sur y el Índico, con la misión de amenazar a los mercantes británicos en cuanto estallase la guerra. Con este cometido, una vez iniciado el conflicto, el *Graf Spee* hundiría nueve barcos, pero empleando siempre un impecable *fair play*, al permitir que las tripulaciones se pusieran a salvo.

Los ingleses decidieron tenderle una trampa. Para ello lo atrajeron a Montevideo con mensajes falsos, haciéndole creer que de allí zarparía un convoy cargado de carne con destino a los puertos británicos. Pero en lugar de encontrarse a los mercantes se topó con los cruceros *Exeter*, *Ajax* y *Achilles*. La batalla empezó al amanecer del 13 de diciembre de 1939, cuando Langsdorff ordenó abrir fuego contra el *Exeter*. En sólo seis minutos, el *Exeter* ya presentaba grandes daños en todo el casco.

Pese a la superioridad del *Graf Spee*, el enfrentamiento con los tres barcos supuso una prueba excesiva, ocasionándole una serie de averías importantes y la muerte de algunos marineros. Así pues, decidió buscar refugio para poder repararlo. Los buques ingleses también resultaron bastante malparados.

Las autoridades uruguayas concedieron al *Graf Spee* sólo cuatro días para poderlo reparar, cuando éste necesitaba como mínimo una semana. El último día, el 17 de diciembre de 1939, 250.000 personas acudieron al puerto para contemplar la salida del acorazado y, de paso, presenciar una batalla naval si ésta se producía. A Langsdorff le comunicaron por radio que una flota británica le esperaba en la salida a mar abierto. Para evitar que su barco pudiera caer en manos enemigas, decidió barrenarlo y hundirlo en el Mar del Plata a la puesta de sol de ese nefasto día para la Marina germana.

En realidad, Langsdorff había caído en otra trampa de los Aliados, puesto que la supuesta flota estaba aún muy lejos y el *Graf Spee* hubiera podido escapar fácilmente, pero los servicios secretos británicos hicieron creer a los alemanes que los barcos de la *Royal Navy* se encontraban a pocas millas de distancia. Tres días después, Langsdorff se suicidaría en un hotel de Buenos Aires. Desde el comienzo de la guerra, por primera vez los ingleses tenían una victoria que celebrar.

Aunque Hitler acusó el golpe de la pérdida del *Graf Spee*, su mente estaba centrada en otras cuestiones mucho más trascendentales. El autócrata nazi estaba decidido a lanzar una ofensiva en el oeste con el objetivo de llegar a París. La fecha elegida sería el 17 de enero. Pese a que sus generales consideraban que el invierno no era la mejor época para desplegar un ataque generalizado, Hitler tenía prisa por derrotar a Francia.

Pero un hecho casual hizo que se trastocasen todos los planes del *Führer*. Una semana antes de la invasión prevista, un avión *Messerschmitt 109* volaba cerca de la frontera belga. A bordo, dos oficiales se trasladaban a Colonia con los planes de la ofensiva en el oeste, considerados «ultrasecretos». El avión, desorientado y falto de combustible, acabó por aterrizar en suelo belga.

Los oficiales intentaron prender fuego a los documentos antes de que llegasen a manos de los soldados belgas, pero sólo lograron chamuscarlos. Los planes fueron reconstruidos y así franceses y belgas pudieron conocer los pormenores del ataque. Hitler, enfurecido, se vio obligado a retrasar la ofensiva hasta la primavera.

¿Qué hubiera ocurrido si aquel avión no hubiera sufrido un accidente? Cabe la posibilidad de que los alemanes no hubieran podido avanzar con la misma rapidez que lo hicieron en mayo de 1940. Quizás los *panzer* se hubieran quedado atrapados en la nieve durante su avance por las Ardenas o se hubiera repetido la guerra de trincheras en los empantanados campos de Flandes, por lo que la historia de la Segunda Guerra Mundial habría sido muy distinta. Quizás aquel contratiempo aplanó el posterior triunfo de Hitler.

Mientras en el oeste existía una calma tensa a la espera de un enfrentamiento terrestre que tardaba en llegar, en el este un pequeño ejército resistía heroicamente las embestidas del gigante soviético.

Guerra de invierno en Finlandia

Una vez que Polonia había sido descuartizada y repartida, los rusos intentaban aprovechar el impulso para seguir añadiendo territorios a la Unión Soviética. Estonia, Letonia y Lituania ya habían sido anexionados, en cumplimiento del acuerdo secreto con los nazis. Envalentonado por estos éxitos conseguidos con tan poco esfuerzo, Stalin fijó su vista en la orgullosa Finlandia, siempre celosa de su independencia.

Para asegurar y ampliar su salida al Báltico, una delegación finlandesa fue llamada al Kremlin el 14 de octubre de 1939 para negociar una modificación de fronteras favorable a los rusos. Tras interminables sesiones en las que las compensaciones se alternaban con las amenazas, la propuesta fue definitivamente rechazada por los diplomáticos fineses un mes después.

Sin previa declaración de guerra, el Ejército Rojo atacó Finlandia el 30 de noviembre de 1939. Al contrario de lo que hicieron los polacos, los finlandeses se retiraron hasta una sólida línea defensiva, desde la que pudieron rechazar a los rusos. El valor y la determinación de los finlandeses asombró al mundo y enojaron sobremanera a Stalin, que no comprendía cómo un ejército tan reducido podía tener en jaque a sus tropas. El gran artífice de esta defensa tan heroica como efectiva fue el general Gustav Emil Mannerheim.

Moviéndose por estrechos senderos en los bosques o esquiando silenciosamente, las tropas finlandesas caían como fantasmas sobre los aterrorizados soldados rusos, para poco después esfumarse en la niebla. Ante la falta de armamento adecuado, los fineses recurrieron a la imaginación para destruir los tanques enemigos, inventando el artefacto incendiario que sería luego mundialmente conocido como «cóctel molotov».

Pero finalmente se impuso la aplastante superioridad de los soviéticos, que rebasarían las defensas locales en febrero de 1940. Los finlandeses, agotados y desengañados ante la falta de apoyo de las potencias occidentales, se vieron obligados a pedir el cese de las hostilidades. Stalin no dudó en aceptar la propuesta, cansado también de una campaña que había puesto a su ejército en ridículo, firmándose el acuerdo de paz el 13 de marzo.

OBJETIVO: NORUEGA

El ataque soviético a Finlandia había centrado la atención de las potencias en conflicto sobre el escenario escandinavo. Aunque Hitler prefería volcar todos sus esfuerzos en la inminente campaña en el oeste, Noruega se estaba perfilando como la siguiente fuente de fricciones.

Dos soldados alemanes en Noruega señalando un objetivo. La *Wehrmacht* no tuvo ninguna dificultad para tomar el país escandinavo, siguiendo así el camino triunfal que le había llevado antes a conquistar Polonia.

Para alimentar su industria de guerra, los alemanes necesitaban del mineral de hierro sueco. Además, para que su flota de guerra pudiera salir al Mar del Norte y al Atlántico era fundamental que las rutas que pasaban cerca de las costas noruegas permaneciesen despejadas. Mientras Noruega se mantuvo estrictamente como un país neutral, los alemanes disfrutaron de estas ventajas. Pero estaba claro que, si Noruega caía en la órbita de los Aliados, Alemania se vería muy perjudicada.

El primer aviso de que esto podía ocurrir llegó en febrero de 1940. Un petrolero germano, el *Altmark*, se dirigía a Alemania por aguas neutrales, a la altura de las costas noruegas. En sus bodegas viajaban 299 marineros británicos capturados durante las correrías que había llevado a cabo el *Graf Spee* por aguas meridionales —aunque para entonces ya reposaba en el fondo del Mar del Plata—, y que el ya fallecido capitán Langsdorff había transferido al petrolero alemán con el fin de que fueran internados en campos de prisioneros.

A mediodía del 16 de febrero, tres destructores británicos iniciaron la persecución del petrolero para darle caza. Pero unos destructores noruegos intervinieron para que el enfrentamiento no se diese en esa zona limítrofe con sus aguas. Para ello acompañaron al *Altmark* hasta un fiordo para que pudiera protegerse. Sin hacer caso de las advertencias noruegas, el destructor inglés *Cossak* penetró en el fiordo y un grupo de marineros tomó el *Altmark* al asalto. Los prisioneros abrazaron entre lágrimas a sus compatriotas, que habían irrumpido en las atestadas bodegas gritando: «¡La Marina ya está aquí!».

Los alemanes consideraron este incidente como una violación de la neutralidad noruega que, en realidad, iba a ser muy útil para poder justificar una agresión a esta región de tanta importancia para los intereses militares y económicos del Reich.

Esta posición estratégica de Noruega tampoco pasó desapercibida para los británicos, que planificaron su ocupación para evitar que cayera en manos germanas. Además, en caso de seguir adelante con este plan, se atraía a los alemanes a combatir en las regiones escandinavas, alejando así a Hitler de sus ambiciones occidentales. Los franceses eran los más interesados en que se abriese ese frente en Noruega; el presidente Paul Reynaud, que había sustituido a Daladier, acudió el 28 de marzo a Londres para urgir a que se lanzase la operación.

Pero mientras los ingleses estaban preparando el envío de su cuerpo expedicionario a Noruega, los alemanes, mucho más ágiles, se adelantaron a sus adversarios. El 9 de abril de 1940, las tropas germanas desembarcaron en varios puntos de la costa noruega, Trondheim y Narvik entre otros, además de Oslo. Por primera vez en la historia militar se emplearon paracaidistas; mientras unos se encargaron de capturar por sorpresa dos aeródromos, otro grupo colaboró en la toma de la capital. De nuevo, los alemanes demostraban que sus tácticas eran las más modernas y revolucionarias, en contraposición con los anquilosados movimientos de sus enemigos.

El mismo día, la *Wehrmacht* entró en Dinamarca, con el fin de emplearla como base aeronaval para apoyar a las fuerzas que participaban en la invasión de Noruega. La población danesa contempló, primero con perplejidad y estupor, y luego con resignación, la entrada de las tropas del país vecino. Antes de que acabase el día, el monarca Christian X había ordenado el fin de la resistencia danesa, que se había limitado a unos cuantos disparos, para evitar de este modo sufrimientos inútiles a la población ante un enemigo tan poderoso.

Tras la guerra, la historia hablaría del extraordinario gesto de solidaridad que más adelante tuvo Christian X con sus compatriotas judíos perseguidos por los nazis; como éstos obligaron a los aproximadamente 6.000 ciudadanos daneses de origen hebreo a identificarse con una Estrella de David amarilla, el monarca salió un día de palacio a caballo con dicha insignia en su uniforme, ante la sorpresa y admiración de los habitantes de Copenhague allí congregados. Sin embargo, este célebre episodio se ha revelado como falso; nadie ha conseguido localizar a ningún testigo directo de aquella supuesta escena.

De todos modos, historias como ésta, así como muchas otras en las que se ridiculizaba al opresor germano, animaron a los daneses a resistir y mantener su identidad nacional, aunque fuera pasivamente, bajo la asfixiante ocupación alemana. Retra-

sos en el trabajo, actitudes de desobediencia civil o hasta pequeñas acciones de sabotaje demostraban a diario que los daneses
no estaban dispuestos a doblar la rodilla ante Hitler.

El contingente anglo-francés, por su parte, no llegaría a
tierras noruegas hasta el 14 de abril de 1940. Desembarcaron en
las proximidades de Narvik, Namsos y Aandalsnes, con el fin de
arrebatar Trondheim a los alemanes. Pero las tropas aliadas,
deficientemente armadas, poco pudieron hacer contra las
germanas, ya bregadas en combate y bien surtidas de tanques y
artillería pesada.

Los soldados británicos y franceses comenzaron a ser
evacuados de Aandalsnes y Namsos. Tan sólo resistían las tropas
que habían desembarcado cerca de Narvik, al lograr hacerse con
la ciudad, en donde se establecería el gobierno noruego con su
rey Haakon a la cabeza. Ésta era la ciudad con mayor importancia estratégica, debido a que a ella llegaba el ferrocarril que,
procedente de la vecina Suecia, transportaba el mineral de
hierro que finalmente era embarcado rumbo a Alemania. La
posesión de Narvik impedía que el hierro sueco pudiera alimentar la industria bélica germana, por lo que era denominada «La
llave de hierro».

Pero el 10 de mayo, mientras el cuerpo expedicionario aliado
resistía en Narvik, llegó a tierras noruegas la noticia de que Hitler
había lanzado su ofensiva en el oeste. De nada había servido la
maniobra de distracción para canalizar las ambiciones germanas
en dirección al norte. El duelo entre Alemania y los Aliados se
iba a dirimir en la frontera francesa.

La llamada de socorro de Francia implicó la petición del
inmediato regreso de las tropas destinadas en Noruega, para que
acudieran a rechazar la invasión de su país. En medio de la
profunda decepción de los noruegos, los Aliados se retiraron de
Narvik dos semanas más tarde. «La llave de hierro» pasaba a
manos de Alemania. Hitler ya era amo y señor de Noruega.

Aunque la campaña en tierras escandinavas resultó un nuevo
éxito para el, hasta ese momento, invicto *Führer*, el precio que
tuvo que pagar por él la Marina de guerra fue excesivamente
elevado. Sufrió numerosas pérdidas de buques a manos de la

Los alemanes recurrieron a las acciones de los paracaidistas para rechazar los contraataques aliados en Narvik, en mayo de 1940. Cuando los refuerzos de estas tropas aerotransportada más escaseaban, la retirada aliada les salvó.

Royal Navy; tan sólo en las aguas del fiordo de Narvik, resultaría hundido un total de diez destructores. Del resto de barcos, los que no acabaron en el fondo del mar sufrieron daños de más o menos consideración, lo que los condenó a pasar una larga temporada en el dique seco.

Después de la invasión de Noruega, la flota de superficie alemana ya no jugaría nunca más un papel relevante en la estrategia de guerra del Tercer Reich. En el momento en el que ésta debía haber rendido el servicio más importante, en la proyectada invasión de las islas británicas, la *Kriegsmarine* ya no ofrecía garantías para poder mantener alejada a la flota inglesa del Canal de la Mancha. En junio de 1940 únicamente tres cruceros y cuatro destructores estaban en condiciones de combatir, por lo que entrar en liza contra la *Royal Navy* no era más que un suicidio.

Dos paracaidistas germanos departen en un aeródromo mientras un Ju-52 se eleva al cielo noruego. Las condiciones en que estos hombres tuvieron que luchar fueron penosas, al soportar temperaturas de 30 grados bajo cero en las montañas escandinavas, más allá del Círculo Polar Ártico.

Es imposible saber lo que hubiera ocurrido si, en el momento de planificar la invasión de Inglaterra, la flota germana hubiera contado con los barcos sacrificados en aguas noruegas, pero lo que está claro es que aquella campaña condicionó de manera decisiva el desarrollo de la Segunda Guerra Mundial.

Probablemente, la invasión de Noruega fue el primer error estratégico de Hitler; si estaba decidido a invadir Francia, la región de Lorena le podía proporcionar los minerales que hasta entonces le aportaba Escandinavia. Además, la ocupación de Noruega, cuya costa tenía una longitud de 1.600 kilómetros, requería establecer una guarnición permanente de medio millón de hombres, a lo que había que añadir la construcción de casamatas y nidos de ametralladoras a lo largo de toda la costa. Estos gastos aumentarían espectacularmente cuando se decidió que el Muro del Atlántico, que debía proteger la fortaleza europea de Hitler de un ataque aliado, se extendiese también por todo el litoral noruego, en una inversión que el tiempo revelaría como totalmente inútil.

A lo largo de toda la guerra, Noruega sería siempre una fuente de desestabilización para Alemania; Hitler estaba obsesionado con la idea de que los Aliados podían volver a intentar atacarla mediante un desembarco. Para evitarlo, destinó a las aguas noruegas a submarinos que estaban llevando a cabo misiones contra los convoyes aliados en el Atlántico, debilitando así uno de los frentes que, éste sí, pudo haber inclinado la balanza de la guerra del lado del Eje.

Conscientes de esta fijación del *Führer*, como maniobra de intoxicación para facilitar el desembarco en Normandía los servicios secretos aliados lograrían convencer a Hitler de que se iba a lanzar un asalto anfibio contra Noruega, lo que hizo aumentar aún más los refuerzos destinados a proteger sus costas de una invasión. De este modo, permanecieron en tierras noruegas unas divisiones que, probablemente hubieran sido decisivas para rechazar las cabezas de playa en las costas normandas.

En la última fase de la guerra, cuando las fronteras del Reich estaban siendo asaltadas por los Aliados, todavía se encontraban en Noruega 300.000 soldados. Por lo tanto, la aventura escandinava de Hitler no sólo le proporcionó escasos beneficios, sino que comprometió decisivamente sus campañas posteriores.

Pero, en 1940, Noruega no era más que un aperitivo que no podía saciar, de ningún modo, la voracidad del *Führer*. El plato frío de la venganza, con la que soñaba desde que padeció la derrota germana mientras se recuperaba en aquel hospital de Passewalk, ya no podía esperar más.

3 LA CAÍDA DE FRANCIA

EN LA MADRUGADA del 10 de mayo de 1940, todo está tranquilo en el fuerte belga de Eben Emael. Estas instalaciones, a unos 24 kilómetros al norte de Lieja, constituyen el complejo defensivo sobre el que gira la resistencia de Bélgica ante un hipotético ataque procedente de Alemania.

El fuerte consta de una serie de búnkeres unidos por una red de túneles de siete kilómetros de longitud. Es totalmente auto-suficiente y dispone de agua corriente, cocinas, cuartos de baño y un hospital, todo ello alimentado por generadores de electrici-dad. La parte superior es una extensa llanura, difícil de distin-guir de los campos circundantes, en la que incluso crece un tupido bosque.

La guarnición está compuesta habitualmente por 1.200 solda-dos, pero esa noche unos 500 hombres se encuentran en el pueblo vecino de Wonck para olvidar por unas horas el estricto régimen de vida que se sigue en el interior del fuerte. Los 700 hombres que permanecen en él duermen tranquilamente.

A las cinco de la mañana, a los vigías encargados de la artille-ría antiaérea les parece ver en el cielo todavía oscuro varios avio-nes pero, curiosamente, no se oye ningún ruido. Esas figuras, amparadas en las últimas sombras de la noche, se van haciendo cada vez más grandes. Antes de que los soldados belgas puedan reaccionar, esos aparatos están ya aterrizando sobre la superficie de la fortificación.

Los sorprendidos centinelas comienzan a disparar sus bate-rías en dirección a los aviones que continúan acercándose en completo silencio, pero ya es demasiado tarde. Un grupo de a-guerridos soldados con el uniforme que los identifica como paracaidistas alemanes los apunta con sus fusiles de asalto. Los belgas, confundidos y consternados, no tienen otra opción que poner las manos en alto. Mientras tanto, en la llanura bajo la cual se encuentran los túneles siguen aterrizando más aparatos.

La explicación a la ausencia de ruido es muy sencilla: se trata de planeadores. Han sido soltados a una altura de cerca de 2.000 metros y a una distancia de 20 kilómetros de su objetivo. Inexpli-cablemente, en la extensión de tierra que cubría el fuerte no

Las tropas alemanas atraviesan una localidad belga. El rápido avance de los tanques había destrozado las defensas aliadas.

había trincheras ni alambradas, que hubieran servido para impedir el aterrizaje.

Los soldados belgas no pueden reaccionar contra los invasores que han llegado desde el cielo. Sus casamatas y nidos de ametralladoras tienen, lógicamente, sus aberturas dirigidas hacia el exterior del fuerte. Nadie había imaginado que los ataques pudieran proceder del interior.

Aún así, los defensores salen de los túneles y comienzan a hostigar a los paracaidistas germanos desde las zonas boscosas. La batalla se alargará durante todo el día. No será hasta el mediodía del día siguiente, el 11 de mayo, cuando, después de oírse una trompeta, un soldado belga aparezca con una bandera blanca. La fortaleza, preparada para resistir durante meses ha cedido en tan sólo 36 horas. El detalle más espectacular es el hecho de que ese milagro lo haya conseguido ¡un pequeño grupo de 55 paracaidistas!

El éxito de la operación no es fruto de la casualidad. Aquellos hombres se habían entrenado concienzudamente durante meses en una reproducción a escala del fuerte que había sido construida en secreto en Alemania, por lo que nada había sido dejado al azar.

Pero el ataque alemán no se reduce a la toma de aquella estratégica fortaleza. En el mismo momento en que los planeadores estaban aterrizando sobre el fuerte, la *Wehrmacht* había entrado, además de en Bélgica, en Holanda y Luxemburgo. Acababa de comenzar la guerra relámpago en el oeste. De este modo, Europa volvía al mismo punto en el que se encontraba en 1914. Los alemanes atacaban de nuevo con la ciudad de París como meta; entonces fracasaron, quedándose a pocos kilómetros, pero en esta ocasión el ejército germano ha aprendido de sus propios errores. Por lo que se verá después, los franceses no podrán decir lo mismo.

UNA DEFENSA TAN COSTOSA COMO INÚTIL

La terrible experiencia de la Primera Guerra Mundial había llevado, tanto a alemanes como a franceses, a tomar sus propias medidas para evitar que un enfrentamiento en el oeste desembocase de nuevo en una sangrienta guerra de trincheras.

Los teóricos germanos habían desarrollado, tal como hemos visto en el capítulo dedicado a la invasión de Polonia, los principios de la guerra relámpago. Es decir, consideraban que el mejor remedio para evitar el estancamiento del frente era la movilidad. Este planteamiento se demostró como el acertado.

Sin embargo, los gobernantes galos de entreguerras creyeron que lo mejor era evitar que las tropas enemigas pudieran entrar en territorio francés. Para ello apostaron por crear una línea defensiva de tal solidez que permitiese rechazar cualquier ataque, con los soldados cómodamente apostados en su muralla. Este concepto fue lanzado por el que fue ministro de la Guerra entre 1929 y 1931, André Maginot, quien había sufrido la guerra de trincheras como soldado raso y aspiraba a que nadie volviera a pasar por aquellas penalidades inhumanas.

Por lo tanto, se inició la construcción de la que se denominaría Línea Maginot en su honor. Era un sofisticado sistema de fortificaciones compuesto de búnkeres de cemento y acero, unidos por una red de túneles que incluso contaba con un pequeño tren subterráneo, capaz de trasladar las tropas de un punto a otro de la línea. Las entradas se encontraban en la retaguardia, cuidadosamente ocultas y alejadas del frente, por lo que era casi imposible que unas tropas de asalto lograran penetrar. Al igual que el fuerte de Eben Emael, las instalaciones eran totalmente autosuficientes, al contar con generadores eléctricos propios.

Pero, del mismo modo que los alemanes supieron aprovechar el único punto débil de la fortaleza belga gracias al asalto desde el aire, también el ejército germano supo ver enseguida la única manera que existía de rebasar esa formidable defensa; aunque esa idea era tan sencilla que se le pudo haber ocurrido a un niño.

La Línea Maginot, de 400 kilómetros de longitud, comenzaba en la frontera suiza y proseguía por todo el límite con Alemania, pero se detenía al llegar a Luxemburgo, dejando desprotegida toda la línea fronteriza con Bélgica, al estar considerada como un país amigo desde el que no podía proceder una invasión. Inexplicablemente, no se les había pasado por la cabeza que los alemanes podían atravesar Bélgica y entrar por allí en territorio francés, un plan que, por otra parte, era el que ya habían seguido las tropas del Káiser en 1914.

Para esta eventualidad, los franceses tenían previsto acudir rápidamente a Bélgica con sus potentes divisiones acorazadas y abortar allí la invasión. Para ello contaban con que los belgas pudieran resistir a los alemanes mientras eran movilizadas las tropas galas y enviadas en socorro de los belgas, ayudadas por algún cuerpo expedicionario británico.

No se contaba con la posibilidad de que los *panzer* lograsen romper esa línea de defensa móvil.

Así pues, los franceses aguardaban a la *Wehrmacht* confiando plenamente en sus posibilidades para rechazar el ataque. Pero lo que no esperaban era que los tanques llegasen a la frontera gala atravesando la única región que había quedado relegada en los planes de defensa, al ser considerada como impracticable. El mariscal Petain, héroe de la Primera Guerra Mundial, había dictaminado que era imposible que un ejército motorizado pudiera pasar a través de esa zona boscosa.

Los carros blindados germanos se encargaron de poner en entredicho al veterano militar francés, demostrando que los bosques de las Ardenas no suponían un obstáculo insalvable para ellos. Por ese desguarnecido punto lograron forzar la frontera francesa, poniendo rumbo a Sedán. Mientras tanto, los 22.000 soldados destinados en la Línea Maginot permanecían alerta ante una invasión que nunca llegaría desde el lado alemán.

HOLANDA Y BÉLGICA, APLASTADAS

Como se ha apuntado anteriormente, el 10 de mayo fue el día en el que se desató la campaña en el oeste. Los paracaidistas alemanes, además de descender en planeadores sobre la fortaleza belga de Eben Emael, se lanzaron sobre las ciudades holandesas de La Haya y Rotterdam, una ciudad que sería objeto de un brutal bombardeo cuatro días después.

Explotando este novedoso método de invasión, las tropas alemanas irrumpieron en ambos países, mientras sus respectivos ejércitos eran víctimas de una confusión generalizada. Tanto belgas como holandeses lucharon con valentía, pero nada pudieron hacer contra la arrolladora fuerza de la *Wehrmacht*, que disponía de la experiencia obtenida en los campos de batalla polacos.

Por su parte, los franceses pusieron en marcha el plan previsto para el caso de que los alemanes entrasen en Bélgica. Las fuerzas galas, junto a un cuerpo expedicionario británico, iban avanzando por los campos de Flandes casi sin oposición de la *Luftwaffe*, al encuentro de las tropas alemanas.

Lo que los franceses desconocían era que en realidad se estaban introduciendo en una *ratonera* de la que ya no lograrían salir. En esos momentos, los blindados germanos estaban atravesando los bosques de las Ardenas para cortar la conexión de aquellas tropas con su retaguardia. El 12 de mayo, las divisiones acorazadas del general Heinz Guderian tomaban Sedán. La trampa comenzaba a cerrarse.

Las cosas no podían ir peor para los franceses. El 15 de mayo, los holandeses capitulaban. Mientras tanto, los *panzer* seguían su marcha imparable, rebasando a la infantería francesa. Los soldados, desde el borde de las carreteras, contemplaban atónitos cómo los tanques alemanes pasaban por su lado sin detenerse.

Los bombardeos en picado de los *Stuka*, que solían preceder a la aparición de los blindados, y que ya habían causado el pavor entre las tropas polacas, aterrorizarían también a los franceses. Toda el ala derecha del II ejército francés huiría presa de un pánico generalizado, al grito de «¡sálvese quien pueda!», encabezada por los oficiales superiores.

La defensa gala hacía aguas por todas partes. Ante esa situación, el ministerio de Defensa ordenó al comandante en jefe de las fuerzas de Tierra, Maurice Gamelin, un inmediato contraataque, pero no había ninguna reserva para llevarlo a cabo. Francia había cometido el mismo error que Polonia; la totalidad de sus fuerzas se hallaban dispuestas en la frontera, pero si éstas eran superadas no había otras preparadas para taponar las brechas. En sólo cinco días, el ejército francés estaba a punto de hundirse estrepitosamente.

Es probable que el primer sorprendido por estos éxitos iniciales fuera el propio Hitler. Veterano de la Primera Guerra Mundial, no se engañaba sobre la posibilidad de que su ataque en el oeste acabase degenerando de nuevo en una larga y cruel guerra de trincheras. La gran igualdad numérica existente en esos momentos entre los ejércitos alemán y francés, 136 frente a 135 divisiones respectivamente, no hacía prever que el equilibrio se rompiese tan fácilmente.

De hecho, los primeros proyectos para la campaña en el oeste se limitaban a la conquista de Holanda y Bélgica; una vez consolidadas las posiciones, y aprovechando los nuevos aeró-dromos y puertos marítimos, se plantearía el modo de proseguir la lucha contra Francia e Inglaterra. Fue el plan ideado por el general Erich Von Mastein el que apostó por eliminar las fuerzas anglo-francesas de un «golpe de hoz» una vez que hubieran acudido a defender el territorio belga. Aún así, el autócrata germano veía con escepticismo la consecución de este osado plan, por lo que vacilaba en permitir que sus tanques continua-sen rodando a tanta velocidad, temeroso de que pudieran ser objeto de una trampa.

Pero los temores del dictador germano eran infundados. El ejército francés era víctima de una grave descomposición, que hacía temer un desastre inminente. El general Gamelin fue desti-tuido y se nombró al general Weygand como su sucesor, que trataría desesperadamente de enderezar la situación.

Weygand observó que los tanques enemigos progresaban a tanta velocidad que no daba tiempo a que la infantería germana llegase para consolidar la punta de lanza. Por lo tanto, el general francés intentó efectuar un hábil golpe de mano empleando la misma táctica que solían utilizar los alemanes, es decir, rompiendo por la mitad el pasillo abierto por los *panzer* para, de este modo, dejarlos aislados en su avance.

Pero el 22 de mayo, el día en que ese inteligente plan estaba por fin en condiciones de ser puesto en marcha, la oportunidad de oro de atrapar a los blindados germanos ya había pasado. Los alemanes habían tenido tiempo de sobra para reforzar los flancos del pasillo, por lo que Weygand se vio obligado a frenar el ataque en el último momento. Esta indecisión en un momento tan crítico acabó de condenar al ejército francés.

El último obstáculo para las fuerzas germanas antes de llegar al mar y, por lo tanto, cerrar la inmensa bolsa resultante, eran las tropas belgas que defendían la zona costera, pero éstas fueron derrotadas el día 25 de mayo. La situación en el norte no era mejor, por lo que la fuerza expedicionaria británica inició un repliegue en dirección a la ciudad portuaria francesa de Dunker-que, próxima a la frontera belga.

Fue entonces cuando se produjo una decisión que continúa a día de hoy siendo motivo de un apasionante debate entre los historiadores. Hitler ordenó a sus *panzer* que detuvieran el avance sobre las tropas británicas, cuando éstas se estaban retirando. En el caso de que los blindados germanos hubieran proseguido su camino, lo más probable es que las hubieran rodeado por completo. Pero el *Führer* dejó perder esa oportunidad única e irrepetible de capturar a 300.000 soldados ingleses y que cuatro años más tarde constituirían el grueso de las tropas que desembarcarían en Normandía. ¿Cuál fue la auténtica razón de esa inexplicable orden de Hitler?

EL «BENDITO MILAGRO» DE DUNKERQUE

Una vez llegadas a Dunkerque, las tropas francesas y británicas pasarían a tener un objetivo muy distinto del previsto. Ya no se trataba de combatir a los alemanes para enviarlos de vuelta a casa, sino que la lucha tendría como único fin mantenerlos alejados de la playa mientras se organizaba una evacuación por mar.

Esta compleja operación recibiría el nombre de «Dynamo». El embarque de tropas afectaría a los soldados ingleses, aunque un buen número de franceses subirían también a los barcos que salían con destino a los puertos británicos.

En ese momento crítico, en el que podía darse el golpe de gracia a los Aliados, Hitler decidió parar a sus tanques. Los historiadores no se ponen de acuerdo sobre las motivaciones de esta polémica orden; para algunos, el *Führer* no deseaba poner en riesgo a los *panzer* en las tierras bajas de Flandes, considerando que ya habían tentado suficientemente a la suerte. Hay quien cree, por el contrario, que el dictador nazi pretendía convertir ese gesto en una muestra de buena voluntad de cara a un hipotético acuerdo de paz con los británicos.

Probablemente esta inaudita decisión fue tomada para otorgar el honor de acabar con la bolsa de Dunkerque al jefe de la *Luftwaffe*, Hermann Goering, que había insistido sobremanera para que Hitler le permitiese emplear a sus aviones en esa,

La ciudad portuaria de Dunkerque, una vez tomada por los alemanes. Pese a que el cuerpo expedicionario británico había tenido que reembarcar, la moral de los Aliados se vio reforzada por el éxito de la evacuación.

aparentemente, sencilla misión. De este modo, también se salvaguardaban los tanques y a la propia infantería, necesitada de un descanso tras aquella frenética «carrera hacia el mar», y a la que había que reservar para el avance hacia París.

Así pues, la aviación germana fue la encargada de liquidar a las tropas aliadas allí atrapadas. Las playas, abarrotadas de soldados hambrientos y fatigados, se convertirían en un infierno, sometidas continuamente a despiadados ataques aéreos.

Pero si hasta entonces la fortuna se había aliado con los alemanes, de repente la naturaleza se puso de parte de las tropas anglofrancesas. Los expertos de la *Luftwaffe* comenzaron a advertir que los daños provocados por su lluvia de bombas sobre las playas de Dunkerque no causaban los daños previstos. El motivo era que las bombas, al impactar en el suelo, eran engullidas por las profundas arenas de aquella playa. Al penetrar medio metro o más en la superficie, la metralla y la onda expansiva quedaban en buena parte absorbidas por la arena.

Los primeros ataques aéreos habían causado el pánico entre los soldados, pero al comprobar que, en ocasiones, el único efecto de las explosiones era un repentino e inofensivo surtidor de arena, poco a poco fueron perdiendo el miedo. Cuando se acercaban los aviones, los soldados se limitaban a protegerse detrás de alguna duna y a esperar con paciencia el final del ataque. Hubo *raids* intensos que no llegaron a causar ni una sola víctima mortal. El propio Churchill reconocería posteriormente que la suerte estuvo de su lado; si la capa de arena hubiera sido más fina, se hubiera provocado una auténtica carnicería.

Pero la situación en las playas no era ni mucho menos idílica. Con el paso de los días, la tensión aumentaba. Los ingleses tenían preferencia a la hora de embarcar, mientras que los franceses estaban encargados de mantener el perímetro defensivo alrededor de Dunkerque. Fue entonces cuando los más maliciosos acuñaron la célebre frase: «Los ingleses resistirán hasta el último francés».

La operación de rescate se alargaría hasta el 4 de junio; 224.000 soldados británicos conseguirían regresar a su país, en unos barcos a los que también subieron 110.000 franceses. Los alemanes tuvieron que conformarse con hacer tan sólo 22.000 prisioneros. La Operación Dynamo, que, tal como la calificó el diario inglés *Daily Mirror*, sería el «bendito milagro» de Dunkerque, había funcionado a la perfección.

Aunque en realidad la campaña del cuerpo expedicionario británico en el continente había sido un sonado desastre, el éxito de la evacuación permitió albergar la esperanza de que algún día los Aliados pudieran enfrentarse a la *Wehrmacht* con garantías de victoria. Pero para que llegase ese día, aún deberían transcurrir dos largos años.

Objetivo: París

La mayoría de los soldados británicos habían conseguido reembarcar ante las mismas narices de los alemanes, pero ahora eran los franceses en solitario los que debían enfrentarse a las tropas de Hitler. De las 135 divisiones con las que habían comenzado a defenderse, solamente disponían de 49 operativas, mientras que 17 permanecían atrincheradas en la Línea Maginot.

Había llegado el momento de la verdad. En ese momento trascendental para el futuro de Francia, el general Weygand perseveró en el error; dispuso la casi totalidad de sus fuerzas formando un frente en la línea que formaban los ríos Somme y Aisne. Este plan «Weygand» fue un suicidio para el ejército galo. Si los alemanes conseguían romper esa débil muralla, en la que los franceses habían depositado todas sus esperanzas de resistir, nada les impediría presentarse en París en unos pocos días.

Y eso fue exactamente lo que ocurrió. El 5 de junio de 1940 Hitler proclamó: «Hoy empieza la segunda gran ofensiva». A partir de ese instante los *panzer* se lanzan como una carga de caballería contra las defensas francesas, que aunque tratan de resistir la embestida, son arrollados en 48 horas. El frente del Somme se derrumba estrepitosamente y los carros blindados germanos ya no tienen ante sí ningún enemigo que los detenga en su camino a París.

El 10 de junio, los alemanes atraviesan el Sena e inician una maniobra en tenaza sobre la «Ciudad de la Luz». Ese mismo día, Mussolini declara la guerra a Francia para poder tener derecho, aunque sea en el último momento, a una tajada del *pastel francés*. Fríamente, Mussolini aseguró a su mariscal Badoglio: «Necesito 1.000 muertos para sentarme en la mesa con los vencedores».

El *Duce* prefirió no intervenir junto a los alemanes y decidió lanzar una ofensiva propia. Pero su campaña —que, según él, «haría de Italia una gran potencia»— es un fiasco; aunque los italianos esperan hasta el día 20 para atacar, de inmediato son detenidos por las fuerzas alpinas francesas que, aunque desmoralizadas, no tienen dificultades para rechazarlos.

Las columnas germanas desfilan por los Campos Elíseos, con el Arco de Triunfo al fondo. Alemania se tomaba así la revancha por su derrota ante los franceses en la Primera Guerra Mundial.

El gobierno francés, más preocupado por la proximidad de la *Wehrmacht* que por los sueños imperiales del *Duce*, decide abandonar la capital gala para trasladarse a Tours y después a Burdeos.

Pero antes de tomar París, era necesario acabar con la amenaza que suponía tener a 17 divisiones francesas en la retaguardia, por lo que se decidió la conquista de la Línea Maginot. La empresa no entrañó demasiadas dificultades; teniendo en cuenta que los cañones y ametralladoras sólo podían ser disparados en dirección a Alemania, los alemanes pudieron asaltar la fortaleza por detrás sin sufrir demasiadas bajas. La Línea Maginot se convertía así, probablemente, en el gasto más inútil de todo el período de entreguerras.

Francia se desmoronaba por momentos. El 14 de junio, la guarnición de París se retiraba en dirección al Loira, al día siguiente caía Verdún, el 16 de junio Dijon, el 17 los alemanes llegaban a la frontera franco-suiza, el 19 los *panzer* rodaban ya por las carreteras de Normandía...

El mariscal Petain sería el encargado de ponerse al frente de Francia en esas horas tan amargas, sustituyendo a Paul Reynaud. Formó nuevo gobierno en la noche del 16 de junio para iniciar las negociaciones del armisticio. Charles De Gaulle, que era subsecretario de ministerio de Guerra en el anterior gobierno, decidió marchar a Londres para continuar desde allí la resistencia a la invasión alemana. El día 18 de junio lanzaría un mensaje de esperanza a la población francesa desde las ondas de la BBC.

Pero los franceses no tenían el ánimo necesario para escuchar proclamas radiofónicas, sino que deseaban que acabase la guerra lo más pronto posible. El 20 de junio, una delegación del gobierno salía de Burdeos para encontrarse con los alemanes y acordar los términos del armisticio.

Entonces Hitler tuvo una idea que quizás llevaba años acariciando en secreto. Por decisión suya, la firma de la rendición de Francia se celebraría en el mismo vagón de ferrocarril en el que Alemania tuvo que firmar la suya en 1918, que se conservaba como una pieza de museo en el bosque de Compiègne.

Si es cierto que la venganza es un plato que se sirve frío, en este caso el dicho se cumple al pie de la letra; 22 años después, aquel cabo que maldecía la suerte de su país desde la cama de un hospital de Passewalk tenía ante sí la revancha perfecta. El 22 de junio, la delegación francesa firmaba la sumisión de su país a aquel soldado que un día juró venganza.

Pero Hitler tomó las medidas oportunas con el fin de que nunca nadie pudiera volver a utilizar aquel vagón de ferrocarril para humillar a Alemania. Después de la firma del armisticio, el vagón fue trasladado a Berlín para ser exhibido. En 1943, cuando ya se vislumbraban negros nubarrones en el horizonte del Tercer Reich, las SS procedieron a destruir el escenario rodante de aquellas dos firmas históricas. No obstante, los turistas que hoy acuden a Compiègne pueden contemplar allí una réplica de aquel vagón, aunque no existe ninguna advertencia de que en realidad se trata de una copia.

Tras la rendición de Francia se iniciaba así uno de los períodos más oscuros y polémicos de su historia contemporánea, en el que una parte de su población colaboró con los invasores alemanes, con el mariscal Petain a la cabeza. La capital se trasladaba a Vichy y se creaba una línea de demarcación que separaba Francia en dos; la del norte permanecería ocupada por los alemanes, con vistas a futuras acciones contra Inglaterra, mientras que la del sur, conocida como la Francia de Vichy, colaboraría en todos los órdenes con el Tercer Reich. La flota y las colonias quedarían bajo la obediencia del gobierno de Petain y se permitiría un ejército propio de 100.000 soldados en suelo francés y 180.000 en las colonias. Quedaba una *tercera* Francia, la de De Gaulle, que pese a existir tan sólo en el papel, sería considerada como la Francia Libre.

La caída de Francia fue quizás la noticia que más alegró a Hitler en toda la Segunda Guerra Mundial. A lo largo de la contienda, el *Führer* prácticamente nunca perdió su compostura y su perenne gesto adusto, pero, en el momento de conocer la petición de un armisticio por parte del gobierno galo, Hitler ofreció unas insólitas muestras de alegría, que incluyeron unos improvisados pasos de baile, ante la sorpresa de sus generales.

Un ciudadano de París llora amargamente al ver a las tropas enemigas adueñarse de su ciudad. Tendrían que pasar cuatro largos años de ocupación hasta que la capital gala fuera liberada.

Pero si ésa fue, posiblemente, la mayor alegría que tuvo Hitler durante la guerra, el que sería probablemente el día más feliz de su vida estaba por llegar. Sería el 23 de junio de 1940.

HITLER CUMPLE SU SUEÑO

Al día siguiente de la firma del armisticio, Hitler decidió cumplir su gran sueño. Desde muy joven, y debido a su pasión por la arquitectura, se había interesado por los bellos edificios que pueden admirarse en París. Después de estudiar con fruición los planos y dibujos que los representaban, gracias a su portentosa memoria se conocía al milímetro cada uno de ellos. Hasta entonces no había tenido oportunidad de visitar esa maravillosa ciudad, pero ahora se presentaba ante él. Además, tenía la ocasión de entrar en ella como conquistador.

Así pues, su impaciencia por visitarla pudo más que su preocupación por la seguridad. El alto el fuego aún no se había decretado, puesto que estaba previsto que entrase en vigor tras la firma de un armisticio con los italianos, pero Hitler no pudo esperar más y decidió que la visita tendría lugar a primera hora de la mañana del domingo 23 de junio, para no tropezarse con la población parisina.

Su avión llegó al amanecer al aeródromo de Le Bourget y enseguida se formó la comitiva oficial, compuesta por diez vehículos. El *tour* turístico comenzó de inmediato, iniciándose en el edificio de la Ópera. Hitler conocía los planos de memoria, por lo que hizo notar al guía la ausencia de una pequeña sala. El guía, sorprendido por sus conocimientos, recordó que, efectivamente, años atrás existía allí una habitación, pero que había sido eliminada tras unas reformas. Una vez finalizada la visita, Hitler intentó darle una suculenta propina, pero el guía la rechazó respetuosamente.

En el recorrido por París no pudo faltar el Arco de Triunfo o la Torre Eiffel —en donde se hizo una fotografía como un turista más—, así como Los Inválidos, donde Hitler permaneció pensativo y emocionado durante un buen rato ante la tumba de Napoleón. Durante su desplazamiento por las solitarias calles de la ciudad, Hitler fue reconocido por un vendedor de periódicos y por un grupo de mujeres; todos ellos huyeron despavoridos.

A las ocho menos cuarto de la mañana, mientras los parisinos comenzaban a desperezarse, el avión de Hitler ya se elevaba desde el aeródromo. Echando una última mirada a su ciudad más admirada desde la ventanilla, confesó a su fiel arquitecto Albert Speer no poder expresar todo lo feliz que se sentía en ese momento.

Mientras Hitler se hacía fotografiar ante la Torre Eiffel, al otro lado del Canal de la Mancha, Winston Churchill no se llamaba a engaño sobre lo que seguramente estaba pasando por la mente del dictador alemán. Con toda probabilidad, Inglaterra iba a ser la siguiente en la lista de las conquistas nazis.

Si en ese momento, a comienzos del verano de 1940, Hitler hubiera lanzado sus lanchas de desembarco sobre las playas británicas, en pocos días sus tropas hubieran llegado a las mismas puertas del palacio de Buckingham. Los ingleses no tenían prácticamente armas para defenderse. En previsión de que ocurriese la invasión, las autoridades militares se vieron incluso obligadas a dirigirse a los museos para llevarse todo aquello que pudiera servir para dejar fuera de combate a un soldado alemán; cuchillos, lanzas o mazas erizadas de pinchos utilizadas en la Edad Media fueron recogidas ávidamente por el ejército. Incluso se hicieron pruebas con piezas de artillería del siglo XVI empleadas en el Caribe en la lucha contra los piratas.

Cualquier objeto era útil para enfrentarse al invasor teutón; hachas, rastrillos, horcas, palas... Lo que era bien cierto es que Inglaterra iba a presentar batalla. Pero Churchill era consciente de que bien poco podrían hacer para frenarlos; reconoció que, en el caso de que los alemanes lograsen desembarcar, los ingleses tendrían que defenderse «golpeándoles en la cabeza con botellas de cerveza».

En esos momentos, los alemanes estaban contemplando con sus prismáticos los blancos acantilados de Dover desde Calais. Los mapas de la costa británica ya se encontraban extendidos sobre la mesa del Alto Mando germano, mientras los escuadrones de la *Luftwaffe* comenzaban a reunirse en los aeródromos del Norte de Francia. La Batalla de Inglaterra estaba a punto de comenzar.

4 INGLATERRA RESISTE

EN JUNIO DE 1940, Hitler se encontraba muy cerca de ganar la guerra. El único enemigo que tenía enfrente era Gran Bretaña, aunque nada indicaba que pudiera resistir mucho tiempo ante la imbatible máquina de guerra nazi.

Pero, por primera vez en la contienda, el *Führer* se mostró indeciso; en base a sus tan absurdas como inamovibles ideas raciales, ingleses y alemanes compartían un mismo origen, lo que debía implicar un salomónico reparto de influencias en el mundo. Mientras que el pueblo germano debía convertirse en dueño y señor de la Europa continental, a los ingleses se les permitiría conservar su secular dominio de los mares. La expansión germana se dirigiría hacia el este, con el objetivo de colonizar las estepas rusas; por su parte, el Imperio británico podría continuar con su explotación de las inagotables riquezas de la India.

Por lo tanto, Hitler esperaba que Gran Bretaña se mostrara abierta a este acuerdo, teniendo en cuenta su manifiesta debilidad. Pero Churchill, a quien el dictador nazi odiaba con toda su alma, no estaba dispuesto a convertir a su país en un cómplice de ese plan destinado a esclavizar a la población europea bajo el látigo de Berlín.

Fue en ese momento cuando Hitler cometió su tercer error en la dirección del conflicto. Si el primero fue la invasión de Noruega —aunque sus consecuencias negativas tan sólo serían visibles a largo plazo—, y el segundo sería la detención de sus *panzer* antes de llegar a Dunkerque, permitiendo así el reembarque del cuerpo expedicionario británico, el tercero y más grave fue, llegados a este punto, no lanzar la invasión de Gran Bretaña a comienzos del verano de 1940.

Del mismo modo que en Hitler anidaba secretamente el sueño de entrar en París como conquistador, la realidad es que al dictador alemán nunca le había obsesionado la idea de presentarse en Londres como vencedor sobre el orgulloso pueblo británico. Desde antes de la guerra, Hitler había reconocido en círculos reducidos que no tenía ninguna intención de destruir a Inglaterra.

OPERACIÓN LEÓN MARINO

Pese a las recomendaciones de sus generales, a Hitler no le entusiasmaba la idea de invadir las islas británicas. Aún así, dio *luz verde* para que comenzasen los planes de invasión: la Operación León Marino (*Seelöwe*). Los expertos militares consideran que si el desembarco se hubiera producido en el mes de junio, es muy probable que hubiera culminado con éxito.

En esos momentos, las tropas británicas recién regresadas del continente, agotadas y habiendo dejado atrás la mayor parte de su armamento, no hubieran sido rival para la *Wehrmacht*, que conservaba intacta la inercia de sus arrolladoras victorias. Las defensas costeras prácticamente no existían, y entre Londres y la costa sur de Inglaterra sólo había 48 cañones de campaña y 54 cañones antitanque.

La debilidad de la artillería de costa llegaba al extremo de que se prohibió terminantemente realizar disparos de prueba, para no malgastar la escasa munición con que contaban estas baterías. En caso de invasión, algunos de estos cañones tan sólo hubieran podido efectuar media docena de disparos antes de agotar su munición por completo.

El único punto en el que el éxito de la invasión podía verse comprometido era el de la travesía del Canal de la Mancha. Éste era el lugar en el que los ingleses podían presentar batalla con garantías, pero incluso ahí el destino de Inglaterra se jugaría en cuestión de minutos, en el desenlace de algún encuentro naval o en una decisión tomada quizás en el último momento.

La *Royal Navy* había visto cómo eran hundidos nueve de sus 50 destructores en la operación de rescate de las tropas aliadas en Dunkerque. Del resto, 23 se encontraban en reparación. En total, los ingleses contaban con 68 destructores, pero la mayoría de ellos se encontraban navegando lejos de las costas británicas. A los alemanes les hubieran bastado unas 12 horas para trasladar toda su fuerza de invasión a través del Canal de la Mancha, por lo que es difícil pensar que la Marina inglesa hubiera llegado a tiempo para impedirla. Además, los eficientes submarinos alemanes se habrían encargado de mantener despejado el recorrido.

Ya antes de Dunkerque, el jefe de la Marina de guerra germana, el almirante Erich Raeder, había discutido con Hitler los pormenores de la travesía del Canal. La prueba de que a Hitler no le atraía la idea es que la siguiente conversación con Raeder no se produjo hasta el 20 de junio, cuando se había dejado pasar el momento óptimo para lanzar «León Marino».

¿Cuál era el motivo de ese desinterés? Si dejamos de lado los aspectos militares, no habría que descartar algún ingrediente de tipo psicológico. Al parecer, Hitler sufría una gran aversión al agua; no sabía nadar, y estaba convencido de que el líquido elemento le traería mala suerte algún día. Solía evitar las visitas a los puertos y no era amigo de las paradas navales. Cuando no tenía más remedio y debía embarcarse para rendir honores a la flota, Hitler comenzaba a caminar nerviosamente por la cubierta del barco, hacía preguntas absurdas y daba muestras de sufrir una gran ansiedad. No se sentía aliviado hasta que podía poner de nuevo el pie en tierra firme. Por lo tanto, cuando le hablaban de operaciones anfibias, como la prevista contra Inglaterra, no podía evitar sentirse muy incómodo.

¿Hasta qué punto la fobia de Hitler al agua pudo ser determinante para la falta de impulso a la operación? Eso nunca se sabrá, pero la realidad es que «León Marino» no contó nunca con su entusiasmo. De hecho, su Directiva número 16, titulada «Preparativos para una operación de desembarco contra Inglaterra», no fue promulgada hasta el 16 de julio. La primera reunión del Estado Mayor para deliberar sobre los detalles de la invasión se celebraría en una fecha tan adelantada como el 26 de julio.

Curiosamente, mientras Hitler parecía frenar el desarrollo de la operación al más alto nivel, en los estamentos más pegados al terreno se avanzaba a fuerte ritmo en los preparativos. Por ejemplo, se editaron 20.000 ejemplares de un manual que debían llevar consigo los encargados de organizar la ocupación de las islas británicas, en el que se les instruía sobre las instituciones económicas y políticas del país, así como las medidas a tomar para reorganizarlas bajo la férula de Berlín. También se hicieron ensayos para poner en práctica alguna idea fantástica, como era tender una larga pasarela que uniese ambas orillas del Canal, con el fin de trasladar tanques y piezas de artillería rápidamente una vez asegurada la cabeza de playa.

Hitler tenía la esperanza de que, ante la visión de los preparativos de la inminente invasión, el gobierno inglés se aviniese a negociar la paz. Pero el tiempo pasaba y Churchill no ofrecía precisamente indicios de querer alcanzar un acuerdo con el Tercer Reich. En uno de sus discursos, el primer ministro, que había accedido a ese puesto de máxima responsabilidad el 10 de mayo, precisamente el día que Hitler había lanzado su ofensiva en el oeste, afirmó en los micrófonos de la BBC y dirigiéndose a todo el pueblo británico:

«Lucharemos en las playas, lucharemos en los lugares de aterrizaje, lucharemos en los campos y las calles, lucharemos en las montañas. Jamás nos rendiremos».

Por tanto, Hitler no tenía otra alternativa que proseguir con sus planes de invasión. «León Marino» constaría de varias fases. En primer lugar, la *Luftwaffe* debía asegurarse el dominio completo del aire. Era fundamental destruir los aeródromos del sur de Inglaterra. Para ello se contempló la posibilidad de llevar a cabo una espectacular operación aerotransportada consistente en el lanzamiento de 5.000 paracaidistas sobre estos campos de aviación.

Tras el aniquilamiento de la fuerza aérea británica, la RAF, desembarcarían en las playas inglesas un total de 40 divisiones, lo que sumaría una fuerza de 200.000 hombres, a lo que habría que añadir unos 650 tanques. Estas barcazas zarparían de los puertos de Ostende, Calais y Boulogne.

Estaba previsto que antes de dos semanas estuviera plenamente asegurada la cabeza de playa, con la incorporación de unos 100.000 hombres más. A partir de ese momento los *panzer* se dirigirían en veloz carrera hacia Londres. Una vez tomada, los soldados alemanes se distribuirían por toda la geografía británica, constituyéndose en fuerza de ocupación.

Pero los ingleses no podían llamarse a engaño sobre el carácter que iba a tomar ese nuevo orden nazi. Se había establecido

Los pilotos de la *Luftwaffe* confiaban en derrotar por sí solos a Inglaterra. No tardarían en darse cuenta de que su enemigo no estaba dispuesto a hincar la rodilla ante el terror desplegado por los aviones nazis.

un exhaustivo plan para aplastar cualquier tipo de organización civil susceptible de ofrecer alguna resistencia, como sindicatos, colegios privados, la Iglesia anglicana e incluso ¡los *Boy Scouts*!

Estaba prevista también la eliminación de Churchill, así como de políticos que habían huido de los nazis, como De Gaulle, o el ex presidente checo Edvard Benes. La represión también alcanzaría al mundo de la literatura: H. G. Wells, Virginia Wolf o Aldous Huxley. Todos estos nombres formaban parte de la denominada *Sonderfahndungliste* o «Lista Especial de Personas Buscadas». De todos modos, los agentes que la elaboraron demostraron no ser muy eficientes, al no tener constancia de que uno de los que allí aparecía, el psicoanalista Sigmund Freud, había muerto el año anterior.

El destino que les hubiera esperado a los 430.000 judíos británicos tampoco era nada halagüeño. Lo más probable es que hubieran visto drásticamente recortados sus derechos y que a partir de 1942, cuando se puso en marcha la llamada «Solución Final», hubieran corrido la misma trágica suerte que los judíos franceses o polacos, siendo trasladados a través del Canal de la Mancha rumbo a los campos de exterminio.

Aunque Hitler era remiso a la idea de ocupar Londres, finalmente encontró varios alicientes a esta improvisada conquista. Estudió los fondos existentes en el Museo Británico y decidió que los frisos del Partenón, entre otras muchas piezas de valor, estarían mejor en Berlín. Éste sería también el destino de la columna de Nelson de *Trafalgar Square*, que serviría para adornar alguna plaza de la capital alemana. Lo que Hitler desconocía era que las grandes obras pictóricas de la *National Gallery* ya no estaban en ese museo; habían sido escondidas en un pozo minero del norte de Gales. Pese a que Churchill tenía fe en la victoria, prefirió que esos valiosísimos cuadros fueran embarcados poco después rumbo a Canadá, junto a los fondos del Banco de Inglaterra, para ponerlos a salvo de la codicia nazi.

LA DEFENSA DE LAS ISLAS BRITÁNICAS

Mientras los alemanes saboreaban por adelantado la conquista de Londres, los ingleses se preparaban para ofrecer una resistencia heroica ante la inminente invasión. Consciente de que el reducido y pobremente equipado ejército británico bien poco podía hacer contra las bien pertrechadas tropas germanas, Churchill ideó una maniobra desesperada. Ordenó que estuviera previsto el lanzamiento de cerca de 1.500 toneladas de gas mostaza, almacenadas desde el final de la Primera Guerra Mundial, sobre las fuerzas enemigas de desembarco. Lo que el *premier* británico desconocía era que los alemanes habían previsto esa posibilidad y contaban con los elementos de protección necesarios, por lo que esta drástica medida tan sólo hubiera provocado un leve retraso en el avance sobre Londres.

Los planes para rechazar la invasión en las playas incluían también propuestas tan imaginativas como irreales. Se planteó crear una red de cables eléctricos sumergidos por toda la costa que permitiese electrocutar al contingente alemán cuando estuviera en contacto con el agua; sin embargo, se calculó que para ello sería necesario emplear toda la fuerza eléctrica de Gran Bretaña y aún así no se garantizaba el resultado, por lo que fue rápidamente abandonado.

Otro plan que sí que pudo haber tenido lugar —se ensayó con éxito después de la guerra— fue el de cubrir la superficie del agua con combustible para que ardiera en el momento en que los alemanes saltasen al agua. Aunque el proyecto no estaba muy avanzado, la propaganda británica se encargó de transmitir la idea de que sí lo estaba, para crear miedo y confusión entre los soldados que debían participar en la operación anfibia.

También se idearon nuevos sistemas para destruir a los *panzer*. Se diseñó una bomba adhesiva que podía ser empleada por los civiles, destinada a los combates urbanos; se podía arrojar desde una ventana y quedaba adherida al blindaje.

De todos modos, por si estos recursos fallaban, Churchill apeló al orgullo británico para enfrentarse a los alemanes en todo momento y ocasión; encoraginó a sus compatriotas afirmando que, al menos, «cada inglés podía llevarse por delante a un alemán». Él mismo daba ejemplo de esa feroz determinación, llevando siempre consigo un revólver *Colt* 45. Según decía, estaba dispuesto a disparar todas las balas contra los alemanes que vinieran a apresarle, reservando la última para quitarse la vida.

Esta patética carencia de armas se solucionó recurriendo a Estados Unidos, en donde se encargó la compra de grandes cantidades de fusiles. Aunque los norteamericanos hicieron lo imposible para que el pedido llegase lo más pronto posible a Gran Bretaña, durante el mes de julio la isla permaneció casi totalmente desprotegida, mientras continuaban las dudas de Hitler.

No sería hasta principios de agosto cuando llegaría el primer gran cargamento de armas procedentes de Norteamérica. Se trataba de cerca de medio millón de fusiles *Springfield* de la Primera Guerra Mundial. Aunque no era el tipo de arma soñada por los defensores de las playas británicas, al menos pudieron por fin dejar a un lado un lote de fusiles que habían servido para reprimir el motín de los cipayos en la India en 1857, entre otras armas obsoletas.

Fue precisamente el 1 de agosto cuando Hitler dio la orden a la *Luftwaffe* de aplastar a la fuerza aérea británica. El almirante Raeder le había insistido en que era necesario el total aniquilamiento de la aviación enemiga antes de emprender la invasión, tal vez con la secreta esperanza de que ésta no tuviera que llevarse a cabo, temeroso de perder los principales buques de la *Kriegsmarine* en el Canal de la Mancha.

Por su parte, el tan fatuo como orondo Hermann Goering no dudó en comprometerse a emplear a fondo sus hasta entonces arrolladores escuadrones para humillar a los ingleses. En esos momentos de duda quizás la guerra aérea era la mejor opción, puesto que de este modo no se afrontaba el excesivo riesgo de una operación anfibia. Además, Hitler, al que ya hemos visto que no le entusiasmaba la Operación León Marino, estaba esperanzado en que Inglaterra claudicase ante la superioridad que presumiblemente exhibiría la aviación germana, lo que haría innecesaria la invasión. Así pues, Hitler lanzó a la *Luftwaffe*, como si de un perro de presa se tratase, contra la débil y desprotegida Gran Bretaña.

DUELO EN EL AIRE

Si antes de comenzar el duelo que se dio entre las respectivas fuerzas aéreas se hubieran aceptado apuestas, no hay duda de que la alemana se hubiera destacado como clara favorita. Aunque había sido creada tan sólo cinco años antes, la *Luftwaffe* se había convertido en la fuerza aérea más temible del mundo.

El caza *Spitfire* fue el símbolo de la resistencia de la Fuerza Aérea británica ante los ataques de la *Luftwaffe*. Veloz y muy maniobrable, este avión despertó las envidias de muchos pilotos germanos.

Una vez reparados los aparatos que habían participado en la campaña de Francia, Goering tenía a su disposición 1.200 bombarderos y 300 bombarderos en picado. Para las labores de escolta, los alemanes contaban con un millar de cazas. Por el contrario, los ingleses podían oponer sólo 600 cazas y una cincuentena de aviones anticuados de varios tipos. Ante este panorama, solamente un milagro podría librar a la RAF de ser aniquilada. Afortunadamente para el destino de Gran Bretaña, ese milagro se produciría.

El 10 de julio comenzó la llamada Batalla de Inglaterra. El primer objetivo de la *Luftwaffe* era destruir las instalaciones portuarias de la costa sur para facilitar la invasión, así como los convoyes que controlaban el paso por el Canal. El objetivo era crear una zona segura a través de la cual pudiera trasladarse el contingente germano.

Los primeros resultados no fueron tan espectaculares como Goering había previsto. La superioridad alemana no se reflejaba en el balance de la batalla; la cifra de bajas británicas era de sólo un centenar, frente a las cerca de 300 sufridas por los alemanes. Poco después, los alemanes se propondrían destruir los aeródromos del sur de Inglaterra. También se convirtieron en objetivo las rutas terrestres de la región para dejarlos aislados, pero los escasos resultados se obtenían siempre a un altísimo precio.

Era necesario dar un golpe de mano que acabase con esa tendencia que conducía inexorablemente al fracaso de la ofensiva aérea. Por lo tanto, se decidió que el 13 de agosto se lanzaría una formidable operación de castigo, para la que reunieron 1.800 aparatos que debían atacar en cinco terroríficas oleadas. Goering creía que esa jornada, dirigida a doblegar de forma definitiva la tenaz resistencia inglesa, iba a suponer el triunfo definitivo de las alas germanas, por lo que la bautizó de forma grandilocuente como el «Día del Águila» (*Adlertag*).

De la importancia otorgada a esta misión habla por sí sola la cifra de aparatos empleados, que suponía tres cuartas partes del total de los efectivos dispuestos desde Cherburgo hasta Noruega. Hasta aquel momento, la aviación alemana no había empleado en sus ataques más que una décima parte de sus efectivos. El «Día del Águila» era la gran apuesta de Goering para vencer en la Batalla de Inglaterra.

Las condiciones climatológicas con que se presentó la jornada, con cielos nubosos y alguna tímida llovizna, aconsejaban suspender el ataque, por lo que Goering decidió aplazar el inicio de la operación, a la espera de que el tiempo mejorase. El hecho de que algunos bombardeos despegasen al no tener noticia del aplazamiento supuso un error de coordinación. Al final, a las dos de la tarde se dio la orden de lanzar la misión, pero el efecto sorpresa ya no existía.

Aunque el bombardeo fue masivo y los daños sufridos por los ingleses fueron importantes, el resultado de esta acción que pretendía ser definitiva fue muy negativo para los alemanes. El *Adlertag* sería una muestra de lo que ocurriría con las misiones posteriores; mientras que los defensores perdían sólo 13 aparatos, la *Luftwaffe* había visto cómo eran derribados 40 de los suyos. El enfado de Goering por este fracaso dio paso a una profunda decepción. Hitler comenzó a pensar que se había equivocado confiando en él para derrotar a los ingleses, al igual que había errado dejando en manos de la *Luftwaffe* la liquidación de la bolsa de Dunkerque.

En los días siguientes, la fuerza aérea alemana presentaba evidentes signos de agotamiento debido al esfuerzo realizado para organizar el «Día del Águila». El objetivo de la invasión comenzó a verse como una meta lejana en el tiempo. Goering pasó a plantear la batalla aérea como una «guerra total» y no como un medio para facilitar el desembarco.

Sin duda, ésos fueron los peores momentos sufridos por los británicos durante la Batalla de Inglaterra. Aunque el número de aviones germanos derribados era el doble que de ingleses, las reservas de la RAF se iban agotando. A los aparatos destruidos había que sumar la constante pérdida de pilotos, pese a las incorporaciones de tripulaciones inexpertas y de aviadores polacos, checos u holandeses. La población británica no era consciente de que su país estaba al borde del colapso. Pero en ese momento crítico la suerte se alió con Gran Bretaña.

LONDRES BAJO LAS BOMBAS

El 24 de agosto se produjo un hecho que fue determinante para el desenlace de la Batalla de Inglaterra. Un grupo de aviones alemanes que tenía como misión bombardear instalaciones militares se desorientó y dejó caer sus bombas sobre el centro de Londres. Los británicos no creyeron que se tratase de un error, por lo que, a la noche siguiente, llevaron a cabo una operación de represalia; 80 bombarderos consiguieron llegar a Berlín, lanzando su carga de bombas sobre la capital del Reich. Aunque los daños fueron mínimos, esta osadía desató la ira de Hitler, que ordenó que Londres ardiera por los cuatro costados.

Esta decisión del *Führer* fue un tremendo error, puesto que en esos momentos los alemanes estaban muy cerca de destruir por completo a la fuerza aérea británica. En ese mes de agosto se había construido un buen número de aeródromos en la costa francesa, lo que aumentaba el radio de acción de los cazas germanos. Desde que los puntos de salida se habían acercado, la *Luftwaffe* había visto reducidas sus pérdidas; aunque aún eran cuantiosas, la disminución continua de los recursos de la RAF hacía pensar que serían los ingleses los primeros en perder su capacidad de combate.

A consecuencia de las nuevas directrices de Hitler, la táctica seguida por el alto mando de la *Luftwaffe* dio un giro. El sábado 7 de septiembre los aviones germanos dejaron de atacar los aeródromos y se dirigieron hacia Londres. El bombardeo comenzó por la tarde y se prolongaría hasta las cuatro de la

Bomberos londinenses intentan apagar uno de los innumerables incendios provocados por los bombardeos de la aviación germana.

madrugada, sirviendo como guía el resplandor del fuego. Los bomberos no pudieron apagar los incendios hasta la mañana siguiente. Esta despiadada acción contra la población civil se saldó con 300 muertos y más de un millar de heridos.

En esos momentos la Operación León Marino, después de sucesivos aplazamientos, estaba, ahora sí, a punto de lanzarse. Las barcazas de desembarco se encontraban reunidas en los puertos franceses y el gobierno británico creyó que la invasión se iba a producir de un momento a otro, lo que dio lugar a varias falsas alarmas. Pero, antes de que diese comienzo la operación, se ordenó un segundo ataque masivo sobre Londres. En esta ocasión, los cazas ingleses ya no se encontraban desprevenidos y tan sólo la mitad de los bombarderos germanos consi-

Una nube de humo envuelve la zona portuaria de Londres, en una imagen tomada desde un puente sobre el Támesis. Es claramente visible el *Tower Bridge*, la Torre de Londres.

guió sobrevolar el cielo de la capital. Este fracaso desanimó a Hitler, que detuvo la concentración de barcazas en el Canal.

El 15 de septiembre fue el momento culminante de la Batalla de Inglaterra. Goering planificó una gran operación diurna contra Londres. Para ello dispuso una primera oleada matutina de 100 bombarderos y una posterior de 150, acompañados por un gran número de cazas. Pero la ausencia de ataques sobre los campos de aviación había hecho posible la recuperación de los escuadrones de cazas británicos, que lograron rechazar estas incursiones. Al final, los bombarderos germanos se vieron obligados a huir en dirección a la costa, dejando caer su cargamento de bombas sobre la campiña del sur de Inglaterra.

Los ataques aéreos se repitieron contra otras ciudades menos protegidas. El 27 de septiembre se intentó otro bombardeo diurno sobre Londres, pero resultó también un desastre, al igual que otro que se intentó tres días más tarde, perdiendo en él medio centenar de aparatos. Goering decidió que a partir de entonces los bombardeos serían nocturnos, aprovechando la avanzada tecnología alemana en sistemas de navegación.

La Batalla de Inglaterra había entrado en una fase que provocaría grandes padecimientos a los civiles y que conllevaría la destrucción de zonas pobladas pero, paradójicamente, ese cambio de objetivos supuso la salvación para Gran Bretaña. Los aeródromos pudieron reconstruirse y muy pronto los cazas volvieron a despegar desde ellos con normalidad.

La decisión de centrar los bombardeos en las ciudades, dejando el ataque a los campos de aviación como un objetivo secundario, fue tomada en la creencia de que la población civil no resistiría los sufrimientos y reclamaría a las autoridades poner fin a la guerra, cediendo a la paz impuesta por Hitler. Fue la primera vez que se puso a prueba la teoría que algunos expertos defendían desde el final de la Primera Guerra Mundial y que la historia se ha encargado de demostrar como falsa, consistente en que la guerra aérea podría resolver por sí sola una contienda.

Desde noviembre, ninguna ciudad británica se encontraría a salvo de los ataques nocturnos de la *Luftwaffe*. El día 14 de ese mes, la ciudad de Coventry fue objeto de un brutal ataque realizado por 449 bombarderos, que provocó 550 víctimas mortales. A partir de entonces, para describir los efectos de un bombardeo de estas características se emplearía el verbo «coventrizar». Las consecuencias de arrasar Coventry se verían más tarde, cuando los aviones aliados sometieron a un castigo aún más severo a las ciudades germanas; las reservas morales que podían suponer estas operaciones serían superadas con el recuerdo de la destrucción de esa ciudad.

En las noches siguientes, Birmingham, Southampton, Bristol, Plymouth, Liverpool y nuevamente Londres serían duramente castigadas. De las bombas de la *Luftwaffe* no se librarían ni la lejana Belfast ni tampoco Dublín, la capital de la neutral Irlanda, que vería cómo caían sobre ella unas bombas lanzadas por error por un bombardero que tenía como destino la capital de Irlanda del Norte.

Londres fue la ciudad que más sufrió la lluvia de bombas germanas, pero aún así la vida de sus habitantes no se vio gravemente afectada. Los londinenses continuaron cumpliendo con su jornada laboral y muchos permanecían en sus casas durante los bombardeos nocturnos. Los escasos refugios se encontraban atestados, por lo que el metro se convirtió en el lugar más cómodo. Al atardecer, los andenes de las estaciones se iban llenando de mujeres y niños, que pasaban allí toda la noche.

Si Hitler creía que los ingleses pedirían la paz de rodillas, se equivocaba. El pueblo británico se unió sin fisuras en torno a Winston Churchill, que supo estar siempre al lado de los que más sufrían. Al contrario de Hitler, que nunca tendría el valor de visitar una zona bombardeada temiendo alguna incómoda reacción popular, Churchill se dirigía inmediatamente a los barrios que habían resultado más dañados. Allí se interesaba por los heridos y consolaba a los que habían perdido su hogar. Caminando decidido por las calles llenas de escombros, Churchill era vitoreado por las masas que acudían para verle y él respondía colocando su bombín sobre el bastón y levantando éste en el aire, mostrando una amplia sonrisa que contagiaba de inmediato su confianza en la victoria.

Mientras tanto, las fuerzas alemanas sufrían cada vez más bajas en sus operaciones. Pese a que ya podían partir desde aeródromos cercanos a la costa del Canal, los cazas germanos seguían combatiendo junto a los bombarderos unos pocos minutos, puesto que necesitaban la mayor parte del combustible que cabía en sus depósitos para el viaje de ida y de regreso a sus bases en el continente. En ocasiones, esos cazas agotaban el carburante durante sus evoluciones en cielo inglés y no conseguían alcanzar la otra orilla del Canal de la Mancha, cayendo al mar. Naturalmente, los aviones ingleses no sufrían este inconveniente, al interceptar rápidamente a las formaciones alemanas, y por lo tanto podían permanecer mucho más tiempo en el aire.

Un vagón de ferrocarril destaca sobre este amasijo de hierros de lo que antes era un puente. Pese a la destrucción circundante, la moral británica no se resintió.

En ese momento crucial de la guerra, los grandes protagonistas fueron los pilotos de la RAF. Su espíritu de sacrificio, así como su resistencia física, fue fundamental para rechazar la agresión alemana. Llevando a cabo varias misiones al día, venciendo a la fatiga y al sueño, se convirtieron en unos auténticos héroes. Churchill les dedicó las que serían probablemente las palabras más elogiosas de toda la contienda:

> «*La gratitud de todos los hogares, en nuestra isla, en nuestro Imperio, y hasta en el mundo* —con excepción de los culpables—, *va a los pilotos británicos que, intrépidos por la desproporción de las fuerzas en acción e infatigables en sus incesantes combates en lo peor del peligro, están en vías de ganar la guerra a cuenta de proezas y de abnegación. Nunca, en la historia de los conflictos humanos, tantos han debido tanto a tan pocos*».

Los pilotos británicos, convencidos de que únicamente se habían limitado a cumplir con su deber, no se tomaron muy en serio los ditirambos de Churchill; según ellos, el primer ministro, al hablar de esa deuda contraída por tantos con tan pocos, se debía referir a las cervezas impagadas de los pilotos en las cantinas de los aeródromos...

EL MISTERIOSO VUELO DE RUDOLF HESS

La Batalla de Inglaterra proporcionaría uno de los capítulos más insólitos de la guerra y que aún hoy día ofrece numerosas incógnitas sin resolver.

Al atardecer del 11 de mayo de 1941, Churchill se encontraba relajado, vestido con un cómodo batín, y visionando en su casa la película «Los Hermanos Marx en el Oeste». En mitad de esa tranquila sesión de cine, un ayudante irrumpió en la estancia y exclamó: «¡Hess se ha lanzado en paracaídas sobre Escocia!». Churchill creyó que, sin duda, debía de tratarse de alguna broma o confusión, por lo que pidió que se buscara una confirmación de ese hecho inverosímil y continuó disfrutando tranquilamente de la película.

Pero esa increíble noticia era verdad. A las 11 de la noche anterior, un granjero escocés había visto cómo un paracaidista se posaba cerca de su casa. Tras permitirle la entrada en su hogar y servirle un té caliente, el piloto le dijo que buscaba al duque de Hamilton porque debía entrevistarse con él. Al día siguiente, una vez en presencia del noble, al cual había conocido durante los Juegos Olímpicos de Berlín, el aviador reconoció ser Rudolf Hess, el lugarteniente de Hitler.

Su objetivo era alcanzar un acuerdo de paz con el gobierno británico, basado en un reparto del mundo en esferas de influencia y, por encima de todo, en la salida de Churchill del gobierno, considerado un obstáculo para el entendimiento entre ambas naciones. Hess estaba convencido de que sería conducido ante el primer ministro o incluso el rey Jorge VI, pero tras la entrevista con el duque se encontró encerrado en una celda con un pijama gris y cubierto con una manta del ejército. Churchill, tras enterarse de los pormenores de la charla por boca del propio duque, había ordenado que fuera tratado como un prisionero de guerra.

Tras un breve paso por la Torre de Londres, acabó encerrado en un hospital militar. Por mediación de varios enviados, Churchill fue informado de los términos de la oferta de paz, pero el *premier* británico los consideró totalmente inaceptables.

Mientras tanto, ¿cuál era la reacción en Alemania? Los testimonios sobre la reacción de Hitler ante la noticia son contradictorios; según unos, el *Führer* montó en cólera y maldijo a Hess, mientras que otros describen a un Hitler resignado, lo que ha hecho creer que podía conocer las intenciones de Hess o incluso haberlo animado a llevar a cabo la misión. También se ha aventurado que fueron los servicios secretos británicos quienes tendieron una trampa en la que Hess cayó, aprovechando su mente inestable.

Sea como fuere, el *número tres* del régimen nazi estaba en poder del enemigo. Hitler ordenó que Hess fuera declarado loco, lo cual conllevó no pocos comentarios, ya que muchos no entendieron cómo se había permitido que un demente detentase tanto poder en el Tercer Reich.

Pero el misterio seguiría rodeando a Hess hasta el final de sus días. En el proceso de Nuremberg recuperó inesperadamente la memoria, tras declararse amnésico, pero eso no le libraría de la cadena perpetua. Tras más de cuatro décadas de reclusión, decidió acabar con su vida ahorcándose con un cable eléctrico, pero la sospecha de que en realidad se tratase de un asesinato nunca se ha disipado por completo.

CAMBIO DE PLANES

Aunque los ataques sobre las ciudades se prolongaron hasta el 16 de mayo de 1941, seis días después del enigmático viaje de Rudolf Hess, es probable que ya en octubre de 1940 Hitler fuera consciente de que no conseguiría derrotar a los ingleses. La prueba es que la Operación León Marino quedó definitivamente cancelada el 12 de octubre. De todos modos, Hitler dio órdenes de que se mantuviera abierta la posibilidad de la invasión para la primavera o el verano de 1941. Pero esto no era más que una maniobra de distracción.

Como un niño que se cansa bien pronto de un juguete largamente reclamado, Hitler desecha el sueño de aplastar a la orgullosa Inglaterra y se embarca en la mayor apuesta de su vida: la invasión de la Unión Soviética. El dictador nazi, ante la imposibilidad de doblegar a Churchill, por el que sólo siente un profundo e indisimulado desprecio, cree llegado el momento de enfrentarse al que considera un rival formidable y digno de él. Su oponente será Stalin, al que le profesa una gran admiración pese a estar situado en sus antípodas ideológicas. Pero el ataque a Rusia no podía emprenderse hasta la llegada del buen tiempo, por lo que era necesario esperar a la primavera.

Así pues, durante ese largo compás de espera se mantendrán los bombardeos nocturnos para dar la impresión de que la conquista de las islas británicas sigue siendo el gran objetivo, mientras se van acumulando tropas y material en las regiones

Sir Winston Leonard Spencer Churchill.

orientales de Alemania. Los aviones son los últimos en abandonar el escenario occidental antes de marchar al este. Pero el
precio que la *Luftwaffe* ha pagado posu frustrada campaña en los
cielos británicos, un total de 1.733 aparatos, marcará quizás la
diferencia entre el éxito y el fracaso en la invasión de las estepas
rusas que se desatará en el verano de 1941.

Los ingleses habían sido los primeros en conseguir frenar a
Hitler, pero el Tercer Reich no estaba ni mucho menos derrotado.
En esos momentos disponía del ejército más potente del mundo
y estaba a punto de lanzarlo contra la Unión Soviética, en la
ofensiva más colosal que nunca haya visto la historia.

5 La Operación Barbarroja

HITLER HABÍA FRACASADO en su intento de doblegar la resistencia de Gran Bretaña. Pero aún así decidió emprender su plan más ambicioso: la invasión de la Unión Soviética. Muchos se preguntan aún las razones por las que Hitler se lanzó tras ese objetivo casi inalcanzable. La respuesta quizás haya que buscarla en la propia mente del *Führer*.

Hitler, en su calenturienta imaginación, veía en el futuro un imperio continental que se extendía desde el Atlántico hasta los Urales. Para conseguirlo creía necesario antes expulsar a la mayor parte de la población rusa al otro lado de esa cordillera que separa a Europa de Asia. Tan sólo quedaría en la Rusia europea una minoría destinada a realizar los trabajos más pesados, a las órdenes de colonos alemanes.

El espejo en el que pretendía mirarse era la India colonial; cuando alguien le hacía notar la enorme dificultad que entrañaba esa empresa, él recordaba que una pequeña cantidad de ingleses había bastado para someter a ese país tan extenso y populoso. También estaba bajo el influjo de las novelas de pieles rojas que había devorado en su juventud; para él, las estepas rusas debían ser para los alemanes lo que las grandes praderas de Norteamérica habían supuesto allí para el hombre blanco.

Las ensoñaciones de Hitler para el futuro de estas colonias continentales tenían una presencia continua en sus conversaciones privadas. El *Führer* explicaba una y otra vez a sus sufridos y pacientes contertulios sus planes para estos vastos territorios. Según él, una vez desplazada buena parte de la población local, dejando tan sólo aquellos que pudieran ser utilizados para trabajar, debía construirse una red de autopistas que uniese el territorio del Reich con el del Mar Negro.

A lo largo de estas autopistas se construirían nuevas ciudades, separadas por unos 100 kilómetros de distancia, y que estarían habitadas por colonos alemanes. Los rusos vivirían en suburbios o granjas aisladas, recibirían una educación elemental para que pudieran resultar útiles, pero sin tener derecho a asistencia sanitaria; en la depravada mente de Hitler, la salud precaria serviría como un regulador natural para evitar así el crecimiento de la población autóctona.

Si tenemos en cuenta los planes a largo plazo de Hitler, es fácil comprender que la invasión de la Unión Soviética era inevitable y su puesta en marcha era sólo cuestión de tiempo. Si consideramos además que Hitler, consciente de que ya no era joven y de que su salud se iba deteriorando cada vez más, tenía una cierta premura por cumplir con sus ambiciosos objetivos, se entiende que hiciera los preparativos para que el ataque fuera lanzado en el verano de 1941.

Por último, Hitler no era tampoco ajeno a las recomendaciones de sus expertos; si quería derrotar a Gran Bretaña en una larga guerra de desgaste, era necesario asegurarse antes el suministro de cereales y carburante. Y Rusia podía ofrecer ambas cosas en abundancia.

Preparativos para la invasión

El *Führer* confiaba en que la resistencia rusa se rompería en cuanto sus tropas atravesasen la frontera; creía que —según una metáfora que él empleaba— ésta no era más que una puerta de madera podrida que podía ser derribada de una patada.

La realidad es que, en este caso concreto, el análisis de Hitler no se alejaba de la realidad. En las fronteras occidentales de la Unión Soviética había unos tres millones de soldados rusos, pero en realidad el Ejército Rojo no era en esos momentos más que una masa ingente de soldados escasamente preparados. Estaban dotados de armamento obsoleto; el número total de tanques superaba los 14.000 —el triple de los alemanes—, pero sólo una séptima parte eran suficientemente modernos. Los soviéticos poseían superioridad en artillería en una proporción de cinco a uno y poseían el triple de aviones, aunque técnicamente eran muy inferiores a sus equivalentes germanos.

Además, sus oficiales habían resultado diezmados en las purgas estalinistas. Un ejército que sufriese la eliminación de 400 de sus generales, como así ocurrió, no podía presentarse como una organización competente en el campo de batalla.

Nada hacía pensar que el Ejército Rojo pudiera ofrecer algún tipo de resistencia ante las fuerzas alemanas, compuestas de soldados disciplinados y con experiencia reciente en combate, dotados con las mejores armas y contando con los tanques y aviones técnicamente más avanzados del mundo. La *Wehrmacht* se presentaba aún como una fuerza invencible y no parecía que los soldados rusos pudieran ser los primeros en frenarla.

Ante este prometedor panorama, la tentación de invadir la Unión Soviética era irresistible. El sueño de Hitler de conseguir espacio vital para Alemania en el inmenso territorio ruso estaba al alcance de la mano y seguramente no se le volvería a presentar una ocasión semejante.

Aunque hasta ese momento el ejército germano no había encontrado rival en Europa, los generales alemanes se quedaron perplejos cuando el 30 de marzo de 1941 Hitler les anunció su intención de atacar. Ellos eran conscientes de que Alemania había sido derrotada en la Primera Guerra Mundial por luchar en dos frentes, y ahora estaba a punto de cometer el mismo error. Pero nadie fue capaz de advertir al dictador germano que su decisión era equivocada, en parte por temor y en parte porque abrigaban la esperanza de que la intuición y la buena suerte que le había acompañado al dirigir las triunfales campañas militares en Polonia y Francia continuase también en las estepas rusas.

Pero la decisión había sido tomada mucho antes, el 18 de diciembre de 1940. La operación se llamaría «Barbarroja», en honor al emperador germano Federico I Barbarroja (1123-1190), del que la leyenda asegura que no murió, sino que permanece dormido a la espera de que Alemania le necesite. Así pues, invocando a aquella figura mítica, Hitler había decidido que la ofensiva tuviera lugar el 15 de mayo de 1941. De este modo, la *Wehrmacht* tendría tiempo de derrotar a los rusos antes de que éstos pudieran recurrir al «General Invierno».

Según los cálculos de Hitler, en menos de tres meses las tropas germanas estarían desfilando por las amplias avenidas de Moscú. Tan convencido estaba de que se produciría una victoria aplastante que ni tan siquiera reparó en la necesidad de pertrechar a sus tropas con ropa de invierno.

Sin embargo, se produjo un hecho que, indirectamente, pudo ser el causante final de la derrota alemana en Rusia. Cuando ya había comenzado la cuenta atrás para la invasión, Hitler se vio obligado a intervenir en los Balcanes. La causa se remontaba a cinco meses atrás, el 28 de octubre de 1940, cuando las ansias expansionistas de su aliado Mussolini le habían llevado a invadir Grecia desde territorio albanés, un país que se había anexionado en abril de 1939. La campaña, que se esperaba muy cómoda, acabó desembocando en un desastre y los italianos se encontraron al poco tiempo a la defensiva en Albania. Un desembarco de tropas británicas en Grecia en noviembre vino a complicar aún más las cosas para el Eje.

Estaba claro que Hitler no podía emprender la conquista de Rusia mientras se mantuviera la presión aliada en los Balcanes, por lo que decidió resolver el desaguisado provocado por el impulsivo Mussolini recurriendo a sus expeditivos métodos. El objetivo prioritario debía ser la invasión de Grecia.

Para atacar al país heleno era necesario abrirse paso a través de los Balcanes, por lo que Berlín presionó a los países de esta región para que se uniesen al Eje. Yugoslavia cedió, pero un golpe de Estado contrario a los intereses germanos llevó a Hitler a ordenar su invasión, junto a la de Grecia, el 6 de abril de 1941. Dos semanas bastaron para que el gobierno yugoslavo capitulase, tras un brutal bombardeo sobre una casi indefensa Belgrado. Antes de que acabase el mes, Grecia ya había hecho ondear también la bandera blanca. Los aviones de la *Luftwaffe* sobrevolaban triunfantes un Partenón en el que ondeaba la esvástica. Como si de un símbolo de la aciaga suerte que sufría Europa se tratase, la cuna de la civilización occidental se hallaba sometida en ese momento a la fuerza bruta del nazismo.

Parecía que Hitler podía dedicarse ya plenamente a preparar el ataque a la Unión Soviética, pero de nuevo el desarrollo de los acontecimientos lo impidió. Los griegos y británicos que habían podido escapar de los alemanes se habían trasladado a la isla de Creta para continuar resistiendo desde allí. El *Führer* decidió intervenir para eliminar esa amenaza en el flanco mediterráneo, retrasando otra vez la orden de ataque en el este.

Los efectivos británicos concentrados en Creta, asistidos por dos divisiones griegas, eran de sólo 28.000 hombres, y además contaban únicamente con dos docenas de aviones de caza y un número similar de tanques y cañones antiaéreos. Pero lo escarpado del terreno y el apoyo de la *Royal Navy* jugaban a su favor para ofrecer una feroz resistencia.

Por primera vez en la historia militar, se recurriría a fuerzas paracaidistas para emprender una ofensiva de gran alcance y no sólo para llevar a cabo alguna operación puntual, como en Noruega o Bélgica. Ante aquella débil fuerza defensora, los alemanes emplearon en total unos 13.000 paracaidistas, que comenzaron a ser lanzados sobre la isla el 20 de mayo.

Aunque finalmente se consiguió el objetivo de ocupar Creta, tras unos encarnizados combates contra los británicos, las pérdidas germanas fueron muy importantes. De los aproximadamente 10.000 alemanes que participaron en la primera fase de la batalla, casi la mitad resultaron muertos, heridos o capturados, siendo muchos de ellos soldados de elite, que hubieran podido ser muy útiles más tarde en la campaña de Rusia.

Una vez asegurado el frente mediterráneo, tras su correspondiente coste en hombres, material y, lo que en ese momento era más importante, en tiempo, Hitler tenía las manos libres para la inminente ofensiva contra la Unión Soviética, pero ya se había producido un retraso que a la postre resultaría fatal.

Varios generales de su Estado Mayor, incluido el general Friedrich Paulus —quien acabaría rindiéndose en Stalingrado un año y medio más tarde—, le comunicaron que era arriesgado lanzar el ataque a mediados de junio, puesto que podían verse atrapados en el crudo invierno ruso antes de llegar a Moscú. Hitler desoyó estas advertencias y fijó la fecha de la ofensiva para el 22 de junio de 1941.

Sería la segunda vez en la historia que Rusia debería enfrentarse a una invasión procedente de Europa. Napoleón ya lo había intentado lanzando sus tropas en dirección a Moscú en 1812, concretamente el 24 de junio, dos días después de que lo hiciera Hitler. Aunque el corso logró llegar a Moscú con la *Grand Armée*, algo que el austríaco no consiguió con su *Wehrmacht*, la pretensión de ambos de derrotar a los rusos se vería abocada al fracaso.

Por otra parte, desde un primer momento quedó claro que aquella campaña no iba a ser como las anteriores. Por decisión personal de Hitler, se trataría de un enfrentamiento ideológico a muerte, sin ningún respeto por las reglas establecidas por los convenios internacionales, lo que acabaría convirtiéndolo en una guerra de exterminio. El 13 de mayo ya se había dictado la Orden Jurídica Barbarroja, por la que los soldados alemanes quedaban eximidos de los crímenes que pudieran cometer en Rusia. Del mismo modo, el 6 de junio se ordenaba expresamente el fusilamiento de los comisarios políticos soviéticos en el mismo momento de su apresamiento.

El considerar la conquista de Rusia como una guerra de destrucción (*Vernichtungskrieg*), además de ser condenable por sus execrables connotaciones morales, constituiría a la postre un enorme error estratégico. La población civil recibiría en un primer momento a las tropas alemanas como liberadoras de las privaciones materiales y el régimen de terror impuesto por la dictadura estalinista, especialmente en Ucrania, pero las brutales e indiscriminadas acciones llevadas a cabo por las tropas de las SS, con la connivencia de la *Wehrmacht* —que serán analizadas más adelante en el capítulo dedicado al Holocausto—, harían que las simpatías por la causa germana se evaporasen de inmediato.

En el aspecto puramente militar, «Barbarroja» consistía en tres ofensivas simultáneas. La del Grupo de Ejércitos Norte, con el general Leeb al mando, ocuparía los Estados Bálticos y tendría como objetivo alcanzar Leningrado. La del Grupo Sur, mediante los *panzer* del general Rundstedt, atravesaría las fértiles llanuras de Ucrania para llegar al río Dnieper, con la vista puesta en los pozos petrolíferos del Cáucaso. El Grupo Centro, con el general Bock al frente, atacaría desde Varsovia hacia Minsk y Smolensko; ellos serían los que tendrían la oportunidad de alcanzar la gloria tomando Moscú.

A la medianoche del sábado 21 de junio de 1941, los generales de estos tres Grupos de Ejército acabaron de ultimar los preparativos para la invasión, que debía comenzar a las tres y media de la madrugada del domingo. Los tres millones y medio de hombres que iban a participar en ella escucharon de boca de sus oficiales una arenga escrita por el *Führer*.

Mientras tanto, ¿qué sucedía en Moscú? Aunque resulte sorprendente, en esos momentos allí nadie temía una invasión. Desde comienzos del mes de junio los alemanes habían estado acumulando tropas y material en el este, destinados a la inminente ofensiva, a lo que hay que sumar los informes que habían llegado a Stalin asegurando que se estaba preparando un ataque germano, pero el líder soviético desechó estas informaciones, convencido de que Hitler no iba a traicionar el pacto nazi-soviético firmado entre ambos países el 23 de agosto de 1939.

Casi tres meses antes, el embajador británico en Moscú ya había entregado a las autoridades rusas un mensaje confidencial de Churchill en el que advertía al líder soviético de que los alemanes estaban concentrando tropas en la frontera oriental. En vez de inquietarle, este aviso no logró más que provocar la hilaridad del dictador ruso.

Posteriormente se recibieron informes de espías soviéticos en Alemania, avisando de la inminencia del ataque. Los británicos llegaron a apuntar una fecha concreta, el 21 de junio, aunque la misma semana de la misión comunicaron a Stalin que ésta se produciría el 22 de junio, gracias a la revelación de un desertor alemán.

Pero las mismas guarniciones del Ejército Rojo se encargaron de comunicar a Stalin que algo se preparaba, puesto que detectaron hasta en 22 ocasiones vuelos de reconocimiento alemanes. Además, un avión germano dotado con cámaras fotográficas se estrelló en suelo ruso; las películas que había filmado contenían imágenes de instalaciones militares soviéticas próximas a la frontera.

La prueba de que Stalin continuó confiando en Hitler hasta el último momento es que la misma noche de la invasión, a las dos y media de la madrugada, un tren cargado con trigo ruso llegó a la frontera. Su destino era Alemania, en cumplimiento de los acuerdos del pacto de 1939. Los guardias fronterizos germanos, como de costumbre, levantaron la barrera y saludaron al maquinista. Los empleados de aduana verificaron la carga de cereal, revisaron los documentos y estamparon en ellos los correspondientes sellos. El tren pudo continuar su camino hacia el interior de Alemania.

Media hora después de que este último tren cruzase la barrera, se pusieron en marcha las hélices de cientos de aviones y a los pocos minutos ya estaban en el aire en dirección al este. Mientras tanto, los motores de más de 3.000 carros blindados y de medio millón de vehículos se habían puesto también en funcionamiento. A las tres y media se dio la esperada orden: ¡Fuego!

LOS PANZER, EN MARCHA

En ese mismo momento, más de 7.000 cañones comienzan a atronar en la noche. Las baterías consiguen que sobre las sorprendidas guarniciones rusas caigan más de 100 proyectiles por minuto. Las guardias fronterizas son eliminadas por las tropas de asalto alemanas y los puentes son capturados intactos. Trenes blindados cargados de tropas cruzan la frontera. Los veloces carros blindados avanzan sin que nada ni nadie pueda frenarlos; incluso cruzan los ríos sumergiéndose en el agua. La invasión ha comenzado.

Pero en realidad el ataque había comenzado media hora antes. Dos aparatos germanos arrojaron a las tres de la madrugada sus bombas sobre los barcos rusos fondeados en la base naval de Sebastopol, en la costa del Mar Negro, ante la sorpresa de los soldados soviéticos, que hasta el último momento creyeron que se trataba de aviones propios. Inmediatamente comunicaron a Moscú el ataque, pero no se les concedió ninguna credibilidad.

La ofensiva había comenzado también en el mar. Casi en el mismo momento en el que Sebastopol era bombardeada, se producía otro ataque alemán por sorpresa, en este caso a un carguero ruso que transportaba madera sueca, en el Mar Báltico.

En las primeras semanas, nada podía detener a las tropas alemanas. Los tanques germanos avanzaban con rapidez por las carreteras rusas.

Cuatro lanchas torpederas de la *Kriegsmarine* hundieron el mercante. En un claro anticipo de la crueldad que marcaría las acciones alemanas en Rusia, los supervivientes que habían logrado subir a los botes salvavidas fueron ametrallados sin piedad.

En las primeras semanas todo discurrió según lo previsto, e incluso en algunos puntos el éxito de los avances sorprendió al alto mando germano. Nada podía frenar a las divisiones motorizadas alemanas y los soldados rusos caían prisioneros por decenas de miles. Ya en la primera semana, el grupo Centro cerró una bolsa con 300.000 soldados rusos. En tres semanas este ejército ya había avanzado 700 kilómetros y capturado otros 300.000

soldados. El botín de carros blindados soviéticos también era espectacular, llegando a casi 5.000.

El éxito de la ofensiva le llevaría al general Halder a afirmar: «Uno ya puede decir que la tarea de destruir la masa del Ejército Rojo se ha cumplido. Por tanto, no exagero al afirmar que la campaña contra Rusia se ha ganado en 14 días».

Cuando parecía que la caída de la Unión Soviética era ya tan sólo cuestión de días, la climatología empezó a aliarse con los defensores. El mes de julio trajo lluvias tempranas que comenzaron a embarrar los caminos, aunque la ofensiva continuaba su curso.

Pero, mientras que el ejército del Centro marchaba a toda máquina, los del Norte y el Sur no progresaban al mismo ritmo. Entonces surgió una disyuntiva que pudo decidir el resultado final de la campaña; o el grupo del Centro seguía su avance en solitario hacia Moscú o, por el contrario, acudía en ayuda de los otros dos ejércitos. Esa decisión fue clave para el futuro de «Barbarroja»; Hitler apostó por esta segunda opción y, por tanto, la ofensiva hacia Moscú se detuvo. Ésta no sería retomada hasta octubre, a las puertas del temible invierno ruso y una vez que la capital había logrado establecer una sólida muralla defensiva.

¿Qué hubiera sucedido si el ejército del Centro hubiera continuado su avance sobre Moscú? Es poco probable que la toma de la capital hubiera conducido inexorablemente a la rendición de la Unión Soviética, pero es innegable que la decisión del *Führer* cerró una posibilidad cierta de poner un rápido fin a la campaña. Es difícil pensar que los rusos hubieran mantenido intacto su espíritu de lucha después de asistir a la entrada triunfal de Hitler en el Kremlin, flanqueado por sus tropas en la Plaza Roja.

Pero la realidad es que, gracias al apoyo de los ejércitos del Centro, los otros dos se vieron reforzados en sus respectivos avances. Hacia el norte marcharon los tanques del general Hoth, con la misión de tomar Leningrado. En el flanco Sur, pese a contar con la ayuda de los tanques del general Guderian, Kiev no pudo ser tomada hasta el 20 de septiembre. Aunque se había logrado la captura de 600.000 soldados rusos en la capital ucraniana, el tiempo jugaba en contra de los alemanes, que habían dejado pasar dos meses preciosos para avanzar en dirección a Moscú.

Una vez que la ofensiva ya estaba equilibrada, el 2 de octubre se retomó el camino hacia la capital soviética. Este asalto definitivo a Moscú tendría el nombre de Operación Tifón. El objetivo era que la bandera del Tercer Reich acabase ondeando sobre las cúpulas del Kremlin. Pero no debía ser por mucho tiempo; Hitler había decidido que la ciudad sería completamente derruida y borrada del mapa, para lo cual ya estaba preparado un equipo de dinamiteros. Más adelante, tenía previsto construir allí una gigantesca presa destinada a la producción de energía hidroeléctrica, que acabaría por sumergir a Moscú bajo sus aguas.

El día 7 de octubre parecía que estos monstruosos sueños iban a convertirse en realidad. Stalin, pese a que estaba dispuesto a defender Moscú a muerte —para lo cual llamó al general Georghi Zhukov—, en realidad había ordenado el traslado del gobierno soviético y de la administración central a la ciudad de Kuibyshev, al otro lado del Volga. Los alemanes, por su parte, ya estaban haciendo planes para el día después de la toma de la capital; a los diplomáticos germanos se les encargó localizar a los viejos aristócratas exiliados por Europa tras la Revolución de 1917 para formar con ellos un gobierno títere.

Pero los descabellados planes de Hitler se verían obstaculizados cuando sus tropas se encontraban a tan sólo 78 kilómetros de Moscú, debido a la llegada de las lluvias de otoño. Los caminos habían quedado embarrados de tal modo que los tanques y camiones se quedaban totalmente inmovilizados en el lodo. Lo mismo ocurría con la artillería pesada, las motocicletas o incluso los caballos. La ofensiva tuvo que ser detenida.

Poco más tarde, el «General Invierno» se presentaría sin avisar; los soldados alemanes se despertaron en mitad de la noche del 6 al 7 de noviembre, golpeados por un intenso frío: ¡Los termómetros habían descendido de repente diez grados bajo cero!

Las bajas temperaturas, paradójicamente, resolverían el grave obstáculo de los caminos impracticables; las carreteras se helaron,

Un vehículo blindado alemán pasa a gran velocidad ante una iglesia ortodoxa. Todo hacía pensar que las tropas germanas llegarían a Moscú antes de que llegase el invierno.

lo que permitió que los vehículos pudieran volver a circular sin atascarse en el barro.

Pero las bajas temperaturas, que en un primer momento beneficiaron el avance germano, comenzaron a provocar también graves problemas. La falta de líquido anticongelante, al creer que Moscú caería antes de llegar el invierno, hizo que tanto los vehículos como las armas quedasen en buena parte inutilizados. Se calcula que, a esas alturas de la campaña, solamente uno de cada cinco tanques alemanes estaba en condiciones de disparar.

Además, las existencias de ropa de invierno eran claramente insuficientes. Las previsiones de ropa de abrigo eran tan sólo para un tercio de las tropas, las que Hitler calculaba que serían necesarias para integrar la fuerza de ocupación, por lo que la mayoría de soldados se vieron obligados a seguir combatiendo con sus uniformes de verano. Pero incluso esos pertrechos invernales insuficientes no llegarían a tiempo, debido a las dificultades de aprovisionamiento.

A lo largo del mes de noviembre la situación fue empeorando, al bajar los termómetros a 45 grados bajo cero. Las bajas por congelamiento eran ya el doble de las provocadas por acciones del enemigo. Así pues, los soldados alemanes se veían forzados a quitar la ropa y las botas a los cadáveres enemigos para poder combatir el intenso frío. A finales de diciembre, la *Wehrmacht* sufriría más de 100.000 casos de congelamiento, 14.000 de los cuales acabarían requiriendo la amputación de algún miembro.

Ante esta perspectiva, la mayoría de generales alemanes propusieron establecer una línea de defensa para pasar el invierno bien atrincherados. Con la llegada de la primavera se podría retomar la ofensiva. Pero hubo otros que opinaban que lo mejor era llegar cuanto antes a Moscú para que las fuerzas acorazadas del grupo del Centro pudieran acudir en ayuda de los frentes más necesitados, como el del Norte.

Al final se impuso la opinión de estos últimos, que coincidía con la de Hitler; la Operación Tifón no se detendría. El *Führer* ordenó tomar la capital soviética. El ansiado ataque se iniciaría el 15 de noviembre. Había llegado la hora decisiva. Las tropas germanas no deberían detenerse hasta llegar a la Plaza Roja.

Las primeras lluvias otoñales convirtieron los caminos en lodazales de los que no siempre era fácil salir. La llegada de las bajas temperaturas, al congelarlos, los haría de nuevo practicables.

ASALTO FINAL A MOSCÚ

Mientras los alemanes se preparaban para lanzar el inminente asalto final, la capital soviética se preparaba para resistir. Los efectivos destinados a la defensa alcanzaban la cifra de 1.250.000 hombres, dotados con 7.600 cañones y morteros, además de casi un millar de tanques. Todos los obreros de la ciudad fueron movilizados —25.000 de ellos fueron destinados a la artillería— e incluso medio millón de mujeres y niños colaboraron en las tareas de fortificación, cavando fosos antitanque. Trincheras, alambradas, barricadas, nidos de ametralladora... Todo parecía poco para detener al ejército invasor. Incluso los ciegos fueron movilizados, puesto que el agudo oído desarrollado por los invidentes era capaz de advertir el ruido de los aviones enemigos a gran distancia.

Pese a todos estos obstáculos, dos semanas después parecía que la victoria germana estaba al alcance de la mano. Una unidad de reconocimiento logró abrirse paso hasta los arrabales del sudoeste de Moscú; los soldados alemanes que la integraban llegaron hastaa las paradas de los autobuses que tenían como destino el centro de la ciudad, distante tan sólo 35 kilómetros, e incluso llegaron a ver la luz del sol reflejada en las doradas torres del Kremlin. En esos momentos, el gobierno ruso estaba procediendo a la destrucción de los documentos que no había podido trasladar. Parecía que la caída de Moscú era cuestión de días, sino de horas.

Pero entonces, cuando la situación era más desesperada, la fortuna se alió con Stalin. Un espía alemán que trabajaba para los rusos en Tokio, llamado Richard Sorge, comunicó a Moscú que los japoneses no tenían ninguna intención de atacar a la Unión Soviética en el Extremo Oriente, tal como los rusos temían. Gracias a esta revelación, Stalin pudo reclamar la presencia de las tropas destinadas en Siberia para la defensa de la capital.

Así pues, el 5 de diciembre el Ejército Rojo lanzó una gran ofensiva en los alrededores de Moscú que, aunque no logró que los atacantes retrocediesen, al menos consiguió aliviar la presión

Pese a la fuerte presencia de unidades motorizadas, no era desdeñable el recurso a los caballos, que cumplieron un importante aunque sacrificado papel en la campaña de Rusia.

sobre la ciudad. Los alemanes, agotados por una campaña que ya duraba más de cinco meses y desmoralizados por las terribles condiciones meteorológicas que padecían, comenzaron a pensar más en la retirada que en tomar la capital soviética.

Al día siguiente era evidente que la iniciativa había pasado a los rusos y que los alemanes no podrían tomar Moscú. Algunas unidades de la *Wehrmacht* comenzaron a retroceder de manera desorganizada. Pero el 8 de diciembre, con la amenaza del desastre de la *Grand Armée* de Napoleón en su mente, Hitler ordenó que los soldados se quedasen en el punto en que en ese momento estaban, prohibiendo expresamente cualquier retirada, y paralizando también cualquier ofensiva en todo el frente del este.

Pese a las órdenes de Hitler, los alemanes se vieron obligados a retirarse en algunos sectores, dejando atrás vehículos y piezas de artillería pesada. Finalmente, el *Führer* permitió estos retrocesos localizados con el fin de formar una línea defendible durante el invierno, pero no aceptó las líneas recomendadas por sus generales, mucho más alejadas del frente. La resistencia del estamento militar a aceptar las órdenes de Hitler provocó una auténtica purga, que se saldó con el relevo en el mando de 35 generales, incluyendo nombres tan prestigiosos como Guderian o Rundstedt.

Pero hubo un caso en el que Hitler se mostró especialmente inflexible. Se trataba del IV Ejército, que se encontraba al sur de la carretera que unía Smolensko con Moscú. El autócrata nazi exclamó: «El IV Ejército no debe retroceder. ¡El IV Ejército resistirá y luchará!». En cumplimiento estricto de esta taxativa orden, las unidades que ya estaban retirándose se vieron obligadas a regresar a sus puntos de origen en el frente.

El IV Ejército sería el puntal en el que se basaría el frente organizado por los alemanes al oeste de Moscú. La suerte sonrió a Hitler, puesto que los rusos fueron incapaces, pese a ser muy superiores en número de hombres y armamento, de romper las débiles líneas de comunicación que unían al IV Ejército con la retaguardia, lo que hubiera provocado una debacle en las frágiles líneas alemanas.

Aunque Hitler cometió numerosos errores durante la campaña de Rusia, siendo el principal responsable del fracaso de «Barbarroja», es posible que la orden de no retroceder fuera la única que podría considerarse como correcta. Según los expertos militares, si el frente se hubiera roto, las tropas destinadas en Rusia habrían sido aniquiladas. Teniendo en cuenta las condiciones de los caminos, las divisiones tan sólo hubieran podido retroceder a razón de entre cinco y diez kilómetros por día, por lo que hubieran sido rápidamente copadas por las ágiles unidades soviéticas en una posición de desventaja. En cambio, al mantener la línea de frente con más o menos dificultades, en cuanto alguna unidad rusa la rebasaba, era inmediatamente rechazada. El desastre del ejército de Napoleón no se repetiría en esta ocasión.

Stalin ordenó a principios de enero una ofensiva generalizada en todo el frente, desde Leningrado hasta Crimea, pero estos ataques se vieron detenidos por la sólida resistencia alemana. Los soviéticos fracasaron en su intento de levantar el cerco de Leningrado, cuyos habitantes sufrían un hambre terrible, que los llevaría en su desesperación incluso a recurrir al canibalismo.

En los meses siguientes, el Ejército Rojo sólo pudo avanzar en unos pocos sectores, mientras los alemanes soportaban las sucesivas embestidas. Poco a poco se fue estabilizando el frente, en parte debido a que los caminos volvían a estar muy embarrados, en este caso debido al deshielo, hasta que en el mes de mayo el empuje soviético se vio definitivamente agotado.

Entonces, Stalin ordenó que se reforzasen las posiciones defensivas. Era consciente de que estaba a punto de llegar el turno de los alemanes, que esperaban a que llegase el buen tiempo para retomar la iniciativa con una campaña de verano. El líder ruso sabía que sin el factor de las bajas temperaturas, a las que sus hombres estaban acostumbrados, la superioridad en el campo de batalla pasaría a los alemanes. Pero el objetivo de ese nuevo avance no sería Moscú, tal como temía el dictador soviético, sino los campos petrolíferos del Cáucaso.

El primer acto de la campaña de Rusia se había cerrado en tablas aunque, teniendo en cuenta las expectativas de Hitler antes de lanzar «Barbarroja», no puede calificarse más que de una derrota alemana. En lugar de alcanzar una victoria rápida y contundente como las obtenidas en Polonia o Francia, la *Wehrmacht* se había enfrascado en un largo conflicto de resultado incierto, en una batalla de desgaste para la que no estaba en absoluto preparada.

En total, la suma de pérdidas alemanas, entre muertos y heridos, había ascendido hasta abril de 1942 a 625.000 hombres. Aunque los rusos habían sufrido más de un millón de bajas, la capacidad del ejército soviético para poder reemplazar esos efectivos equilibraba el capítulo de pérdidas. Más lamentable es el precio que tuvo que pagar la población civil; se calcula que el número de muertos durante el año 1941 podría oscilar entre cinco y ocho millones de personas.

Pese a quedarse a las puertas de Moscú, Hitler conservaba aún su optimismo de jugador en racha que no se desanima ante un pequeño tropiezo. Su autoconfianza le había llevado incluso a declarar la guerra a Estados Unidos tras el ataque nipón a Pearl Harbor, tal como se verá en el siguiente capítulo. Así pues, Hitler estaba convencido de que durante el verano podría dar el golpe de gracia a la Unión Soviética. Atacando en las regiones del sur quería apoderarse de las fuentes de petróleo y consolidar su dominio sobre Ucrania, considerada como el «granero de Europa». Privados de alimentos y combustible, los rusos no podrían resistir mucho tiempo.

Pero Hitler había fijado su atención en una ciudad sin mucho interés estratégico, pero con un gran valor simbólico, al llevar el nombre de su gran enemigo: Stalingrado. Su población, compuesta mayoritariamente por obreros de la industria pesada, le insuflaba un carácter revolucionario que, en la apreciación de Hitler, la convertía además en la ciudad abanderada del bolchevismo. Por último, Stalingrado era una ciudad cuya posesión permitiría llevar la esvástica hasta las mismas puertas de Asia.

El líder nazi estaba convencido de que, antes de que acabase el verano de 1942, Stalingrado estaría en su poder, por lo que la ciudad consagrada a Stalin pasaría a convertirse en el símbolo de la victoria del Tercer Reich. En esos momentos, Hitler no sospechaba que en realidad ese nombre se convertiría en la tumba de sus desmedidas ambiciones.

6

Pearl Harbor: El «Día de la Infamia»

ESE DOMINGO 7 DE DICIEMBRE DE 1941, el presidente norteamericano, Franklin Delano Roosevelt, se ha hecho a la idea de que disfrutará de un plácido y tranquilo día. Aunque está prevista una recepción para 30 personas en la Sala Azul de la Casa Blanca, ruega a su mujer, la carismática Eleanor, que lo disculpe ante sus invitados y ejerza de anfitriona en solitario, un papel en el que la primera dama se encuentra especialmente cómoda.

En su oficina de la segunda planta de la residencia presidencial, Roosevelt recibe a primera hora a su médico personal para que le trate de una incómoda congestión nasal. Después se reúne con su hombre de confianza, Harry Hopkins, para tratar de la creciente tensión existente con los diplomáticos japoneses. Al cabo de un rato, la conversación va derivando hacia aspectos que nada tienen que ver con una posible guerra.

Roosevelt, abrigado con un jersey para protegerse de las corrientes de aire por su siempre delicado estado de salud, pide al servicio que les traiga unos bocadillos y algo de fruta. Durante el almuerzo continúan departiendo tranquilamente, interrumpidos tan sólo por los ladridos de *Fala*, el *terrier* de Roosevelt, que también exige su parte. El presidente tiene previsto, después del refrigerio, dedicar unas horas a poner al día su colección de sellos.

A la una de la tarde está prevista una entrevista entre el embajador japonés y el secretario de Estado, Cordell Hull. Roosevelt, convencido de que se trata de un capítulo más en los roces diplomáticos entre ambos países, se despreocupa del asunto y confía plenamente en el buen hacer de Hull. Así pues, el presidente da la orden de que no le pasen ninguna llamada.

Poco después de la una y media, mientras está acabando de comerse una manzana, y con la vista ya puesta en sus álbumes de sellos, suena el teléfono. Contrariado por la interrupción, lo descuelga; el operador le dice que el secretario de Marina, Frank Knox, está al otro lado de la línea y que tiene que comunicarle algo urgente. Roosevelt cree que se trata de alguna de las fanfarronadas habituales de Knox, por lo que se queda atónito cuando éste, sin ni siquiera saludarle, le espeta: «¡Los japoneses han atacado Pearl Harbor!». Roosevelt deja caer la manzana y sólo acierta a exclamar: «¡No!». Su cara se contrae en un gesto furioso.

Aunque Hopkins intenta calmarle, diciéndole que puede tratarse de algún error, a Roosevelt no le cabe duda de que así ha ocurrido. En un instante ve clara la jugada nipona; mientras su embajador celebra un encuentro en Washington con el secretario de Estado para aparentar que se está buscando una salida negociada al conflicto, sus aviones atacan de improviso la base naval más importante del Pacífico, en esos momentos totalmente desprotegida.

Durante dos años, Estados Unidos se ha mantenido alejada del conflicto. Pero esa mañana de domingo cambiará la historia. La guerra llama a la puerta norteamericana con toda su crudeza; Roosevelt no dudará en salir a recibirla.

MAÑANA TRANQUILA EN HAWAI

A la misma hora en la que Roosevelt charlaba amistosamente en su despacho de la Casa Blanca, antes de que le llegase la noticia del ataque a la base naval de Pearl Harbor, en ese estratégico lugar del Pacífico, situado en las paradisíacas islas Hawai, reinaba una tranquilidad similar.

Mientras en Washington el reloj marcaba la una de la tarde, en Hawai eran las ocho de la mañana. El domingo 7 de diciembre había amanecido despejado y tranquilo en la base naval de Pearl Harbor. Tan sólo algunas nubes pespunteaban el cielo luminosamente azul del Pacífico.

Durante la semana, los soldados norteamericanos destinados en esa base naval habían escuchado las noticias que insistían en la tensión creciente entre Washington y Tokio. Pero nada estaba más lejos de su mente que la posibilidad de que la guerra llegase por sorpresa a Hawai.

La ausencia de medidas de seguridad era absoluta; en los aeródromos, los aviones estaban agrupados, mientras que en el puerto hasta ocho grandes acorazados formaban una línea continua formando la que se llamaría «Avenida de los Acorazados», lo que convertía Pearl Harbor en la caseta de tiro más grande de la historia. Además, los depósitos de munición se encontraban cerrados y las redes antitorpedos estaban guardadas en un almacén.

El día escogido por los nipones para atacar no podía ser más adecuado. La mayoría de soldados y oficiales descansaban en sus literas después de haberse distraído durante la noche en las calles de Honolulu de reputación más dudosa. En el aeródromo, solamente dos pilotos se encontraban despiertos; aún no se habían ido a dormir, enfrascados en una larga partida de póquer.

Los japoneses tuvieron todo de cara. Gracias a la suerte y, sobre todo, a la incompetencia de los responsables de la base de Pearl Harbor, la misión de bombardeo fue una sorpresa absoluta. El día anterior el FBI interceptó una llamada de Tokio a Honolulu en la que preguntaban a un supuesto agente sobre la disposición de los barcos y los aviones en la base. Los militares encargados de hacer las averiguaciones decidieron no alterar sus planes y se acercaron a Honolulu a disfrutar de la noche del sábado.

Pero los errores no se habían cometido solamente en Hawai. Ese mismo día, en el Departamento Criptográfico de la Armada, en Washington, una empleada tradujo un mensaje interceptado entre Tokio y el cónsul nipón en Honolulu que revelaba la inminencia del ataque. Alarmada, a las tres de la tarde presentó la traducción al Jefe del Departamento poco antes de que éste acabase su jornada, por lo que el responsable restó importancia al asunto y prefirió marcharse, dejando pendiente el análisis del mensaje para la mañana del lunes.

Los avisos que se habían producido durante el sábado continuarían en las primeras horas del domingo; a las tres de la madrugada, un dragaminas descubrió el periscopio de un submarino nipón de bolsillo en aguas cercanas a la entrada del puerto. Un destructor acudió a la llamada del dragaminas, pero al no ver nada supusieron que se trataba de alguna boya. Dos horas más tarde, el mismo destructor localizó por fin el submarino y logró hundirlo con cargas de profundidad. Inexplicablemente, el Mando costero prefirió no dar a conocer el ataque, temiendo que hubieran hundido por error un submarino norteamericano, puesto que creían impensable que un sumergible nipón estuviera rondando por esas aguas. Así pues, decidieron enviar otro destructor para comprobarlo.

Las advertencias del desastre no terminarían aquí. A las siete de la mañana, los primeros 183 aviones nipones que habían despegado del portaaviones *Akagi* se aproximaban a su objetivo; la formación fue confundida en la pantalla del radar con otra de aparatos norteamericanos procedentes del portaaviones *Enterprise*. El encargado del radar en esos momentos era un recluta inexperto, ya que los más veteranos se encontraban desayunando. Las alarmas no sonaron.

«¡TORA, TORA, TORA!»

Cuando la formación de aviones nipones fue detectada por los radares norteamericanos, ésta llevaba ya media hora en el aire. En esos momentos el almirante Chuiki Nagumo ordenaba que despegase la segunda oleada desde los portaaviones japoneses. Todo marchaba según lo previsto.

A las 7:35 horas de esa mañana se transmitió la que posiblemente es la orden de ataque más célebre de la historia: «¡Tora, Tora, Tora!» (tigre, tigre, tigre). Este mensaje fue retransmitido a Tokio, a 5.000 kilómetros de distancia. Eso significaba que el ataque estaba a punto de comenzar y que la operación se desarrollaba tal como la había planificado el comandante en jefe de la Flota de Combate Japonesa, Isoroku Yamamoto. La señal de ataque propiamente dicha se radiaría a todos los aparatos a las 7:55 horas, seis minutos antes de llegar al objetivo: «To-To-To», la primera sílaba de *totsugekiseyo* (a la carga).

Cuando faltaban cinco minutos para las ocho de la mañana, las tripulaciones del centenar de buques que se encontraban anclados en Pearl Harbor se estaban todavía desperezando cuando fueron sobresaltadas con una repentina tormenta de explosiones. Los que permanecían en el interior del buque creyeron que se trataba de prácticas de tiro, pero los que estaban en el exterior comprendieron de inmediato que el ataque iba muy en serio...

En esos momentos se estaban izando las banderas en los acorazados *Arizona* y *Nevada*, pero los marineros encargados de subirlas huyeron buscando refugio ante la lluvia de bombas y metralla que se les venía encima, quedando las enseñas a media asta, en un guiño del destino de lo que sucedería esta trágica mañana de domingo. Todos los marineros comenzaron a correr de un lado a otro, viendo cómo los aviones que lucían el círculo rojo del Sol Naciente en el fuselaje pasaban a pocos metros de las cubiertas con los motores a toda potencia; ¡estaban siendo atacados por aviones japoneses! Sus vuelos rasantes permitían incluso vislumbrar el rostro de los pilotos tras el cristal de las carlingas.

Tras los primeros instantes de estupor, los hombres se dirigieron rápidamente hacia los cañones y ametralladoras; de manera incomprensible, estaban cubiertos con lonas perfectamente atadas por lo que, para no perder tiempo, las cortaron con cuchillos de cocina. Pero en ese momento se dieron cuenta de que las cajas de municiones estaban cerradas con candados y nadie sabía quién podía tener la llave. Mientras seguían cayendo las bombas niponas, los marineros intentaban mantener la calma en medio del caos, serrando los candados de las cajas, hasta que finalmente pudieron abrirlas.

En el resto de la base, la confusión era total. Para despejar cualquier duda a los que aún creían que se trataba de unas simples maniobras, la estación naval de radio emitió la alarma: «¡Ataque aéreo en Pearl Harbor! ¡Esto no es una práctica!». La suerte que corrió el aeródromo no fue mucho mejor que la que había sufrido el puerto. Un total de 188 aviones quedaron destruidos en tierra, mientras que los nipones solamente perdieron 29 de los 353 aparatos que participaron en el ataque.

En total, los japoneses hundieron 18 barcos, causando 2.330 víctimas, de las que 1.770 correspondían a la tripulación del acorazado *Arizona* y que, aún hoy, permanecen en el interior del casco del buque, que tiene la consideración de cementerio militar. El daño infligido a los norteamericanos pudo haber sido mucho mayor si los depósitos que almacenaban el combustible

Los buques norteamericanos, envueltos aquí en espesas humaredas, no pueden reaccionar ante el ataque de los aviones japoneses. Ese día, todos los sistemas de seguridad de la base naval de Pearl Harbor fallaron estrepitosamente.

hubieran sido atacados, ya que contenían las reservas previstas para todo un año. Los talleres y diques secos tampoco resultaron afectados, lo que permitiría reparar en poco tiempo los buques dañados en el ataque.

Este error de los japoneses fue debido a la excesiva cautela del almirante Nagumo que, temeroso de que los tres portaaviones norteamericanos —el *Enterprise*, el *Lexington* y el *Saratoga*— se encontrasen cerca, prefirió recoger rápidamente los beneficios de la operación y poner proa a Japón, sin afrontar el riesgo de un hipotético contraataque norteamericano. De haber tenido la seguridad de que los portaaviones no podían acudir al rescate, al encontrarse muy alejados de Hawai, seguramente una tercera oleada nipona hubiera causado tales destrozos que la Marina de guerra estadounidense no se hubiera recuperado en muchos años. Los japoneses, que se habían mostrado hasta ese momento tan audaces, pagarían muy cara en el futuro esa timorata decisión.

Aún así, era innegable que la flota norteamericana había recibido un duro golpe. De sus nueve acorazados en el Pacífico tan sólo dos podían seguir en activo, mientras que los japoneses disponían de diez. Posiblemente, la mejor noticia para los estadounidenses era la ausencia de los tres portaaviones, lo que los salvó de una posible destrucción. Esta circunstancia ha hecho circular la hipótesis nunca demostrada de que el presidente Roosevelt los puso a salvo ante la inminencia de un ataque conveniente para sus intereses, puesto que derribaría los últimos obstáculos para que su nación entrase en la guerra, tal como era su deseo.

EL «DÍA DE LA INFAMIA»

Por su parte, Winston Churchill no pudo reprimir su satisfacción ante el ataque nipón a Estados Unidos. El *premier* británico supo ver las consecuencias que tendría la entrada de la potencia norteamericana en el conflicto. Ese día quedó definitivamente convencido de que el bando aliado ganaría la guerra.

Cuando la noticia del ataque llegó al cuartel general de Hitler, éste también la recibió alborozado, aunque por motivos difíciles de entender. El *Führer* exclamó: «Ahora es imposible que perdamos la guerra, ¡tenemos un aliado que no ha sido derrotado jamás en sus 3.000 años de historia!». Pasado ese momento de euforia, uno de los presentes preguntó en dónde se encontraba Pearl Harbor y nadie supo responderle, por lo que tuvieron que pedir un mapamundi.

Si el ataque a Pearl Harbor había sorprendido a Churchill o Hitler, con más razón lo hizo a la población norteamericana. Creyendo estar a salvo de la tragedia que se vivía en Europa, los estadounidenses no podían pensar que la guerra se presentase de esta inesperada manera.

El futuro presidente John Fitzgerald Kennedy, entonces un joven alférez de la Marina, se enteró del ataque al escuchar las noticias de la CBS en su coche, cuando regresaba a su casa tras asistir a un partido de fútbol americano en Washington. El general Dwight David Eisenhower, también futuro presidente, estaba en esos momentos en su hogar durmiendo una siesta, al igual que el entonces actor de segunda fila Ronald Reagan, mientras que Richard Nixon salía de un cine en Los Ángeles cuando se encontró con los vendedores de periódicos anunciando a gritos la noticia.

Los norteamericanos comprendieron al instante que estaban viviendo un momento histórico, lo cual se confirmó al día siguiente, cuando el presidente Roosevelt se dirigió a sus compatriotas en una sesión especial del Congreso para solicitar la declaración de guerra al agresor nipón.

Fue allí cuando, gracias a una acertada inspiración de última hora apuntada con estilográfica sobre el discurso original, declaró el 7 de diciembre como el «Día de la Infamia», un calificativo que haría fortuna:

«Ayer, 7 de diciembre de 1941, una fecha que será recordada como el Día de la Infamia, los Estados Unidos de América fueron atacados sin previo aviso por fuerzas aéreas y navales del Imperio japonés».

Tras el discurso, emitido en directo para todo el país, el resultado de la votación sería aplastante; entre los congresistas sola-

WAR | **The Providence Sunday Journal** | EXTRA

JAPANESE BOMBING HONOLULU; 350 DEAD, U.S WARSHIP AFIRE

Attack On Manila Not Confirmed

ROOSEVELT ORDERS COUNTER MEASURES AGAINST BOMBERS

War Department Quickly Calls All Military Personnel In U. S. Into Uniform

ARMY TRANSPORT IS STRUCK BY TORPEDO

Washington, Dec. 7.—(AP) — Japanese airplanes today attacked American defense bases at Hawaii and Manila, and President Roosevelt ordered the Army and Navy to carry out undisclosed orders prepared for the defense of the United States.

The White House said that Japan had attacked America's vital outposts in the Pacific—Hawaii and Manila—at 3:20 P. M. (EST) and that so far as was known the attacks were still in progress.

Announcing the Presi-

Continued on Page 2, Column 1
WASHINGTON

BRITISH STATEMENT ON JAPAN'S ATTACK IS EXPECTED "SOON"

London, Dec. 7.—(AP)—A British statement, composed with the aid of United States, announced that the Japanese planes had attacked Hawaii and the Philippines and that Britain's Cabinet probably would be called for a rush meeting during the night.

Continued on Page 2, Column 7
LONDON

CONGRESS LEADERS OF MAJOR PARTIES ARE SUMMONED

Roosevelt Assembling Facts As Rapidly As Possible, Message to Congress Expected

Washington, Dec. 7.—(AP)—The President decided today after Japan's attack on Pearl Harbor and Manila to call an extraordinary meeting of the Cabinet for 8:30 p. m. tonight and to have Congressional leaders of both parties join the conference at 9 p. m.

Mr. Roosevelt, The White House said, "is assembling all the facts as rapidly as possible and in all probability he will, as quickly as possible, make a full, informative report to Congress, probably in the form of a message."

TO STRESS POLICY

Presidential Secretary Stephen Early said that the meeting would emphasize international affairs rather than military strategy. He emphasized that for the time being Mr. Roosevelt was not
Continued on Page 2, Column 7
CABINET

BULLETINS

Boston, Dec. 7.—(AP)—U. S. Representative John W. McCormack, majority floor leader, asserted tonight that it was apparent that "the war lords of Japan acted before the Japanese emperor could consider. President Roosevelt's message of yesterday." The Massachusetts congressman declared in a statement that "the dastardly action of Japan is an undeclared war on the United States."

Washington, Dec. 7.—(UP)—The Federal Bureau of Investigation announced today that it is "completely mobilized and ready" to deal with Japanese espionage and sabotage.

Providence police at 5:30 p. m. received a teletype message to notify all officers and enlisted men of the United States Navy to return to their stations at once if they are attached to Narragansett Bay naval posts. All coast cars and precincts immediately started a tour of the city to spread the message to uniformed sailors in the city.

TOKYO DECLARES WAR ON U. S. AND BRITAIN AFTER ATTACK

Washington, Dec. 7.—(AP)—The White House announced today that heavy damage had been inflicted in the Japanese attack on Hawaii and that there probably had been heavy loss of life.

New York, Dec. 7.—(AP)—Three hundred and fifty men were killed by a direct bomb hit on Hickman Field, an NBC observer reported tonight from Honolulu.

In addition to these casualties from an air raid by planes which the observer identified as Japanese, he said three U. S. ships including the battleship Oklahoma, were attacked in Pearl Harbor. The Oklahoma was reported set afire.

Several of the attacking planes, which came from the south, were shot down, he said.

By Eugene Burns

Honolulu, Dec. 7—(AP)—At least two Japanese bombers, their wings bearing the insignia of the Rising Sun, appeared over Honolulu at about 7:35 A. M. (Honolulu time) today and dropped bombs.

Unverified reports said a foreign warship appeared off Pearl Harbor and began firing at the defenses in that highly fortified post.

The sound of cannon firing comes to me here in Honolulu, as I telephone this story to the San Francisco Associated Press office.

Reports say that the Japanese bombers scored two hits, one at Hickam Field, Air Corps Post on Oahu Island, and another at Pearl Harbor, setting an oil tank afire.

Shortly before I started talking on the trans-Pacific telephone, I saw a formation of five Japanese planes flying over Honolulu. American anti-aircraft has set up a terrific din, and the sky also is filled with American battle aircraft.

The sound of cannonading coming from the direction of Pearl Harbor, has been continuing for an hour and a half.

There is much commotion going on, with planes in the air and anti-aircraft firing.

The citizens of Honolulu have been cleared from the streets by military and naval units, assisted by civilian volunteers, all carrying arms.

Continued on Page 2, Column 7

La prensa anuncia a toda página el ataque nipón a Pearl Harbor. Tras un primer momento de shock, la población estadounidense se puso de inmediato al lado de su presidente cuando éste declaró al día siguiente la guerra a Japón.

mente uno votó en contra, mientras que los senadores apoyaron al presidente por unanimidad. A las 16:10 de ese lunes 8 de diciembre de 1941, Estados Unidos hacía su entrada en la contienda. Ese mismo día, Gran Bretaña declaraba también la guerra a Japón.

GUERRA RELÁMPAGO EN EL PACÍFICO

Si las armas alemanas habían sometido a buena parte del continente europeo en un abrir y cerrar de ojos, las japonesas también protagonizaron una deslumbrante guerra relámpago, en este caso en el Pacífico.

La misma noche del 7 de diciembre de 1941, la colonia británica de Hong Kong fue objeto de los bombardeos de la aviación nipona. Esta ciudad resistiría hasta el día de Navidad. Durante ese mes de diciembre, los japoneses atacaron las islas de Wake y Guam, Filipinas, Malasia y Birmania, mientras la acomodaticia Tailandia rendía pleitesía a los nuevos dueños de Asia.

Singapur era una de las joyas del Imperio británico. Situada en el extremo de la península malaya, era considerada por los ingleses como inexpugnable. Creyendo que era imposible que fuera invadida por el norte, puesto que se tenía por descabellado el que algún enemigo pudiera atravesar la intrincada jungla que cubría la península malaya, su medio centenar de potentes baterías costeras la protegían exclusivamente de un ataque desde el mar.

De todos modos, a los estrategas del ejército británico en Londres no se les pasó por alto la posibilidad de que los japoneses atacasen desde el norte. Así pues, se decidió la construcción urgente de una red defensiva en ese sector, que debía estar formada por trincheras, barreras antitanque, alambradas o iluminación nocturna, pero esta orden fue ignorada en Singapur, ante el convencimiento de que nadie sería capaz de atravesar la defensa natural que formaba la jungla. Tras la insistencia personal de Churchill, las autoridades militares de Singapur se dispusieron a obedecer, pero los proyectos de defensa no pasarían del nivel burocrático.

Tal como temían los expertos británicos, los audaces japoneses se presentaron en la madrugada del 8 de febrero de 1942 en la puerta trasera de Singapur, tras haber atravesado la jungla, procedentes de Tailandia. Los sorprendidos británicos, que entonces sí lamentaron no haber fortificado esa zona, no pudieron resistir la ofensiva. Ante la inutilidad de las baterías costeras, para hacer frente a los japoneses hubieran hecho falta unos 600 aviones pero, tras un ataque por sorpresa de la aviación nipona, tan sólo quedaron seis aparatos británicos en condiciones de volar. Los tanques japoneses irrumpieron en la colonia y finalmente los ingleses se verían obligados a capitular, entregando la plaza el 15 de febrero de 1942.

Este contundente golpe al orgullo británico venía a sumarse al que había sufrido la *Royal Navy* el 10 de diciembre de 1941,

En esta imagen tomada en calles de Singapur el 15 de febrero de 1942, los derrotados soldados británicos se dirigen al cautiverio mientras son vigilados por los japoneses.

cuando los dos mejores buques de la flota del Extremo Oriente, los acorazados *Repulse* y *Prince of Wales*, fueron hundidos por bombarderos japoneses cuando salían del puerto de Singapur, causando la muerte de 800 marineros. Confiados en la potencia artillera de sus dos acorazados, los británicos no creían que los japoneses se atrevieran a atacarlos, pero los nipones demostraron ser más audaces, improvisando un fulminante ataque aéreo. Hasta ese momento, nunca un barco de esta clase había sido hundido únicamente por la aviación, y en este caso lo había sido por partida doble.

Ese desastre naval —que causó un inmenso pesar en Churchill— sería un aviso de que esta guerra no se desarrollaría por los caminos seguidos por los anteriores conflictos bélicos, pero ésa era una lección que Inglaterra no aprendería hasta que vio cómo le era arrebatada Singapur. Gracias a la guerra relámpago nipona, la secular presencia británica en Extremo Oriente había sido barrida en sólo dos meses.

Las Indias holandesas, con sus reservas de petróleo y caucho, serían conquistadas dos semanas después de la caída de la colonia británica. El 22 de marzo, la ciudad australiana de Darwin, situada en la costa norte, sufriría el ataque de los aviones nipones. La mancha roja del Imperio del Sol Naciente se extendía por el mapa a toda velocidad, sin que nadie pareciera capaz de frenarla.

Aunque los habitantes autóctonos de las colonias británicas, francesas u holandesas recibieron a los soldados nipones como libertadores, pronto sufrirían la crueldad de los nuevos amos. La política nipona de «Asia para los asiáticos», que había levantado expectativas de cambio entre la población asiática, pronto se revelaría como una cínica argucia destinada a someterla a los intereses de Japón, en su único provecho.

Si los alemanes habían necesitado diez meses para apoderarse de buena parte del continente europeo, a los japoneses les había bastado con cuatro para imponer su dominio absoluto en el Sudeste Asiático y la parte occidental del Pacífico. En tan sólo 16 semanas se había creado un imperio colonial de casi cinco millones de kilómetros cuadrados, integrado por unos 200 millones de habitantes, en una fulminante expansión sin precedentes en la historia. Harían falta tres años y medio de terribles combates, además del lanzamiento de dos bombas atómicas, para lograr que Japón regresase a sus fronteras de 1941.

LA GUERRA LLEGA A AMÉRICA

Estados Unidos había entrado en la contienda, pero no había declarado la guerra a Alemania. Sin embargo, cuatro días después del ataque a Pearl Harbor, Hitler sí que decidió declarar la guerra a los norteamericanos. Los motivos que le llevaron a ello no están claros, aunque quizás tuvo un peso decisivo su confianza en la flota de submarinos para romper las líneas de comunicación atlánticas entre Norteamérica y las islas británicas.

La Marina de guerra germana lamentaba no poder atacar a los mercantes estadounidenses, puesto que pertenecían a un país neutral. Pese a ello, no fueron extraños los incidentes en los que estos buques eran torpedeados, aunque esos hechos solían ser silenciados por ambas partes para no forzar una escalada de agresiones. La declaración de guerra posibilitó que los sumergibles desatasen su ofensiva contra los barcos norteamericanos, sin ningún tipo de cortapisas.

Así pues, en la noche del 13 de enero de 1942, un submarino alemán, el U-123, tuvo en su periscopio una visión espectacular; las luces de los rascacielos de Nueva York. Aunque a su capitán se le pasó por la cabeza cañonear la Quinta Avenida, había recibido órdenes estrictas de limitarse a hundir buques cisterna cargados de combustible. Así pues, el U-123 torpedeó un petrolero que acababa de salir del puerto; el submarino pudo escapar sin dificultad, puesto que la explosión sería achacada a una mina.

Las pérdidas de la flota mercante no se limitarían a aquel petrolero. En los tres primeros meses de 1942, los submarinos alemanes hundirían en aguas norteamericanas más de 200 barcos. En abril se tomó la decisión de formar convoyes para protegerlos de los ataques germanos, pero la situación era ya desesperada.

Según confesaría más tarde Churchill, la actividad de los submarinos alemanes en el Atlántico, impidiendo el aprovisionamiento de las islas británicas, sería lo único que le quitaría el sueño durante la Segunda Guerra Mundial. La que se denominó Batalla del Atlántico ha quedado relegada en favor de encuentros armados más espectaculares y aparentemente decisivos, pero la realidad es que esta lucha por el control de las rutas marítimas en el Atlántico pudo haber sido la llave de la victoria para Alemania. Pese a las súplicas de la *Kriegsmarine* para que se le destinasen más recursos, al ver claramente que la guerra podía ganarse en el Atlántico, Hitler nunca comprendió la importancia de este frente, al contrario de Churchill. A partir de julio de 1942, la tendencia favorable a Alemania se invertiría y el balance de barcos aliados hundidos comenzaría a disminuir, mientras que los sumergibles perdidos aumentaron.

La presión germana sobre la costa este no se limitaría a los ataques marítimos. En junio de 1942, un comando formado por cuatro jóvenes alemanes desembarcó desde un sumergible en una playa de Long Island pertrechado con todo tipo de artefactos explosivos para crear el caos en suelo norteamericano, mientras que otro lo hacía en Florida con el mismo propósito. Ambos equipos fueron detenidos poco más tarde, al ser detectados por el FBI.

El temor a las acciones alemanas continuaría, como lo demuestra el hecho de que la Casa Blanca estuvo a punto de ser pintada de negro para que no pudiera ser detectada por la *Luftwaffe* en un hipotético bombardeo nocturno. En el último momento, Roosevelt dio marcha atrás al plan, al considerar que la moral de los norteamericanos se resentiría al ver uno de los símbolos de su nación pintado de un color que transmitía tan poco optimismo...

Si los ciudadanos de la costa atlántica estaban preocupados, en la costa del Pacífico la inquietud era mucho mayor, tomando tintes de una auténtica psicosis. Al desconocer por completo el potencial nipón, los californianos creían que los japoneses tenían capacidad para lanzar un gran desembarco, por lo que muchos pensaban que la invasión era inminente.

De inmediato, los 130.000 nipones-norteamericanos atrajeron todas las miradas. Estos ciudadanos estadounidenses de origen japonés —aunque dos tercios habían nacido en América— concitaron el recelo e incluso el odio de los naturales del país. No eran atendidos en los comercios ni podían canjear sus cheques en los bancos, y algunos negocios fueron asaltados, mientras que había gente que se dedicaba a destrozar con martillos cualquier producto «*Made in Japan*». El Departamento de Conservación de Tennessee solicitó a las autoridades seis millones de licencias para cazar invasores japoneses. La respuesta oficial fue: «Abierta la veda de los *japos*; no se necesita licencia».

Para tener controlada a una supuesta *quinta columna* y, sobre todo, para tranquilizar los ánimos de la población, el 19 de febrero de 1941 se decretó el internamiento de los nipones-norteamericanos en «campos de realojamiento», en una de las decisiones más controvertidas de la historia de Estados Unidos. Posteriormente, el gobierno iría permitiendo gradualmente la salida de las familias, alejándolas de las zonas costeras. Entre ellas hubo 8.000 jóvenes que se alistaron en el ejército norteamericano, siendo destinados a Europa, en donde muchos de ellos se distinguirían por su valentía y arrojo defendiendo su país de adopción, siendo condecorados por sus acciones.

Por su parte, los japoneses estaban dispuestos a alimentar el miedo de los habitantes de la costa oeste, sabiendo que eso traería quebraderos de cabeza al gobierno de Washington, por lo que idearon una serie de operaciones destinadas a provocar el pánico entre la población civil, aunque el resultado sería insignificante.

Algunos barcos mercantes habían sido hundidos cerca de la costa en las primeras semanas de la guerra pero, en febrero de 1942, un submarino nipón lanzó 17 proyectiles contra unos campos petrolíferos. Los daños fueron tan escasos que ni tan siquiera se interrumpió la jornada laboral.

En agosto del mismo año, los militares japoneses se propusieron incendiar los frondosos bosques de Oregón, para que las llamas se propagasen por todo el Estado. Para ello se empleó un avión plegable que viajaría en el interior de un submarino. Como era de esperar, la operación resultó un completo fracaso, puesto

La respuesta al Día de la Infamia llegaría de manos del coronel James Doolittle y sus hombres, que consiguieron despegar sus bombarderos desde un portaaviones y atacar la capital del Imperio nipón el 18 de abril de 1942. Este bombardeo, aunque casi testimonial, supuso un duro golpe para la moral de la población japonesa.

que, aunque el aparato logró lanzar las bombas sobre el objetivo, el fuego sólo pudo destruir siete árboles antes de apagarse por culpa de la humedad.

Los norteamericanos, por el contrario, habían demostrado ser menos ingenuos. Cuatro meses después del ataque a Pearl Harbor, una misión comandada por el coronel James Doolittle consiguió someter a Tokio a un ataque aéreo. La operación, ordenada en persona por Roosevelt para vengar la afrenta de Pearl Harbor y animar la moral del pueblo norteamericano, que hasta ese momento tan sólo escuchaba derrotas en los noticiarios, se presentaba como una misión prácticamente suicida. Al no existir bases próximas desde las que despegar rumbo a Japón, se decidió acercar lo máximo posible un portaaviones para que desde él despegase un grupo compuesto de 16 bombarderos; los aparatos soltarían su carga de bombas sobre Tokio y proseguirían su vuelo para aterrizar en la aliada China.

Esta arriesgada misión se saldaría con un éxito total el 18 de abril de 1942, pese a las grandes dificultades que entrañaba. Aunque el balance de daños causado por los bombarderos de Doolittle fue más bien simbólico, el impacto sobre la moral de la población nipona fue enorme, al comprobar por primera vez que también ellos podían sufrir las consecuencias de la guerra.

MacArthur: «Volveré»

Como se ha apuntando antes, el extenso archipiélago filipino también caería dentro de la órbita del Imperio japonés. En 1941 Filipinas se encontraba bajo administración norteamericana; aunque el presidente formal era Manuel Quezón, en realidad el poder dependía del jefe de la misión estadounidense, que no era otro que el carismático general Douglas MacArthur.

Nueve horas después de que los japoneses atacasen Pearl Harbor, éstos se lanzaron también contra Filipinas, bombardeando los aeródromos. La invasión principal comenzó el 22 de diciembre. La brutal ofensiva nipona —pese a ser llevada a cabo por tan sólo 40.000 hombres— era imparable y las fuerzas constituidas por tropas autóctonas y norteamericanas —en total, unos 80.000 soldados— nada podían hacer para rechazarlas. Poco a poco, las fuerzas defensoras fueron siendo acorraladas tras una penosa marcha a través de la selva, sin alimentos ni medicinas, hasta quedar sitiadas en la isla de Corregidor, situada en la bahía de la capital, Manila.

Mientras los nipones recibían continuos refuerzos desde Formosa y Japón, Washington dio por perdida Filipinas y prefirió enviar tropas, aviones y pertrechos a Australia, que corría el peligro de ser también invadida. MacArthur proclamó entonces que pensaba vencer o morir en Corregidor.

Ante la inevitable toma de la isla por parte de los japoneses, MacArthur fue conminado por el propio presidente Roosevelt a ponerse a salvo junto a su familia, por lo que el 12 de marzo tuvo que salir de la isla en una lancha torpedera, dejando atrás a los hombres que valerosamente habían luchado junto a él y que aún lograrían resistir en Corregidor hasta el 6 de mayo.

Pero el general MacArthur les dejó una frase que en boca de él se convertía en una solemne y firme promesa: *«I shall return»* (Volveré). Los filipinos, que lo conocían muy bien al haber cumplido varias misiones en la isla a lo largo de las últimas cuatro décadas, sabían que MacArthur siempre cumplía su palabra, costase lo que costase.

Durante la ocupación nipona, los norteamericanos introdujeron subrepticiamente en la isla todo tipo de artículos con destino a los resistentes —desde cajas de cerillas y paquetes de tabaco hasta goma de mascar— con la inscripción de la famosa frase de MacArthur entre banderas de Filipinas y Estados Unidos entrelazadas, y con su firma al pie. Esto dio ánimos a la población civil en esos difíciles momentos y minó también la moral de los japoneses, que veían objetos con la efigie de MacArthur por todo el país, pese a que su posesión estaba castigada con la muerte. Pero la liberación de Filipinas quedaba aún muy lejos.

CHINA RESISTE LA PRESIÓN NIPONA

La rápida y violenta expansión de Japón por Asia y el Pacífico en diciembre de 1941 se completaría con una ofensiva en las impenetrables junglas de Birmania. Con sólo dos divisiones disponibles para esta región, los japoneses atacaron la colonia británica para cerrar el paso a los refuerzos con destino a Singapur y, sobre todo, para cortar la ayuda norteamericana a los nacionalistas chinos de Chiang Kai-shek que llegaba a través del puerto de Rangún.

La llamada Carretera de Birmania mantenía la esperanza de los chinos de poder expulsar a los japoneses de su territorio. La guerra que enfrentaba a ambos países había comenzado en 1931, con la invasión nipona de Manchuria. La reacción china fue ahogada con la toma de Shangai. Pero la paz se rompería definitivamente en 1937, iniciándose una sangrienta lucha en la que los japoneses llevarían a cabo un genocidio tan atroz que sus heridas continúan aún hoy sin cicatrizar.

Aunque este escenario de la guerra está considerado por los historiadores occidentales como secundario, la realidad es que de los 2.300.000 soldados japoneses de ultramar, 1.200.000 estaban en China, es decir, que Japón tuvo que destinar a uno de cada tres soldados a combatir en ese gigantesco país. Si los japoneses no se hubieran embarcado en esa colosal empresa, es fácil imaginar las dificultades con que se hubieran encontrado los norteamericanos ante unas guarniciones niponas en las islas del Pacífico reforzadas con más de un millón de soldados.

Por lo tanto, es comprensible que Estados Unidos se volcase en apoyar a China, pese a las fundadas sospechas de corrupción que siempre planeaban sobre el régimen despótico de Chiang Kai-shek. Era fundamental que los japoneses continuasen desangrándose en China, pese a que era muy difícil hacer llegar a los chinos los medios necesarios para resistir, puesto que la frontera con Birmania suponía el único punto de contacto con los Aliados. Pero incluso ese estrecho canal de ayuda no tardaría en quedar cegado.

Con escasas bajas por ambos lados —2.000 muertos japoneses y 1.400 británicos—, la campaña de Birmania se decidió en mayo de 1942 con la victoria nipona. A partir de entonces, la ayuda a los nacionalistas chinos debería hacerse a través de un peligroso puente aéreo que sobrevolaba el Himalaya, organizándose más de 167.000 vuelos sobre esta «Autopista de Aluminio» (*Aluminum Highway*), llamada así por los restos de aviones que jalonaban el camino; allí se estrelló un aparato por cada uno de los 800 kilómetros de esta ruta de aprovisionamiento.

Tokio podía anotarse una nueva conquista mientras las tropas aliadas se retiraban a la India, a la espera de poder recuperar algún día la colonia birmana. Pero, al igual que en el caso de Filipinas, el contragolpe iba a tardar todavía mucho tiempo en producirse.

MIDWAY, LA BATALLA DECISIVA

Tras esos aplastantes éxitos en Filipinas y Birmania, el Imperio japonés se enfrentaba a una disyuntiva que iba a ser crucial para el desenlace de la guerra. Existía la posibilidad de consolidar el extenso territorio conquistado en tan poco tiempo, permaneciendo a la defensiva a la espera de una contraofensiva norteamericana, o, por el contrario, propinar a Estados Unidos el golpe decisivo que lo expulsase para siempre del escenario del Pacífico.

Antes de decidirse por una u otra estrategia, la flota nipona quiso poner a prueba la determinación estadounidense en el Mar del Coral, el último obstáculo en la ruta que llevaba a Australia. Allí se produjo el 7 y el 8 de mayo de 1942 la primera batalla aeronaval de la historia. Aunque el combate finalizó en tablas al perder cada uno un portaaviones, este encuentro naval supuso el primer revés para Japón.

Isoroku Yamamoto, el *cerebro* que había planeado el ataque a Pearl Harbor, comprendió que, a partir de ese momento, el tiempo corría dramáticamente en su contra. Teniendo en cuenta el gran potencial industrial de su enemigo, era un suicidio limitarse a mantener una guerra de desgaste en la que, tarde o temprano, se acabaría imponiendo Estados Unidos.

La única solución era plantear una batalla definitiva, un duelo decisivo por el control del Pacífico, en un momento en que la Marina nipona aún era superior. El lugar elegido para ese choque sería Midway, un pequeño y solitario archipiélago situado al nordeste de Hawai. Yamamoto sabía que los norteamericanos echarían toda la carne en el asador en la defensa de esas islas; si caían en poder nipón, Hawai quedaría al alcance de sus bases aéreas y su invasión sería cuestión de semanas, por lo que conservar las Midway era absolutamente vital.

Los japoneses sabían que allí serían enviados los tres portaaviones del Pacífico con el fin de proteger las islas, por lo que se abría la ansiada oportunidad para destruirlos. Pero para eso era necesario poner en juego a los seis portaaviones con que contaba Yamamoto. Aunque la correlación de fuerzas era favorable a la

Un avión norteamericano *Grumman Avenger* destinado en el Pacífico. La aviación fue la gran protagonista de la Batalla de Midway, en la que las flotas navales estadounidense y japonesa no llegaron a entrar en contacto.

flota imperial, no había duda de que se trataba de una apuesta a todo o nada. Quien venciese en Midway se convertiría en el dueño y señor del Pacífico.

Con lo que no contaban los nipones era con que los norteamericanos eran capaces de descifrar los códigos empleados por su flota. El movimiento de los barcos de Yamamoto fue detectado, pero no se sabía hacia dónde se dirigían. En un principio parecía que el objetivo era tomar las islas Aleutianas, en el norte, pero los servicios de inteligencia estadounidenses tendieron una astuta trampa. Como sabían que el punto de reunión de la flota era un lugar denominado con una clave, y sospechaban que podía tratarse de Midway, emitieron un mensaje rutinario en el que se comunicaba que en Midway existía un problema de abastecimiento de agua. Poco después, descodificaron un mensaje japonés en el que se decía que en el lugar de destino había problemas con el agua; ¡el objetivo era Midway!

Tan sólo faltaba tejer en esas islas una tela de araña, sabiendo que la ingenua presa no tardaría en caer. En la madrugada del 4 de junio de 1942, los aviones japoneses despegaron de los portaaviones rumbo a Midway; poco antes, los buques habían sido detectados y la noticia ya había llegado a la isla. El mecanismo de la trampa se ponía en marcha.

Al llegar los aparatos nipones se encontraron con que en la isla prácticamente no había oposición, sólo unos pocos aviones anticuados. Atacaron a placer las instalaciones, los hangares y los almacenes, pero... ¿dónde estaba el grueso de la Flota Aérea Norteamericana?

En esos momentos los bombarderos estadounidenses se encontraban volando hacia los portaaviones japoneses, que no contaban momentáneamente con protección aérea. Pero el ardid no salió como los norteamericanos esperaban y la flota nipona supo defenderse, sufriendo escasos daños. Cuando los japoneses iban a lanzar la segunda oleada contra Midway, les llegó la noticia de que la flota estadounidense se acercaba a toda máquina, por lo que se dieron órdenes a los aviones para que se equipasen con torpedos para atacarla.

Las informaciones que llegaban a oídos japoneses comenzaron a hablar de que la flota enemiga estaba formada únicamente por cruceros y destructores, así que a los aviones se les reequipó para atacar Midway. Pero de repente llegó una comunicación que revelaba la existencia de un portaaviones; de nuevo cambiaron los planes, puesto que la prioridad era hundir los portaaviones, lo que implicaba volver a cambiar el tipo de armamento a emplear.

Por su parte, los aviones ya habían despegado de los portaaviones norteamericanos, al encuentro de la flota nipona, pese a encontrarse en el límite de su radio de acción. Como si de un duelo del viejo oeste se tratase, los estadounidenses habían desenfundado inmediatamente, mientras su rival aún estaba pensando qué arma utilizar...

La indecisión nipona resultaría determinante para la suerte de la batalla. Cuando quisieron reaccionar ya era demasiado tarde; tenían a los aviones enemigos sobre sus cabezas. Los japoneses consiguieron armar una oleada con rumbo a la flota norteamericana, pero mientras tanto cuatro de sus portaaviones habían resultado alcanzados, hundiéndose en las horas siguientes.

La batalla se prolongaría hasta la madrugada, pero estaba claro que los japoneses habían sido derrotados. Aunque finalmente un portaaviones norteamericano herido fue rematado por un submarino nipón, los cuatro perdidos por los nipones desequilibraban totalmente el balance del encuentro. A partir de entonces, la supremacía naval en el Pacífico correspondería a Estados Unidos. Yamamoto había fracasado en el duelo decisivo; la derrota del Imperio japonés ya no era más que cuestión de tiempo, pese a que el primer ministro, Hideki Tojo, no se daba cuenta de ello.

DESEMBARCO EN GUADALCANAL

Aunque la amenaza naval del Imperio japonés había quedado neutralizada en Midway, su posición estratégica era aún muy sólida. Se había creado una inmensa barrera que comenzaba en Birmania, seguía por Sumatra, Java y Nueva Guinea y luego se prolongaba por un cinturón de islas del Pacífico hasta llegar a las Aleutianas. En estas remotas e inhóspitas islas los japoneses habían establecido unas bases con las que amenazaban la cercana Alaska, aunque la climatología adversa pronto los convencería de la imposibilidad de crear allí un frente estable.

Atacar esa fortaleza que cerraba el Pacífico casi por completo, de norte a sur, se presentaba como un objetivo inabordable. Pero había un enclave en el que era necesario intervenir para evitar que los japoneses se lanzasen contra el último reducto de occidente: Australia. Si caía este país-continente, Japón establecería su dominio incontestable sobre Asia y el Pacífico. Ese punto de importancia capital era el archipiélago de las Salomón, situado al este de Nueva Guinea. Esas islas eran la puerta de entrada al norte de Australia, y estaban en poder de Japón.

En la madrugada del 7 de agosto de 1942, 10.000 soldados norteamericanos desembarcan en Guadalcanal, la isla más oriental de las Salomón, y en la que los japoneses están construyendo un aeródromo para castigar las rutas de aprovisionamiento de Australia y Nueva Zelanda.

Bien pronto comprueban que sus enemigos no tienen nada que ver con lo que han visto hasta la fecha; se rigen por el *bushido*, el antiguo código de honor de los caballeros japoneses, que exige un sacrificio y abnegación extremos, llegando a la entrega de la propia vida, y que no contempla la posibilidad de la rendición, considerada un deshonor. Esta actitud incomprensible para un occidental llevaría al terrible espectáculo de contemplar, por ejemplo, a náufragos japoneses negándose a ser rescatados por un barco norteamericano, prefiriendo ser devorados por los tiburones.

En Guadalcanal, los marines se encuentran con un enemigo que se oculta en la selva y que lanza ataques suicidas en medio de la noche. Gracias al apoyo aeronaval, los norteamericanos consiguen apoderarse de Guadalcanal en febrero de 1943, tras perder 1.600 hombres. Por su parte, los japoneses pierden 25.000 soldados en la defensa de la isla, siendo capturados un millar, una cantidad de prisioneros excesiva si se compara con las campañas posteriores, en las que no se logrará atrapar con vida a ningún nipón.

Guadalcanal supuso el freno definitivo a la expansión imperial, pero avanzó las terribles características que presentaría la lucha en las islas del Pacífico. Para derrotar a Japón era necesario arrebatarle una a una todas sus posesiones, y eso sólo se podía conseguir tras una guerra larga y extenuante.

El problema para los Aliados era establecer la estrategia a seguir una vez que los japoneses se habían puesto a la defensiva. La primera opción, situar el centro de la acción en el continente asiático, se descartó por la débil posición de salida y la dificultad de coordinar el esfuerzo de guerra en un frente tan complejo, además de la escasa fiabilidad demostrada por las fuerzas chinas nacionalistas.

Las otras dos opciones estaban rodeadas de ambiciones y rivalidades personales. MacArthur y el Ejército de Tierra apostaban por avanzar desde el sur, partiendo de Nueva Guinea para llegar a Filipinas. En cambio, la Marina, con el almirante Chester

Nimitz al frente, defendía un ataque a través del centro del Pacífico, basándose en el poder de sus portaaviones.

Al final, Washington tomó una decisión salomónica como era combinar ambas líneas de avance, lo que obligaba a dividir los recursos. Renunciando a un ataque directo y demoledor, la guerra duraría probablemente más tiempo, pero se disminuían los riesgos y se aseguraba a largo plazo el triunfo aliado sobre el Imperio del Sol Naciente.

7 LA GUERRA EN EL DESIERTO

EN JUNIO DE 1940, LA DERROTA DE FRANCIA, así como la también previsible caída de Inglaterra, había abierto a Mussolini la posibilidad de hacer realidad sus sueños de grandeza. Al abrigo de la incontestable superioridad militar germana, el dictador italiano creyó llegado el momento de forjar un imperio que se asentase en ambas orillas del Mediterráneo y que se extendiese incluso hasta el Océano Índico.

Para ello, Mussolini planteó a Hitler el expolio de territorios y colonias de Francia, reivindicando Córcega y Niza en Europa, y Djibouti y Túnez en África. Para el momento en el que Inglaterra fuera derrotada, el dictador italiano ya tenía preparada su lista de exigencias; Chipre, Adén, la Somalia británica y Sudán. Con todas estas regiones, a las que había que sumar Libia, Somalia, Etiopía y Eritrea, que ya estaban en poder de Italia, así como Albania, el *Duce* pretendía reverdecer los laureles de la antigua Roma.

Pero estos delirios de grandeza se daban de bruces con la cruda realidad, muy alejada del poder que desplegaban las legiones romanas. Por ejemplo, las fuerzas blindadas italianas en Etiopía eran tan escasas —sólo dos docenas de tanques obsoletos— que a duras penas podían reprimir las insurrecciones de los nativos, por lo que bien poco podrían hacer contra el bien organizado ejército británico, en caso de una ruptura de las hostilidades.

De todos modos, pese a estar pobremente equipada, la fuerza italiana en Etiopía contaba con 75.000 hombres, mientras que los ingleses tan sólo podían oponer unos 20.000, lo que aparentemente daba opciones de victoria a los transalpinos. Así pues, Mussolini se decidió a lanzar sus tropas contra las colonias británicas el 3 de agosto de 1940, sin pensar en cómo iba a aprovisionar a su ejército.

Benito
Mussolini.

Quizás el *Duce* pensó que Hitler derrotaría a Gran Bretaña en pocas semanas y podría sentarse así en la mesa de los vencedores, pero de todos modos el error de cálculo fue mayúsculo.

DESBANDADA DEL EJÉRCITO ITALIANO

La ofensiva se inició contra la Somalia británica y Sudán. En un primer momento los italianos alcanzaron un relativo éxito, ocupando regiones en las que no existían guarniciones inglesas. Pero pronto se dieron cuenta de que era una campaña condenada al fracaso. La fuerza naval italiana —la *Regia Marina*— del Mar Rojo se encontraba aislada y carente de repuestos, al estar cortado el paso del Canal de Suez, bajo el control británico. Por otro lado, el aprovisionamiento por aire desde Libia era prácticamente imposible, por lo que el empuje del avance de los soldados italianos se fue apagando por sí mismo.

Una vez que los hombres de Mussolini se vieron ya sin víveres ni munición, y con sus vehículos inutilizados por falta de piezas de repuesto, para los ingleses fue un juego de niños expulsarlos de los territorios conquistados en marzo de 1941. La *Regia Marina*, pese a que se decidió a bombardear algún puerto enemigo, emprendió una huida generalizada para escapar de la *Royal Navy* y de los bombarderos de la RAF, que se habían adueñado de los cielos africanos.

Por su parte, los submarinos italianos descendieron por la costa del Índico, doblando el Cabo de Buena Esperanza para poner rumbo a Europa, mientras algunos barcos de superficie se pusieron a salvo llegando a Japón. Las naves que se quedaron intentaron llevar a cabo algún ataque desesperado a Suez y a Sudán, pero al fracasar en la operación debido a los ataques aéreos, las propias tripulaciones acabarían hundiéndolas para que no cayeran en manos del enemigo.

Pero los ingleses no se limitaron a devolver a los italianos a sus puntos de partida, sino que los perseguirían hacia el interior de sus propias posesiones. La desbandada fue tal que las fuerzas británicas penetraron rápidamente en Etiopía y Eritrea, derrotando con facilidad a sus defensores. Las fuerzas italianas capitularían finalmente el 18 de mayo de 1941, aunque existirían núcleos aislados de resistencia que no serían eliminados hasta enero de 1942.

Mientras esto ocurría en el denominado cuerno de África, el norte del continente negro era testigo también del enfrentamiento entre italianos y británicos. El 7 de septiembre de 1940, Mussolini había ordenado a su ejército en Libia que iniciase una ofensiva por tierra contra Egipto, pese a no estar preparado para ello. Seis días más tarde comenzó la campaña, alcanzando algunos éxitos, como la captura del puerto de Sidi el-Barrani, gracias a su superioridad numérica, pero bien pronto sufrieron problemas de abastecimiento, lo que frenó el avance.

El 9 de diciembre de 1940 se inició el contraataque británico, arrollando a las debilitadas filas italianas, poco dispuestas anímicamente a la lucha. En pocos días fueron hechos 40.000 prisioneros, mientras que una fuerza compuesta de 30.000 ingleses fue suficiente para rodear y capturar a 130.000 italianos. Este aluvión de prisioneros no entraba en las previsiones aliadas, que calculaban sólo 3.000. No se puede decir que los italianos ofreciesen demasiada resistencia, puesto que ellos mismos construyeron los campos de prisioneros, con las maderas y el alambre de espino que les proporcionaron sus captores. La colaboración italiana llegó al extremo de convertirse en cocineros de las tropas británicas; a los ingleses les entusiasmaba la imaginación de los italianos a la hora de elaborar sabrosos platos con los escasos ingredientes de que disponían.

Cuando el desastre para las fuerzas de Mussolini era inminente, la retirada de algunas tropas inglesas para apoyar el frente sudanés concedió un respiro a los italianos. La llegada regular de aprovisionamientos a los puertos de Libia ayudó a estabilizar el frente. Pero la invasión italiana de Grecia, ya apuntada anteriormente, situó a los Balcanes en el centro de atención de Mussolini, por lo que buena parte de los pertrechos que llegaban a Libia serían desviados para apoyar el ataque al país heleno.

Las consecuencias se ven rápidamente; los italianos son obligados a retroceder ante un bien coordinado ataque británico, sin posibilidad de ser reabastecidos. Las fechas navideñas contemplan un continuo goteo de prisioneros italianos; 40.000 en Bardia o 25.000 en Tobruk. Las posiciones italianas se desmoronan ante el empuje de los aguerridos soldados australianos y neozelandeses, que van llegando regularmente a los puertos egipcios para unirse al ejército de la metrópoli.

Ante la falta de aprovisionamiento, la situación en las filas italianas es desesperada. El norte de África caerá totalmente en poder de los británicos en pocas semanas si no sucede un milagro. El 12 de febrero de 1941, un bombardero de la *Luftwaffe* aterriza en un aeródromo libio; de él desciende un militar de mediana estatura, mirando al horizonte con gesto grave. Sin entretenerse demasiado en saludar a los obsequiosos oficiales italianos que han acudido a recibirle, comienza a hacer preguntas y a dar las primeras órdenes. No está acostumbrado a perder el tiempo y sabe que hay que actuar deprisa. Ese hombre es el milagro que necesitan los italianos: el general Erwin Rommel.

LLEGA EL *AFRIKA KORPS*

Hitler había accedido a la petición de Mussolini de enviar un cuerpo expedicionario alemán a Libia. El *Führer*, pese a tener la mente puesta en la invasión de la Unión Soviética, prevista para el verano, temía que la siempre voluble Italia cayera en la órbita de los Aliados. Además, el control aliado de África pondría los Balcanes en peligro, amenazando la preparación de la Operación Barbarroja. Tampoco hay que olvidar la relación de sincera amistad, pese a los continuos desencuentros, que unía a los dos dictadores.

Por lo tanto, Hitler se decidió a enviar a Libia el *Deutsches Afrika Korps* (DAK), aunque en principio era tan sólo una división de refuerzo destinada a actuar bajo mando italiano, como «cuerpo de contención». Se trataba de la 5ª División Panzer Ligera, destinada a labores defensivas, pero bien pronto alcanzaría tales éxitos que la llevarían a convertirse en una unidad mítica, ganándose el respeto y la admiración de sus enemigos. Curiosamente, su mayor

Soldados del Africa Korps, atendiendo una pieza de artillería en el desierto.

adversario, el VIII Ejército británico, pese a resultar a la postre vencedor en el duelo entre ambos, no conseguiría igualar el carácter legendario que rodearía para siempre al *Afrika Korps*.

Antes de que Rommel hubiera podido organizar la llegada de su división, prevista para mayo de 1941, la situación del frente había empeorado más si cabe; los italianos continuaban retrocediendo, perseguidos por los británicos. Rommel solicitó el refuerzo de una unidad acorazada, a lo que Hitler accedió de mala gana enviándole la 15ª División Panzer aunque, conocedor del carácter audaz del general, le instó a que no iniciase ninguna operación ofensiva.

La llegada de Rommel a África no inquietó lo más mínimo a los británicos, que creían que los alemanes no estaban hechos para la guerra en el desierto. No les faltaba razón, puesto que los equipos germanos se revelaron inútiles; no servían ni los camuflajes de los vehículos —llegaron pintados de color gris verdoso— ni sus motores diésel, incapaces de filtrar la fina arena del desierto. Los uniformes tampoco eran adecuados para luchar contra el calor y los soldados tuvieron que desprenderse de inmediato de los cascos de acero y de los vistosos pero incómodos salacots, que tan sólo utilizarían en las fotografías propagandísticas. Estaba claro que quien había equipado al *Afrika Korps* no había pisado nunca un desierto...

Pero en donde los demás sólo veían obstáculos, Rommel percibía las inmensas posibilidades que le ofrecía la guerra en el desierto. La falta de vegetación y de obstáculos naturales, así como la escasa presencia de población civil, convertía el norte de África en un inmenso tablero de juego en el que era posible hacer realidad los sueños de cualquier estratega.

Poco a poco, Rommel fue subsanando todos los errores con más imaginación que medios. Al no disponer de pintura de color arena, ordenó cubrir los tanques con aceite quemado de los motores y cubrirlos después con arena, quedando así adherida al blindaje. No disponían tampoco de algo tan fundamental como eran redes de camuflaje; atando los matorrales espinosos que servían de alimento a los camellos se consiguió el mismo efecto.

Los uniformes originales, que se ceñían incómodamente al cuerpo, así como las botas altas, se fueron sustituyendo por ropa más fresca, incluidos pantalones cortos, y por botas bajas. También cambió la dieta, aumentando las legumbres y el aceite de oliva en detrimento de las patatas y la mantequilla. De este modo, Rommel logró en poco tiempo crear una unidad preparada para combatir en el desierto, aprovechando la experiencia acumulada por los italianos y absorbiendo de inmediato todas las ideas que le parecían útiles.

Pero el impaciente Rommel no se conformaba con estar al frente de un «cuerpo de contención» y, pese a que todavía no se había desembarcado todo el contingente de la 15ª División Panzer, convenció a los mandos italianos para poner en marcha una ofensiva, que daría comienzo el 31 de marzo de 1941.

Los ingleses, que no creen que Rommel vaya a atacar tan pronto, se llevan una gran sorpresa cuando los *panzer* irrumpen en el paso de El Agheila, consiguiendo forzarlo. Las fuerzas británicas se ven obligadas a retroceder. Aunque los italianos ordenan a Rommel que no siga adelante, éste decide perseguir a las tropas en fuga, apoyado por los *Stuka*. Las tropas italianas acaban uniéndose a él en ese recorrido triunfal. El 4 de abril Rommel entra en Bengasi. La guerra relámpago triunfa también en el desierto.

El pánico se apodera de las filas británicas. La guarnición que custodia los depósitos de combustible en Msus decide incendiarlos cuando se advierte en la lejanía una nube de polvo, que creen que anuncia la llegada de las columnas blindadas de Rommel. Al cabo de un rato, descubren afligidos que en realidad son tanques ingleses que llegan huyendo de los alemanes, con sus depósitos de combustible casi vacíos.

En la confusión de este incontenible avance de Rommel, el mando británico se confunde de carretera y es hecho prisionero por los alemanes. Los carros germanos siguen avanzando; el gran objetivo es Tobruk, a medio camino de Egipto. Este puerto fortificado es la posición clave de la región, ya que es el único lugar en el que pueden desembarcarse aprovisionamientos. Rommel es consciente de que quien posea Tobruk será el dueño del nordeste de África; no es posible plantearse un ataque hacia Egipto sin haberse apoderado de este estratégico enclave. Churchill también lo sabe, y da la orden de resistir allí a cualquier precio, «sin considerar por un momento la posibilidad de retroceder y hasta el último hombre». El *premier* británico teme que la caída de Tobruk abra de par en par las puertas de Egipto a los hombres de Rommel.

Los australianos son los encargados de defender la ciudad, atacada por los alemanes el 10 de abril de 1941, resistiendo en una encarnizada batalla que se prolonga durante cuatro días. Mientras se mantiene el cerco en torno a Tobruk, Rommel lanza ataques en otros sectores, en los que los británicos van agotando sus reservas. En ese momento crítico, en el puerto de Alejandría desembarca un envío de 135 tanques destinados a frenar a Rommel, mientras se proporciona cobertura aérea procedente de Malta.

El contraataque británico se fija para las cuatro de la madrugada del 15 de junio de 1941, en la que se conocería como Batalla de Sollum. Pero los alemanes los están esperando con sus temibles cañones de 88 milímetros semienterrados en la arena. Esta pieza de artillería es en realidad un cañón antiaéreo, pero Rommel lo ha reconvertido en un cañón antitanque capaz de perforar el blindaje más grueso y con un alcance de tres kilómetros de distancia.

En Sollum, los carros ingleses son destruidos uno tras otro por estos cañones. Al día siguiente, una división acorazada británica intenta realizar un movimiento en tenaza sobre las fuerzas del Eje. Al principio todo parece indicar que la maniobra va a culminar con éxito, pero Rommel reacciona y ordena a su vez otro movimiento en tenaza aún más audaz, cayendo sobre los británicos por su retaguardia.

En la mañana del día 17 de junio, los ingleses se retiran a toda prisa hacia la frontera egipcia, dejando atrás un centenar de carros destruidos, por tan sólo una docena perdidos por el *Afrika Korps*. Pese a la retirada británica, la aislada Tobruk permanecería bajo poder aliado.

A partir de esa victoria, el nombre de Rommel comienza a circular de boca en boca. Los soldados británicos sólo piensan en huir en cuanto saben que el general alemán está cerca, atribuyéndole habilidades y poderes que rozan lo sobrenatural. Los efectos que causa en las tropas aliadas llevan a las autoridades militares británicas a prohibir que se pronuncie su nombre. Pero sería el propio Churchill el que elevaría a Rommel a la categoría de mito, al referirse a él en la Cámara de los Comunes como un «gran general».

Rommel, el Zorro del Desierto

Fueron los propios británicos los que bautizarían al general Rommel con el sobrenombre de «el Zorro del Desierto». Mientras los dirigentes nazis contemplaban con reservas el aumento de su popularidad, puesto que Rommel mantenía una relación distante con el nacionalsocialismo, los Aliados le encumbraban destacando su caballerosidad y calificándolo de genio de la estrategia. Al final, los jerarcas del Tercer Reich se avinieron a subirse al carro de los admiradores de Rommel, utilizando profusamente su imagen para objetivos propagandísticos.

Rommel era idolatrado por sus hombres, que también estaban convencidos de que era un militar fuera de lo común. En alguna ocasión, en medio del desierto, Rommel ordenaba abandonar una posición porque la intuición le decía que ese punto iba a ser bombardeado en breve; al cabo de pocos minutos, las bombas aliadas caían justo en el lugar anunciado por él. Esa clarividencia, de la que ya dio muestras durante la Primera Guerra Mundial, se sumaba a su espíritu de sacrificio, ya que dormía muy poco, comía el mismo rancho que la tropa y era capaz de soportar un día entero en el desierto con un sorbo de té, que tomaba de la petaca que siempre llevaba consigo.

Su audacia rozaba la inconsciencia; durante una de sus habituales rondas de reconocimiento en su vehículo, que llevaba a cabo al amanecer, llegó a un pequeño hospital de campaña creyendo que era alemán, al oír las voces de los prisioneros germanos allí ingresados. Una vez dentro se dio cuenta de que el campamento era británico pero, con una enorme sangre fría, salió del recinto despacio para no llamar la atención, subió a su coche y emprendió rápidamente la huida.

Tras la batalla de Sollum, Tobruk se había convertido en un enclave aliado situado dentro del área controlada por las tropas del Eje. Aunque la intención de Rommel era iniciar la invasión de Egipto con el objetivo de apoderarse del estratégico Canal de Suez, era evidente que no podía llevar a cabo esa operación si los Aliados seguían manteniendo la posición de Tobruk en la retaguardia. La presión sobre Tobruk fue enorme, pero las fortificaciones resistieron el bombardeo alemán. Finalmente Rommel se vio obligado a abandonar el asedio, debido a la llegada masiva de refuerzos para los británicos, que le forzaron a retroceder, dejando a los Aliados la región de Cirenaica.

Este período fue campo abonado para todo tipo de rumores, que Rommel sabía administrar de manera genial para que desde Londres se tomasen decisiones destinadas a contrarrestar supuestas acciones germanas, pero que únicamente servían para aumentar la confusión en el mando aliado. Uno de estos rumores alentados por el propio Rommel era su abandono de la posición de Marsa El-Brega.

En esta batalla de la información Rommel contaba con la ventaja de conocer de primera mano las decisiones británicas, gracias a un agente infiltrado en la embajada norteamericana en El Cairo. Para los avances que tenía previsto realizar a principios de 1942, Rommel contaría con la enorme ventaja de conocer con antelación la respuesta de los británicos.

El Zorro del Desierto demostró el porqué de su apodo el 20 de enero de 1942. Ese día se produjeron varias explosiones en el puerto de Marsa El-Brega y la destrucción de varios buques. Los Aliados dedujeron de inmediato que los rumores de que Rommel abandonaba la ciudad eran ciertos, y que en esos momentos estaba procediendo a su destrucción para dejar inservibles las instalaciones portuarias.

Pero no era más que una jugada del astuto Rommel. En una operación de la que nada sabían los italianos ni tan siquiera el alto mando alemán —los convenció de que era obra de algún comando—, Rommel había simulado ese abandono para forzar

El mariscal Erwin Rommel, conocido como el Zorro del Desierto. Gracias a su astucia y valor, su figura alcanzaría proporciones míticas tanto entre sus hombres como entre sus adversarios.

a los británicos a que avanzasen sobre la supuesta retirada germana, sin que supieran que les había preparado una sorpresa; una gran acción en tenaza estaba dispuesta para alcanzar la retaguardia aliada y atraparlos en una gran bolsa.

Los británicos cayeron en la trampa. En el cerco cayeron casi un centenar de carros blindados, 40 cañones y un millar de soldados. Pero la alegría para los alemanes fue todavía mayor cuando capturaron intacto un enorme almacén en el que se apilaban grandes cajas repletas de mermelada, galletas, cigarrillos y botellas de *whisky*, que sirvieron para celebrar la victoria. Menos suerte tuvieron los soldados germanos cerca de Bengasi, cuando una Brigada India incendió en el último momento otro almacén que estaba a punto de caer en manos alemanas, quemándose así siete millones de cigarrillos.

Pese a los triunfos de Rommel, éste contemplaba en el horizonte el problema principal al que debería enfrentarse su ejército. La llegada de suministros se veía obstaculizada gravemente por los aviones británicos que tenían su base en Malta, por lo que era vital neutralizar ese *portaaviones* insumergible situado en el centro del Mediterráneo. Rommel intentó convencer personalmente a Hitler de que era absolutamente necesario arrebatar la isla a los ingleses, pero éste, mucho más preocupado por la marcha de la invasión de la Unión Soviética, no consideró prioritaria su petición.

Pese a sufrir esta decepcionante falta de apoyo, en mayo de 1942 Rommel lanza nuevamente sus tropas con el objetivo de apoderarse de Tobruk. Para ello emplea otra vez su astucia, ideando originales maneras de confundir al enemigo. En todo el frente, las tropas inglesas comienzan a huir despavoridas al vislumbrar en el horizonte las enormes nubes de polvo que supuestamente levantan los tanques germanos en su avance por la arena del desierto; lo que no saben es que ese polvo no lo levantan los carros, sino las hélices de los motores de aviación que Rommel ha ordenado instalar en la parte trasera de unos camiones. Las extensas formaciones de tanques que los aviones de reconocimiento británicos observan desde el aire no son tales;

se trata de vehículos de cuatro ruedas revestidos de cartón para proporcionarles así el aspecto de un carro de combate.

Aunque los británicos cuentan con el importante refuerzo de los carros *Grant* norteamericanos, superiores a los *panzer* de Rommel, estos últimos consiguen romper las defensas aliadas arremetiendo a toda velocidad, deteniéndose únicamente para disparar y volviendo a avanzar a toda prisa. Esta táctica coge desprevenidos a los ingleses, que se ven rebasados una y otra vez. Sin embargo, el gran enemigo de Rommel, la falta de aprovisionamientos, aparece para poner a los alemanes al borde del colapso.

Pero el 1 de junio el Zorro del Desierto pone en juego todas sus reservas y consigue superar a los británicos, que acaban rindiéndose en masa. Mientras tanto, en el fuerte de Bir Hacheim, 3.000 franceses libres resisten heroicamente el ataque de las tropas del Eje, retrasando unos días el avance germano, aunque al final se ven obligados a izar la bandera blanca. Ya nada se interpone entre Rommel y Tobruk.

Tras apoderarse de la carretera de la costa el 15 de junio y capturar los campos de aviación de la RAF, Rommel ordena inmediatamente el ataque a la fortificación que se le resistió el verano anterior. En esta ocasión no puede fallar. Churchill, por su parte, ordena nuevamente no abandonar Tobruk bajo ningún concepto.

El apoyo de la *Luftwaffe* es decisivo para romper las defensas de la ciudad asediada. Las bombas abren un camino en el cordón de minas que rodea la fortaleza, por el que penetran los soldados de la infantería alemana e italiana, mientras los *Stuka* destrozan las posiciones de la artillería. Tobruk, que estaba defendida por 33.000 hombres, cae en la mañana del 21 de junio de 1942. Hitler premia a Rommel nombrándole mariscal de campo.

Pero no hay tiempo para celebraciones. Al día siguiente, cuando aún humean las ruinas de Tobruk, Rommel reúne a sus hombres para lanzarles una arenga:

«¡Soldados del Afrika Korps! *Ahora tenemos que aniquilar totalmente al enemigo. En los próximos días volveré a*

exigir de ustedes una total entrega para poder lograr nuestros objetivos».

Rommel está decidido a llegar al Nilo, apoderarse del Canal de Suez, y posteriormente avanzar rumbo a los pozos petrolíferos del Golfo Pérsico, para enlazar con los ejércitos germanos que en ese momento descienden victoriosos por el Cáucaso.

Pero Hitler, falto de una visión estratégica amplia, no alcanza a ver la importancia que tenía apoyar a Rommel en ese momento decisivo. Así pues, sigue sin ejecutar una operación destinada a la captura de Malta, por lo que el *Afrika Korps* continúa sufriendo un abastecimiento irregular, al contrario de los ingleses, que reciben a diario refuerzos a través del puerto de Alejandría.

Pese a estas dificultades, y la imposibilidad de recibir apoyo aéreo en terreno egipcio, Rommel decide seguir avanzando rumbo al Nilo. Mussolini comienza a hacer planes para entrar en El Cairo triunfalmente, a lomos de un caballo blanco, y organizar una representación de la ópera Aída ante las pirámides de Gizeh. Por su parte, en la capital egipcia, los británicos están elaborando los planes para evacuar la ciudad, por lo que se inicia la destrucción de documentos y se preparan las maletas. Los cuarteles generales son trasladados a Siria y Palestina y el personal femenino es enviado a Somalia.

CHOQUE DECISIVO EN EL ALAMEIN

Aunque daba la sensación de que los tanques de Rommel eran imparables, la realidad era muy distinta. Mientras los británicos recibían miles de toneladas de armamento procedentes de Estados Unidos, los alemanes se encontraban prácticamente al límite de sus reservas, a lo que había que sumar el agotamiento de las tropas, que no habían tenido ni un día de descanso desde que habían llegado al desierto.

Cuando el rápido avance de las tropas germanas hacía pensar que Rommel no tardaría en poder tomarse un café en El Cairo, las fuerzas británicas establecieron una línea de defensa en El

Alamein. Ese apeadero de ferrocarril situado a 95 kilómetros de Alejandría, que en ese momento no era más que un punto en el mapa, a partir de entonces pasaría a formar parte de la historia. Ese lugar era la única ruta posible hacia Alejandría, puesto que a

Dos hombres del *Afrika Korps* disparando su ametralladora MG. Esta imagen estaba destinada a la propaganda, puesto que los soldados alemanes prescindieron inmediatamente de los salacots con que fueron pertrechados, al ser incómodos para la lucha en el desierto.

un lado estaba el mar y hacia el interior se extendían las arenas movedizas infranqueables de la Depresión de El Qatara, por lo que El Alamein era la cerradura que, en el caso de ser forzada, abriría para el Tercer Reich las puertas del milenario Egipto.

El 30 de junio, Rommel intenta llevar a cabo su enésima maniobra en tenaza, en este caso para caer sobre la retaguardia de los británicos en El Alamein, en ese momento comandados por el general Auchinleck. Pero el Zorro del Desierto no cuenta en esta ocasión con la ayuda de los vuelos de reconocimiento de la *Luftwaffe*, por lo que tiene que ejecutar la acción guiándose únicamente por su intuición.

El ataque alemán no logra romper las defensas aliadas, protegidas eficazmente por los neozelandeses —para Rommel, los mejores soldados— y el frente acabará estabilizándose. Ese período de calma es aprovechado por ambos bandos para reabastecerse, pero mientras que los británicos reciben el material en la cercana Alejandría, los alemanes deben acarrearlo desde los puertos de Tobruk o de la lejana Trípoli, adonde llegan después de una incierta travesía por el Mediterráneo.

Para desesperación de Rommel, la RAF está consiguiendo hundir la mitad de los buques cisterna que parten de los puertos italianos cargados de combustible. La aviación británica cuenta para ello con la ayuda de los descifradores de mensajes, que consiguen interceptar las comunicaciones secretas alemanas transmitidas mediante la máquina Enigma, en las que se informa de la ruta de estos buques. De todos modos, los alemanes se verán obligados a emplear buena parte del carburante llegado a África en los vehículos que lo trasladan desde los puertos hasta el lejano frente. La batalla de los suministros será la que desequilibre la balanza en la campaña africana.

El tiempo corre en contra de los alemanes. Cada día que pasa, el *Afrika Korps* es más débil y los británicos son más poderosos. Además, el agotamiento y las enfermedades comienzan a hacer mella entre los soldados alemanes; la disentería y la difteria están ya extendidas entre la tropa, y el propio Rommel enferma del hígado. Ante este panorama, el Zorro del Desierto decide jugarse la partida en septiembre, antes de que la diferencia con

Winston Churchill, primer ministro británico, viajó incesantemente durante los años que duró el conflicto para coordinar en persona la estrategia militar.

las fuerzas aliadas sea ya insalvable; el flamante mariscal es consciente de que en ese momento la victoria es altamente improbable, pero si espera más tiempo, ésta será totalmente imposible.

Ante la batalla decisiva que se presenta en ciernes, Churchill en persona viaja a El Cairo para realizar una serie de cambios en los mandos militares. El más importante es poner al general

Bernard Law Montgomery al frente del VIII Ejército, tras la muerte en accidente de aviación del general inicialmente previsto para ese puesto. La misión específica de *Monty* es ni más ni menos que «destruir a Rommel». El mérito de Montgomery sería transformar por completo un ejército perdedor en una fuerza temible. Para ello, no duda en reestablecer la disciplina perdida, que incluso se había llevado por delante el uso del saludo militar. En este proceso ayudarán bastante los refuerzos que Londres envía con generosidad.

Si Rommel era un maestro del engaño, a partir de ese momento se encontraría con la horma de su zapato. Montgomery ideó un plan para confundir a los alemanes, dejando una cartera en el asiento de un vehículo que supuestamente contenía información valiosísima, que los expertos germanos calificaron como auténtica. Rommel cayó en la trampa y ultimó los preparativos

Un grupo de soldados alemanes celebra la captura de un camión británico, al que cubren con una bandera germana para que no sea atacado por la propia aviación.

para su ofensiva en base a esos documentos, lo que proporcionó una gran ventaja a sus enemigos.

Cuando Rommel inicia el ataque por el sur la noche del 30 de agosto de 1942, en la que se conocería como primera batalla de El Alamein, no logra coger desprevenidos a los británicos, que le están esperando. Los soldados alemanes se ven atrapados en los campos de minas, siendo acribillados por las ametralladoras inglesas. Los aviones de la RAF lanzan bengalas, iluminando el campo de batalla y bombardeando a las columnas de blindados.

La ofensiva que debía llevar al *Afrika Korps* a Alejandría fracasa de forma inapelable. Estaba previsto que los *panzer* avanzasen 50 kilómetros y no consiguen adentrarse más de 15, sin llegar en ningún momento a romper las defensas británicas. Los alemanes pierden a tres de los cuatro generales que participan en el choque.

En la tarde del día siguiente ya escasea el combustible y no llegan los suministros para reabastecer a los 274 tanques germanos que aún quedan en servicio; por si fuera poco, todos los petroleros italianos que se dirigían a las costas de África son hundidos por submarinos británicos. El 1 de septiembre un decepcionado Rommel se ve obligado a poner fin a la ofensiva y ordenar el regreso al punto de partida. En su fuero interno sabe que acaba de quemar el último cartucho; nunca podrá llegar a El Cairo. Por su parte, Montgomery no sufre estos problemas. Cuenta ya con un millar de tanques pesados y no paran de llegar nuevos carros norteamericanos *Sherman*.

Rommel, ante la imposibilidad de iniciar otro ataque, opta por la única decisión razonable: establecer una sólida línea de defensa para evitar ser arrollados por la colosal fuerza aliada que se está formando. Para ello deja que sus zapadores construyan con tranquilidad campos minados en su retaguardia, para abandonar después las posiciones más adelantadas. Estos intrincados campos eran laberintos plagados de trampas de todo tipo, como bombas de aviación unidas por cables, además de minas anticarro y antipersona, todo ello rodeado de alambradas. El nombre con el que eran conocidos no podía ser más descriptivo: los Jardines del Diablo.

Aunque el ataque aliado es inminente, tras el agravamiento de su enfermedad hepática Rommel se ve obligado a acudir a Alemania para ser sometido a tratamiento médico. El militar germano pasa por Roma para saludar a Mussolini y aprovecha su estancia en el Reich para recibir de Hitler las insignias de mariscal de campo que había ganado tras la toma de Tobruk. Más tarde confesaría a su esposa que, en lugar de esas condecoraciones, hubiera preferido que el *Führer* le enviase una división más.

En la noche del 23 de octubre, mientras Rommel se recupera en una clínica austríaca, más de 1.000 cañones abren fuego a la vez contra las defensas alemanas en El Alamein. La arena del desierto está iluminada por la luna llena, ideal para que los zapadores británicos puedan detectar las minas sembradas en los Jardines del Diablo. Diez divisiones aliadas esperan en un frente de 50 kilómetros que el camino se despeje para arremeter contra el muro alemán, formado por la mitad de efectivos, unos 100.000 soldados.

Esta proporción de dos a uno se mantiene también en el número de tanques; mientras los Aliados ponen en juego 1.230, el Eje ha reunido 548, incluyendo obsoletos carros ligeros italianos conocidos como «ataúdes autopropulsados», que bien poco pueden hacer contra los tanques norteamericanos, que reúnen las últimas novedades técnicas. En el aire, el dominio aliado es apabullante, alcanzando una proporción cercana a cinco a uno.

Los alemanes creen que el ataque de la infantería vendrá por el sur, como indican los oleoductos y casamatas que los británicos han estado construyendo en ese sector; en realidad no es más que simple tramoya de madera y tela para desviar la atención, mientras la ofensiva se lanza en el norte. Los trucos de *Monty* también dan resultado.

Los soldados inician el avance, abriendo camino a los tanques. El combate entre las alambradas, conquistando metro a metro, recuerda a las encarnizadas batallas de la Primera Guerra Mundial. Los fieros neozelandeses, junto a los no menos avezados escoceses y australianos, arrollan a la infantería italiana. A primera hora de la mañana del 24 de octubre, una llamada de teléfono despierta a Rommel; el propio Hitler le comunica las malas noticias que llegan de El Alamein. El *Führer* le pide que viaje allí de inmediato, pero no es necesario que insista, ya que el corazón de Rommel está con sus hombres. Tras una escala en Roma para exigir combustible y refuerzos, el Zorro del Desierto llega al frente el 26 de octubre, tercer día de la batalla.

Una vez allí le explican que al amanecer del 24 de octubre el avance aliado había sido inferior al previsto, pero a lo largo de ese día recuperaron el tiempo perdido. Por la tarde, el *Afrika Korps* lanzó un desesperado contraataque, pero la falta de combustible cercenó cualquier posibilidad de hacer frente a la ofensiva de Montgomery.

Rommel se pone manos a la obra e intenta un nuevo contraataque, reuniendo todos los carros disponibles para castigar los flancos británicos. Pero *Monty* no se alarma y, fiel a su espíritu conservador, acepta el envite de una batalla de desgaste que sabe que sólo puede finalizar con el triunfo aliado. El día 28 de octubre, el mariscal germano realiza un último esfuerzo, atacando con el sol del crepúsculo a la espalda para deslumbrar al enemigo, pero no hay nada que hacer; la noticia de que los petroleros que había conseguido en Roma con sus gestiones ante Mussolini acaban de ser hundidos en el Mediterráneo le convence de que la batalla está irremisiblemente perdida.

En el bando aliado, pese al éxito de la ofensiva, existe preocupación por el desgaste de las tropas, que no consiguen romper la defensa alemana. Montgomery ordena la Operación Supercarga (*Supercharge*) para alcanzar la victoria definitiva. La tenaz resistencia de Rommel, pese a estar enfermo y cansado, sorprende a los británicos mientras la impaciencia se extiende en Londres, en donde no se comprende cómo es posible que no se pueda dar el golpe de gracia a un enemigo noqueado.

Finalmente, el 2 de noviembre Rommel ordena la retirada, pero Hitler envía un mensaje en el que ordena resistir en El Alamein hasta el último hombre. Rommel vacila e intenta aguantar la posición algunos días más, pero la irrupción de la infantería británica por varios puntos obliga al *Afrika Korps* a emprender el repliegue.

El propio Churchill se encargaría de destacar la gran importancia del triunfo logrado en aquella batalla: «Antes de El Alamein no conocimos la victoria; después de El Alamein no conocimos la derrota».

LA OPERACIÓN ANTORCHA

Rommel inicia un repliegue ordenado con los restos de su ejército, del que tan sólo quedan intactos 38 tanques. Su objetivo ya no es llegar a El Cairo, sino poner a salvo esa fuerza experimentada de 70.000 soldados alemanes y 80.000 italianos. Con asombrosa maestría, el Zorro del Desierto consigue una y otra vez zafarse de las maniobras de cerco de los británicos.

Pero los Aliados quieren acabar de una vez por todas con la inquietante amenaza que representa Rommel. El 8 de noviembre de 1942, el ejército norteamericano, con el general Dwight David Eisenhower al frente, y la colaboración de británicos y de franceses libres, desembarca en Casablanca, Orán y Argel, en la denominada Operación Antorcha (*Torch*). Las fuerzas de la Francia de Vichy, que defendían la costa africana en nombre del gobierno colaboracionista de Pétain, sufren unos momentos de duda, aunque finalmente se unen a los ejércitos que llegan para luchar contra el Eje.

Los alemanes envían refuerzos por aire a Túnez, apoderándose de campos de aviación, carreteras y pasos de montaña. Aunque, tras el desembarco, la victoria final aliada en el norte de África es segura, la campaña no está ni mucho menos finiquitada.

Al mismo tiempo, Rommel continúa con su particular caravana hacia el oeste. El 13 de noviembre los alemanes se ven obligados a abandonar la disputada Tobruk, que pasa de nuevo a manos aliadas. Pese a las peticiones de Mussolini de resistir, Rommel sigue retrocediendo sin perder la calma. Viendo todo perdido, el mariscal alemán viaja a Berlín para solicitar a Hitler

Un cementerio alemán cercano a Tobruk. Aunque el *Afrika Korps* sufrió muchas bajas, los combates en el norte de Africa no tuvieron el carácter de guerra de exterminio que sí se dio en la campaña de Rusia.

que se organice la evacuación del *Afrika Korps* desde Túnez. El *Führer* es tajante; hay que resistir en África a toda costa.

Rommel, desengañado, regresa junto a sus hombres. Hitler había prometido el envío de refuerzos y apoyo aéreo, pero no cumple su palabra. Tan sólo las lluvias invernales, al inutilizar los campos de aviación aliados, dan un respiro a los alemanes. Rommel aprovecha para construir algunas líneas de defensa, que pondrán en serios apuros a los norteamericanos.

Los alemanes solamente pretenden ya ganar tiempo para permitir una evacuación similar a la que los Aliados llevaron a cabo en Dunkerque. Las líneas defensivas van siendo superadas por los Aliados, pero Rommel logra levantar otras nuevas que impiden así la ruptura del frente.

Al final, en febrero de 1942 llegan los ansiados refuerzos para el *Afrika Korps*. Una división Panzer y otra de infantería se concentran en Túnez junto a las tropas de Rommel, que se encuentran ya al borde de la extenuación. Aún así, Rommel organiza un ataque en el paso de Kasserine en el que derrota de nuevo a los norteamericanos, que pecan aún de inexperiencia. Pero la llegada del carismático general George Patton revolucionaría por completo al ejército norteamericano en África y lo convertiría en una eficaz fuerza militar.

En marzo de 1943, Rommel intenta frenar al VIII Ejército en la frontera libio-tunecina, pero los ingleses, tan bregados como los alemanes, derrotan en esta ocasión al Zorro del Desierto. Rommel regresa a Alemania para recibir un nuevo tratamiento médico. La apabullante superioridad aérea de los Aliados corta casi definitivamente la llegada de suministros. La suerte del *Afrika Korps* estaba echada.

Sin munición, sin carburante y de espaldas al mar, los alemanes resistirán hasta la primera semana de mayo. Los Aliados capturarán, entre germanos e italianos, a cerca de 300.000 soldados. Si norteamericanos y británicos se hubieran lanzado de inmediato contra Sicilia, la hubieran encontrado casi desguarnecida, pero en este caso los Aliados preferirán preparar a conciencia el próximo paso. Está a punto de dar comienzo el asalto a la fortaleza europea de Hitler.

8 DUELO A MUERTE EN STALINGRADO

Hitler había fracasado en su intento de tomar Moscú en el invierno de 1941, pero sus tropas habían logrado rechazar las ofensivas que Stalin había lanzado a lo largo de todo el frente desde enero de 1942. Con la llegada de la primavera, el panorama se presentaba de nuevo despejado y favorable al ejército alemán.

Pero el objetivo principal ya no era Moscú. La captura de los pozos de petróleo del Cáucaso era fundamental para alimentar las reservas alemanas de combustible, por lo que Hitler decidió que la campaña de verano se centraría en el sur de Rusia.

El primer obstáculo para el avance germano hacia el Cáucaso era la fortaleza de Sebastopol, en el Mar Negro, que todavía estaba en manos soviéticas. Antes de emprender cualquier ofensiva, era necesario librarse de ese reducto que amenazaba el flanco meridional. El objetivo no era nada fácil; fortificaciones excavadas en la roca, campos de minas y una guarnición de más de 125.000 hombres hacían de Sebastopol, según se decía en la época, «la fortaleza más poderosa del mundo».

El 20 de mayo se inició el bombardeo, utilizando enormes cañones de calibres nunca vistos hasta ese momento. El 7 de junio, cuando se creía que la posición ya estaba *madura* para ser tomada, se lanzó un asalto por parte de la infantería, pero fue rechazado. Diez días más tarde fueron tomadas unas posiciones en la orilla norte de la bahía que permitieron a los alemanes disparar su artillería a placer contra el interior de la fortaleza. La intensidad de los bombardeos llevó a los defensores soviéticos, que habían agotado ya su munición, a evacuar la ciudad el 3 de julio, aunque al final fueron hechos prisioneros.

Avance hacia el Cáucaso

Mientras Sebastopol caía en manos de las tropas de Hitler, los carros alemanes, libres de esa amenaza en la retaguardia, rodaban ya por polvorientas carreteras rumbo al Cáucaso. Se habían puesto en marcha el 28 de junio, según un plan detallado por

Hitler el 5 de abril de 1942. En él se fijaban los objetivos para la nueva ofensiva; una serie de maniobras envolventes a lo ancho de todo el frente sur, con el objetivo de conquistar Stalingrado y después girar en dirección al Cáucaso. Una vez allí, los planes de Hitler incluían el establecimiento de una flota naval en el Mar Caspio; se preveía trasladar los barcos desmontados hasta este mar interior para ensamblarlos una vez allí. En último término, si se alcanzaban estas metas, estaba previsto hacer un nuevo intento de tomar Leningrado, que continuaba resistiendo.

Los alemanes contarían con la ayuda de los países satélite. Hungría, Eslovaquia y Rumanía, además de Italia, enviaron tropas que se unieron a la *Wehrmacht* en su camino hacia Stalingrado. Las tropas españolas y finlandesas no participarían en este escenario, quedando destinadas en el sector norte del frente.

Si durante la Operación Barbarroja Hitler cometió errores que se demostrarían fatales para el desenlace de la campaña, en esta ofensiva de verano el *Führer* tampoco anduvo acertado. Pese a que el plan original consistía, tal como se ha indicado, en tomar Stalingrado y después girar hacia el sur, Hitler decidió dividir sus fuerzas; el grupo operativo «A», con el mariscal Wilhelm List al mando, avanzaría directamente hacia el Cáucaso, mientras que el «B», con el mariscal Maximillian Von Weichs al frente, se dirigiría hacia Stalingrado.

El primer grupo encontraría en su camino dificultades de suministro de combustible, por lo que se ralentizó la marcha a la espera de que llegasen nuevos suministros. Además, las laderas de las abruptas montañas del Cáucaso, bien defendidas por tropas locales, se demostraron como una barrera casi insalvable para los vehículos. Hitler, enfurecido por la falta de progresión del avance, destituyó a List y él mismo se encargó de dirigir a distancia este grupo operativo. Aún así, el objetivo de tomar los pozos de petróleo siguió siendo esquivo.

Mientras tanto, el VI Ejército de Paulus, perteneciente al grupo «B», sería el encargado de tomar Stalingrado. La ciudad se levanta en la ribera occidental del Volga; había que conseguir expulsar a los rusos a la otra orilla. Si lo lograban, Stalingrado sería prácticamente inexpugnable, al contar con la protección natural del río.

A finales de agosto comenzó el ataque de las tropas de Paulus desde el noroeste, apoyadas por el IV Ejército Panzer desde el sudoeste, formando así una extensa pinza.

Pero Stalin no estaba dispuesto de ningún modo a entregar la ciudad que llevaba su nombre; afirmó que «el Volga sólo tiene una orilla», lo que arrancaba de raíz cualquier esperanza de poder huir atravesando el río. De hecho, incluso a la población civil se le impidió ponerse a salvo en la otra orilla. El destino de los ciudadanos de Stalingrado no podía ser más trágico; condenados a permanecer en primera línea de batalla, su futuro en caso de triunfo alemán no dejaba lugar a dudas, puesto que Hitler había decidido asesinar a todos los varones y trasladar a las mujeres a campos de prisioneros.

El encargado de la defensa de la ciudad, el general Lopatin, mostró sus dudas de que la ofensiva alemana pudiera ser contenida. Su superior, el comandante en jefe de la zona de Stalingrado, el general Yeremenko, no deseaba conocer en propia carne hasta dónde podía llegar la ira de Stalin en caso de que la ciudad cayera, así que sustituyó al pusilánime Lopatin por el veterano y curtido Chuikov.

Las inequívocas órdenes que recibió Chuikov fueron resistir en Stalingrado a cualquier precio. El entonces comisario político Nikita Kruschev velaría para que se cumpliese al pie de la letra la voluntad de Stalin. Al preguntar a Chuikov cómo interpretaba la misión que se le estaba encomendando, Kruschev obtuvo la respuesta que deseaba escuchar: «Defender Stalingrado o morir en el intento».

Desde el primer momento quedó muy claro que la retirada era una opción que ni tan siquiera podía ser tenida en cuenta. Kruschev dio órdenes a los comisarios políticos de disparar a todos aquellos que intentaran retroceder. En la otra orilla del Volga, las ametralladoras estaban preparadas para recibir con sus balas a los que pretendiesen atravesar el río huyendo del infierno de Stalingrado, sin importar que se tratase de soldados, ancianos, mujeres o niños.

STALINGRADO RESISTE EL ATAQUE ALEMÁN

El 1 de septiembre de 1942, las fuerzas alemanas habían rodeado completamente Stalingrado. La orden que Paulus recibió de Hitler era tan tajante como la que había recibido Chuikov: tomar Stalingrado a toda costa y no retroceder bajo ninguna circunstancia. Dos semanas más tarde, después de romper las sólidas defensas soviéticas, los alemanes lograron penetrar en los suburbios de la ciudad y en el sector en el que se concentraban las fábricas. La presión germana fue creciendo, acompañada por las acciones de la *Luftwaffe*, que estaban reduciendo la ciudad a escombros; por ejemplo, el 4 de septiembre, un enjambre de 1.000 aparatos había descargado casi sin oposición su carga mortífera sobre la ciudad.

La *Luftwaffe* jugó un papel crucial en esta primera fase de la batalla, puesto que cortaba los intentos de aprovisionar a las

Dos soldados rusos apuntan a su objetivo con rifles de mira telescópica, apostados en un edificio en ruinas de Stalingrado. Los francotiradores fueron unos de los grandes protagonistas de esta sangrienta batalla.

tropas rusas a través del río. Los *Stuka* se lanzaban como aves de presa sobre las barcazas que atravesaban el Volga. Los cazas alemanes se encargaban de mantener a la aviación soviética alejada de aquella carnicería.

A mediados de septiembre, la situación comenzaba a ser desesperada para los rusos. Los oficiales estaban ya más preocupados por intentar pasar a la otra orilla del Volga que de resistir el avance alemán. Pero Chuikov cortó por lo sano con estas dudas, al ordenar el fusilamiento inmediato de todos los considerados traidores, sin importar el rango.

Las defensas de la ciudad estaban siendo ya penetradas por muchos puntos, por lo que Chuikov renunció a mantener esas líneas. A partir de ese momento cualquier edificio se convertiría en un núcleo de resistencia. Los alemanes tendrían que luchar a muerte para ocupar una casa, una fábrica o un sótano. Además, los rusos establecieron trincheras, fortines y casamatas en todas las calles y plazas de la ciudad. Stalingrado debería ser tomada piedra a piedra.

Con el paso de los días, las dificultades para los alemanes eran crecientes. Había que luchar casa por casa, habitación por habitación, en una batalla urbana en la que los tanques no tenían cabida. No era extraño que en un mismo edificio el sótano estuviera en poder de los rusos, el primer piso en manos alemanas y el segundo piso también bajo control soviético, o a la inversa. Pronto le dieron un nombre a este enfrentamiento que parecía el de una guerra entre ratas: la *Rattenkrieg*.

Este tipo de lucha, extraña para unos soldados acostumbrados a las rápidas acciones de la guerra relámpago, iba minando poco a poco la moral, al ver que la victoria final se resistía. En cambio, los rusos, al combatir en terreno propio, se veían fortalecidos al comprobar las dificultades que encontraban los invasores alemanes para desalojarlos.

El 4 de octubre, Paulus lanzó una gran ofensiva contra la ciudad, que pretendía ser la definitiva. Chuikov se vio obligado a trasladar su puesto de mando. Fue tomada la Plaza Roja y la estación principal del ferrocarril. Los cañones seguían aplastando las defensas, pero los soviéticos no cedían posiciones,

Un grupo de soldados alemanes se reagrupa ante los restos de una fábrica. Los hombres de la *Wehrmacht* nunca se sintieron cómodos en este tipo de lucha, a la que denominaron *ratenkrieg* o «guerra de ratas».

amparados precisamente en las ruinas provocadas por los proyectiles germanos.

Hitler estaba deseoso de poder comunicar al pueblo alemán la toma final de Stalingrado, pero la noticia nunca llegaba. Aunque las fuerzas de Chuikov se habían visto reducidas a una sola división, el golpe final a las defensas rusas se resistía. El *Führer* ordenó paralizar las demás operaciones en el frente ruso y centró toda su atención en lo que estaba ocurriendo en Stalingrado.

El 14 de octubre parecía que los alemanes iban a conseguir su objetivo de enviar a los rusos al otro lado del Volga, pero la continua llegada de refuerzos a través del río logró que se mantuviera la resistencia en el pequeño sector que aún estaba controlado por los rusos. En los días siguientes, un buen número de *ferries* cargados de soldados y armas conseguía cruzar el Volga pese a los ataques aéreos que trataban de impedirlo. Para desesperación de Hitler, la ciudad consagrada a su gran adversario resistía.

Pero lo que los confiados alemanes no sabían era que los rusos les estaban preparando una desagradable sorpresa. En septiembre, el alto mando soviético había decidido ejecutar una brillante maniobra en forma de tenaza. Se trataba de la Operación Urano; un ejército procedente del norte y otro del sur presionarían los flancos del avance alemán sobre Stalingrado para estrangularlo, separando a las tropas que se encontraban en la ciudad del resto del frente alemán. El general Zhukov, el mismo que había salvado Moscú el invierno anterior, sería quien llevaría a cabo este audaz contraataque.

Unas semanas antes, algunos generales alemanes habían advertido la posibilidad de que los rusos pudieran ejecutar un contraataque en ese sector, pero Hitler estaba tan obsesionado con la toma de la ciudad que no les prestó atención.

Soldados soviéticos en pleno combate en una calle de Stalingrado. Para ellos la única opción era resistir en la ciudad, pues no existía la posibilidad de ponerse a salvo pasando a la otra orilla del Volga.

Los rusos comenzaron a acumular secretamente los efectivos destinados a la operación pero, a principios de noviembre, aviones alemanes procedentes de Stalingrado informaban ya sobre esa concentración masiva de fuerzas. Todos los informes enviados por Paulus al alto mando alemán fueron ignorados; la prioridad absoluta era la toma de la ciudad y no podían distraer fuerzas en otros sectores.

Aún así, Paulus envió a la 22ª División Panzer para proteger el flanco que presumiblemente iba a ser atacado por los rusos. Sin embargo, el mal estado de los vehículos llevó a que tan sólo medio centenar de tanques pudieran unirse a las tropas que defendían esa zona.

Cada vez más superado por los acontecimientos, el 11 de noviembre Paulus lanzó su última ofensiva en Stalingrado, poniendo en liza todas sus reservas, pero ésta sería rechazada de nuevo por los defensores rusos. Los alemanes se habían jugado su última carta y habían perdido.

El VI Ejército alemán, cercado

«Urano» comenzó en la madrugada del 19 de noviembre, al mando del general Vatutin. Siguiendo el principio de que la resistencia de una cadena es igual a la del más débil de sus eslabones, la presión soviética se dirigió contra el sector defendido por el IV Ejército rumano.

En el norte, el ataque pudo ser defendido por los rumanos durante el primer día, pero la enorme superioridad de los soviéticos —en una proporción de tres a uno— no tardaría en imponerse. En cuanto a los tanques disponibles por ambos bandos, los rumanos eran superados en una proporción de siete a uno, pese a los refuerzos que habían sido enviados por Paulus.

Al día siguiente las defensas rumanas cederían, convirtiéndose en un dique que acababa de reventar por la presión incontenible del agua. A partir de ese momento, nadie podría parar la ofensiva rusa.

El segundo ataque realizado por los ejércitos soviéticos tendría lugar por el sur, perforando también con cierta facilidad las líneas defendidas por el IV Ejército rumano, compuesto casi totalmente por caballería. La escasa resistencia de los rumanos demostró que había sido un error colocar a estos aliados tan poco fiables al cargo de una posición de tanta importancia. El ejército rumano estaba anclado en el pasado; las faltas de disciplina eran castigadas con azotes, mientras que los oficiales debían comer en mesas preparadas con manteles y cubiertos de plata. Es probable que el hecho de no sentirse tampoco demasiado identificados con los intereses de sus aliados los llevase a no ofrecer la resistencia que quizás hubieran ofrecido las tropas alemanas en idénticas circunstancias.

Finalmente, el 23 de noviembre, los rusos procedentes tanto del norte como del sur arrollaron por completo a los rumanos y convergieron sobre un puente que atravesaba el río Don en Kalash, que era la línea de comunicación y abastecimiento con el ejército de Paulus.

En sólo cuatro días, la bolsa de Stalingrado había quedado cerrada. En su interior habían quedado aislados 300.000 hombres. Hitler, que estaba pasando unos días de asueto en su residencia alpina de Berchtesgaden no salía de su asombro; ¿cómo era posible que el VI Ejército hubiera quedado cercado?

Al parecer, a las dos de la madrugada del 24 de noviembre, Hitler se había dejado convencer por sus generales de la necesidad de plantear una retirada ordenada de Stalingrado, pero en la mañana de ese mismo día, todo cambiaría. El pomposo mariscal Goering no dudó en comprometerse ante Hitler a que su *Luftwaffe* abastecería al VI Ejército, estableciendo un puente aéreo. De este modo, los hombres de Paulus podrían resistir hasta que la comunicación con el resto del frente se restableciese. Hitler, no escarmentado suficientemente por los anteriores fracasos de Goering, aceptó la propuesta. Stalingrado debía resistir.

Paulus recibió un telegrama en el que Hitler le conminaba a defender su posición actual y esperar la llegada de las fuerzas de socorro, al mando del mariscal Erich Von Manstein. Al principio, las tropas aisladas en Stalingrado confiaron en la palabra del *Führer*, pero comenzaron a advertir algunos indicios de que el plan no funcionaba según lo previsto. El abastecimiento de la *Luftwaffe* se demostró claramente insuficiente; Goering había prometido el envío diario de unas 700 toneladas, pero casi ningún día pasaban de 100.

Además, se produjeron inexplicables errores a la hora de preparar los envíos destinados a los hombres de Paulus; cajas llenas de pimienta, caramelos, octavillas para subir la moral, e incluso preservativos, llegaban a los aeródromos improvisados en los alrededores de Stalingrado ante la decepción y el enfado de los soldados, a la vez que comenzaban a escasear los alimentos básicos.

Los expertos en intendencia intentaron corregirlo enviando harina en lugar de pan, para aprovechar al máximo la capacidad de carga de los aviones; lo que estos entendidos desconocían era que los soldados carecían de los hornos necesarios para cocer la masa. Cuando se vio que el envío de los correspondientes hornos y el resto de elementos secundarios para el amasado del pan complicaba aún más la operación de suministro se decidió volver a enviar las piezas de pan. Todos estos episodios fueron calando en el espíritu de los soldados, sobre cuyas cabezas comenzaba a planear cada vez más la posibilidad cierta de una derrota.

Desde todos los puntos de la ciudad, los heridos que podían caminar se dirigían a los escasos aeródromos que estaban aún en servicio, con la esperanza de subir en el viaje de regreso de los aviones que llegaban con suministros. Miles de ellos morirían congelados mientras esperaban al lado de las pistas de aterrizaje el vuelo que los iba a sacar del infierno. Naturalmente, tampoco faltaron los soldados que simulaban estar heridos para poder salvar la vida, o los oficiales que, amparándose en su rango, tomaban esos aviones rumbo a la seguridad que ofrecía la retaguardia.

Paulus consiguió momentáneamente estabilizar las líneas de defensa, pero era consciente de que difícilmente llegaría ningún ejército para salvarlos. Tan sólo tendrían una oportunidad si Hitler se desdijera de su orden de no retroceder y permitiera al VI

Ejército emprender un ataque hacia el oeste, para escapar así de la trampa mortal en la que se había convertido Stalingrado. Según los expertos, si Paulus hubiera desobedecido a Hitler y hubiera dado la orden de atacar en dirección a las líneas alemanas, es muy probable que el VI Ejército lo hubiera conseguido. Pero ahora Hitler no quería ni oír hablar de retirada; aseguró a Paulus que las tropas de socorro llegarían a tiempo. Mientras tanto, no retrocederían ni un metro.

Pese a todo, los hombres de Paulus creían aún en la palabra del *Führer* y, por lo tanto, confiaban en la pronta llegada de Von Manstein, que había iniciado el ataque, con el nombre de *Wintersturm* (Tormenta Invernal). Esta ofensiva comenzó con éxito, pero pronto los soviéticos amenazaron con envolver al propio Von Manstein. Se trataba de la Operación Saturno, por la que los rusos pretendían ejecutar una nueva acción en tenaza para capturar al Grupo de Ejércitos del Don en una bolsa gigantesca.

Mientras tanto, los soldados alemanes en Stalingrado podían escuchar en la lejanía el ruido de los combates, lo que los llenó de esperanza. Las luces de las bengalas les señalaban el camino que estaban siguiendo las tropas de Von Manstein, que acudían al rescate.

Pero la disyuntiva que se planteaba estaba clara; si Von Manstein continuaba su ataque en dirección a Stalingrado quedaría rodeado, pero si se retiraba podría conservar todo su potencial para hacer frente a las ofensivas soviéticas que amenazaban con desmoronar toda la línea del frente. La decisión de permitir la retirada de Von Manstein salvó a sus fuerzas de caer en poder de los rusos, pero condenó ya sin remedio a las tropas de Paulus, que contemplaron con tristeza y desesperación cómo el rumor de la batalla se alejaba cada vez más hasta volver a quedar el frente en silencio.

El VI Ejército queda así sentenciado. Su final ya es sólo cuestión de tiempo. El 8 de enero de 1943, el general Konstantin Rokossovski, comandante de las fuerzas soviéticas en el Don, conmina a Paulus a aceptar una rendición incondicional, pero el general alemán rechaza la propuesta.

Dos días después, el Ejército Rojo lanza su mayor ofensiva contra las posiciones germanas. El día 21 de enero, los alemanes pierden la única pista de aterrizaje que queda operativa. El VI Ejército ya está totalmente aislado. Ya no es posible recibir las cartas que puntualmente llegaban a manos de los soldados; el aliento de la familia era lo único que les daba fuerzas para seguir luchando. El 25 de enero, los restos del ejército de Paulus son partidos en dos. La única alternativa posible es aceptar la rendición.

Pero Hitler exige un último y cruel sacrificio; ordena que luchen hasta el último hombre y la última bala. Para escenificar aún mejor ese último acto propio de una ópera wagneriana, a las que tan aficionado era Hitler, el 30 de enero de 1943 nombra a

Dramática imagen de algunos soldados alemanes hechos prisioneros tras su derrota en Stalingrado. Los rusos harían desfilar a muchos de ellos por las calles de Moscú, demostrando que, pese a los éxitos de la guerra relámpago, la _Wehrmacht_ no era invencible.

Paulus mariscal de campo, esperando que perpetúe la tradición de que nunca antes un mariscal se había rendido y, por lo tanto, obligándole a morir luchando u optar por el suicidio. Pero el flamante mariscal no tiene ningún deseo de convertirse en héroe póstumo y prefiere conservar la vida, rindiéndose al día siguiente a los rusos.

Mientras Paulus se entrega a los soviéticos, algunos de sus hombres, comandados por el general Karl Strecker, continúan luchando desesperadamente en una fábrica de tractores del norte de la ciudad, causando numerosas bajas a sus enemigos en violentos combates cuerpo a cuerpo, utilizando incluso piezas de maquinaria como armas arrojadizas. Esta tan heroica como inútil resistencia se prolongaría hasta las nueve de la mañana del 3 de febrero, cuando Strecker ordena la rendición.

El 3 de febrero, un comunicado oficial del cuartel general de Hitler anuncia «el fin de la batalla de Stalingrado». Se declaran tres días de luto oficial por la derrota, durante los cuales todos los teatros y cines permanecerán cerrados. Como insólito gesto de solidaridad con los derrotados, en el cuartel del *Führer* se decide que durante los días de luto se prescinda de la copa de coñac francés que los comensales suelen tomar después de las comidas.

A los soviéticos les cuesta asimilar el gran éxito alcanzado. Tienen ahora en su poder más de 90.000 soldados alemanes; lo único que queda de los 600.000 efectivos que habían formado el VI Ejército. Todos ellos comienzan a marchar a pie penosamente en dirección a campos de trabajo en Siberia. La mayoría ni tan siquiera llegará a su destino, muriendo por el camino. Tan sólo unos 5.000 soldados regresarán a sus hogares, ya en la década de los cincuenta.

El botín no sólo está integrado por un número tan elevado de prisioneros. Los rusos han capturado 750 aviones, 1.550 tanques, 8.000 cañones y más de 60.000 camiones. Por último, tienen el honor de haber capturado, por primera vez desde el inicio de la contienda, a un mariscal de campo alemán.

Stalingrado fue quizás la batalla más dramática de la Segunda Guerra Mundial, en donde más de 300.000 alemanes perdieron la vida o fueron capturados. Por su parte, el Ejército Rojo perdió entre 400.000 y 500.000 de sus hombres, una parte de ellos asesinados por sus propios comisarios políticos, mientras que más de 100.000 civiles murieron a consecuencia de los bombardeos, el hambre o el frío.

El gran duelo entre Hitler y Stalin por la ciudad que llevaba el nombre del dictador soviético se había saldado con una aplastante victoria de este último. Hitler no encajó nada bien su humillante derrota en Stalingrado. Los que le trataban a diario dejaron constancia de que no volvió a ser el mismo. De hecho, al final de la guerra, el líder nazi confesó a su médico que a partir de entonces casi cada noche se repetía el mismo sueño. Una y otra vez, tenía ante sí un mapa con la posición que ocupaban sus ejércitos antes del desastre de Stalingrado y, noche tras noche, volvía a cometer los mismos errores que le habían llevado a aquel fracaso.

Quizás para librarse de una vez de aquel perturbador sueño, Hitler se decidió a devolver el golpe a Stalin. Pero para eso debería esperar al siguiente verano...

Soldados alemanes de la dotación de un Tiger, descansando entre operaciones. Este fue seguramente uno de los más de millar y medio de tanques que fueron capturados por el ejército soviético tras la desastrosa batalla de Stalingrado.

LA BATALLA DE KURSK

Aunque Stalingrado está considerada como la batalla decisiva para derrotar al ejército alemán en el este, para muchos expertos, por el contrario, el encuentro militar realmente determinante de la campaña de Rusia y, quizás, de toda la Segunda Guerra Mundial, fue el choque que se produjo en la región de Kursk en julio de 1943.

Esta batalla no goza de la celebridad ni del conocimiento popular que sí poseen otras, por lo que su importancia se suele infravalorar con mucha facilidad. No obstante, la Batalla de Kursk constituiría, esta vez sí, el desafío final entre Hitler y Stalin, un duelo en el que se dilucidaría de una vez por todas el vencedor de la guerra.

El desastre sufrido en Stalingrado por las tropas alemanas había animado a los rusos a lanzar una ofensiva generalizada en todo el frente sur. Hasta mediados de febrero los avances fueron continuos, pero los germanos lograron retirarse en un relativo orden, permitiéndose incluso realizar algún contraataque. Fruto de estos cambios en la línea del frente, en el mes de marzo se creó un enorme saliente, con la ciudad de Kursk en el centro, la cual daría nombre a la batalla.

Los generales alemanes comunicaron a Hitler la posibilidad de llevar a cabo un ataque en tenaza en los flancos de este extenso saliente —con un frente de más de 3.000 kilómetros—, con el objetivo de cerrar la bolsa resultante y proceder a su liquidación, tal como los rusos habían hecho seis meses antes en Stalingrado. Pero, teniendo en cuenta que los soviéticos habían concentrado una gran cantidad de hombres y armamento en esa zona, era indispensable contar con una gran ventaja para poder romper las bien tejidas líneas de defensa.

A Hitler le entusiasmó la idea de propinar a Stalin el mismo tipo de golpe que él antes le había asestado en Stalingrado. Estaba dispuesto a jugarse el todo por el todo en Kursk, lanzando la Operación Ciudadela (*Zitadelle*). El objetivo era, según sus propias órdenes, «rodear a las fuerzas adversarias que se encuentran en la región de Kursk por medio de un ataque muy concen-

A partir de su victoria en Stalingrado, el Ejército Rojo ya sería imparable. En Kursk logró desbaratar el último intento de Hitler de tomar la iniciativa en el este. En esta imagen propagandística se percibe el empuje de los soldados soviéticos, que ya no les abandonaría hasta la toma de Berlín.

trado, brutal y muy dinámico». Se trataba de reeditar los éxitos cosechados por la *Blitzkrieg* en Polonia, Francia o durante los primeros meses en Rusia.

Para alcanzar este objetivo, Hitler puso a disposición de la *Wehrmacht* y de las divisiones SS el último triunfo de la técnica alemana: el carro de combate *Tiger*, considerado el tanque más avanzado del mundo en esos momentos. Tal como las unidades del nuevo modelo iban saliendo de las cadenas de montaje, eran enviadas por vía férrea rumbo a Rusia.

Pero estos preparativos no pasaron desapercibidos a ojos de los observadores soviéticos, pero sobre todo a los británicos que, gracias al descifrado de las comunicaciones secretas germanas transmitidas mediante la máquina Enigma, lograron predecir el movimiento que Hitler estaba a punto de realizar. Así pues, los rusos, advertidos por Churchill, procedieron a reforzar aún más el frente. Recurrieron a los civiles, incluidos mujeres y niños, para que, pertrechados de picos y palas, cavasen fosas antitanque capaces de parar el previsto avance de los carros alemanes. De este modo se llegaron a excavar sucesivamente hasta ocho cinturones defensivos, cubriendo unos 200 kilómetros de profundidad. Cada uno de ellos disponía de artillería y un importante contingente de infantería.

Por su parte, los alemanes permanecían ajenos a este refuerzo de la defensa y concentraron a ambos lados del saliente a siete de cada diez tanques destinados al frente oriental. A primeros de julio de 1943, todo estaba dispuesto para la gran ofensiva. Pero lo que los alemanes tampoco sabían era que los servicios de inteligencia soviéticos tenían en su poder a un soldado rumano que había sido capturado por una patrulla rusa. El prisionero había revelado que el ataque tendría lugar al amanecer del 5 de julio, en los alrededores de la ciudad de Orel, al norte del saliente, por lo que se envió allí buena parte de los recursos defensivos.

Esta advertencia sería crucial, puesto que en el primer día del ataque —que, efectivamente, se produjo ese día— las tropas alemanas tan sólo pudieron avanzar diez kilómetros. En el extremo sur de la tenaza los blindados no encontraron tantas dificultades y lograron cubrir 120 kilómetros, lo que llenó de optimismo el cuartel general del *Führer*. Pero posteriormente la artillería rusa y los obstáculos antitanque consiguieron frenar también el avance procedente del sur.

En la retaguardia alemana permanecían en reserva 17 divisiones Panzer, preparadas para acudir en ayuda de las que habían, hasta entonces, llevado el peso de la ofensiva. Hitler decidió que acudieran al sur de la bolsa para apoyar el ataque que había tenido más éxito, para romper definitivamente la resistencia soviética.

Los rusos también habían enviado sus reservas a ese punto en el que se iba a decidir el resultado del choque. El escenario sería una seca y polvorienta llanura cercana a la localidad de Prokhorovka. Allí, en un día de intenso calor, se produciría la batalla de tanques más grande de la historia; mientras que el general alemán Hoth pudo reunir unos 600 carros de combate, el general Shumilov logró afrontar la amenaza germana con unos 850 tanques.

A primera hora de la mañana del 12 de julio, las divisiones Panzer comienzan a avanzar decididamente por el llano, pero la martilleante acción de la artillería y la aviación rusa ralentizan el ataque. La infantería rusa también ataca valientemente con granadas. Los tanquistas alemanes acusan ya la fatiga del penoso avance, cuando de repente aparecen los carros soviéticos T-34, que hasta ese momento se habían mantenido ocultos en zanjas camufladas con redes, escondiendo incluso sus antenas para que no pudieran ser vistos por los aviones de reconocimiento.

Aunque sobre el papel las fuerzas están equilibradas, las tripulaciones de los carros soviéticos se encuentran descansadas y listas para combatir, mientras que las alemanas llevan varias horas luchando. Las divisiones blindadas rusas se lanzan a toda velocidad contra las líneas alemanas, mientras los *panzer* continúan su avance sin aminorar la marcha. Como si de un torneo medieval se tratase, las puntas de ataque se dirigen una contra la otra en un duelo a muerte en el que sólo uno de los contendientes sobrevivirá a esa brutal colisión.

Como no podía ser de otro modo, el choque entre ambas formaciones es increíblemente violento. Los tanques se entrecruzan entre sí formando una abigarrada masa de acero. Los aviones de uno y otro bando se ven obligados a dejar de intervenir, al estar los tanques tan próximos que es ya imposible distinguir a unos de los otros. Esta cercanía sería beneficiosa para los intereses rusos; el grueso blindaje de los carros germanos dejaba de ser efectivo a corta distancia, por lo que los proyectiles de los T-34 consiguen penetrar en las corazas de los *panzer*. Cuando éstos estallan en su interior, la munición explota a su vez, arrancando la torreta de cuajo y elevándola varios metros.

Entre los hierros candentes de los tanques destruidos se pueden ver los cadáveres ennegrecidos de los miembros de la dotación, aunque en ocasiones alguno de sus tripulantes consi-

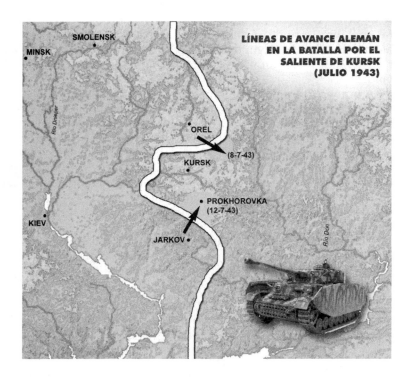

LÍNEAS DE AVANCE ALEMÁN
EN LA BATALLA POR EL
SALIENTE DE KURSK
(JULIO 1943)

gue salir arrastrándose, envuelto en fuego y gritando horrible-
mente, tan sólo para caer unos metros más allá y acabar consumido por las llamas, si no aplastado por las cadenas de algún
tanque en veloz carrera. Escenas tan terribles como ésta suceden
a cada minuto; los rusos denominarán aquel día acertadamente
como «la carnicería de Prokhorovka».

Los trigales que unas horas antes cubrían el terreno aparecen
ahora totalmente quemados. En un pasillo de unos 13 kilómetros
de largo, toda la vegetación resulta abrasada. Las continuas
explosiones causan una inmensa nube de humo que provoca el
choque de unos tanques con otros; la confusión ahora es total y
absoluta.

La batalla se prolongará durante ocho inacabables horas, en las que el impulso alemán se va agotando ante la resistencia soviética. Al final, los tanques germanos que no han quedado inutilizados regresan a sus puntos de partida, mientras que los rusos restañan sus también abundantes heridas.

Una vez que el frente vuelve a estabilizarse, se contabiliza la pérdida de aproximadamente 300 tanques por cada bando, a lo que hay que sumar un número indeterminado de cañones y vehículos. Teniendo en cuenta las cifras resultantes de la batalla, el resultado de ésta puede calificarse de empate, pero en realidad supone una derrota para las fuerzas alemanas. Mientras que los rusos podían seguir recibiendo refuerzos, los alemanes habían consumido ya casi todas sus reservas. Conseguir cerrar el saliente de Kursk no era ya más que una utopía.

Además, los Aliados occidentales acababan de desembarcar en Sicilia, lo que obligaba a reforzar urgentemente el frente italiano. Hitler ordenó cancelar la ofensiva; la Operación Ciudadela se había saldado con un fracaso. A mediados de agosto, los dos entrantes que habían servido de tenaza para los alemanes estaban ya en poder de los soviéticos.

Las cifras que definen la Batalla de Kursk son colosales. En total se enfrentaron dos millones de hombres y entraron en liza 6.000 tanques. Los alemanes perdieron 30 divisiones, de las que siete eran acorazadas.

Kursk fue la última oportunidad de Hitler para alcanzar una victoria en el este. Si tras Stalingrado los alemanes habían podido rehacer sus líneas y soportar la presión de las ofensivas soviéticas, a partir de la decepción de Kursk el camino hacia el Reich quedaba expedito para las tropas rusas. Después de aquel día funesto para las armas alemanas, la llegada de los tanques soviéticos a Berlín podía ser demorada por más o menos tiempo, pero era ya inevitable.

Posiblemente, tras la derrota en Kursk, Hitler fue consciente por primera vez de que había perdido la guerra.

9 LOS CRÍMENES NAZIS

El viernes 31 de marzo de 1933, seis años antes de que diese comienzo la Segunda Guerra Mundial, la biblioteca del Tribunal Cameral de Berlín ofrecía el aspecto habitual de cualquier sala de lectura. Abogados, estudiantes y algún juez permanecían en silencio mientras leían gruesos volúmenes, actas y legajos. Cada uno de los presentes estaba aislado, embebido en su tarea, envuelto en la cálida atmósfera que proporcionaba el terciopelo y la madera.

De repente se oyó un portazo y unos gritos procedentes del piso inferior. Se oyó ruido de pisadas por los pasillos, pasos que subían bruscamente las escaleras. Algunos se levantaron, se acercaron a la puerta, echaron un vistazo al exterior y cerraron la puerta con cuidado. Alguien rompió el silencio de la sala para decir sin elevar demasiado la voz: «Las SA»[1]. Otro añadió: «Están echando a los judíos».

Aparentando actuar con calma, algunos de los presentes devolvieron rápidamente los libros de los estantes, recogieron sus cosas y se marcharon. A los pocos minutos, un grupo de hombres vestidos con uniformes pardos irrumpieron en la biblioteca. El ruido de las botas avanzando por el suelo de madera atronó por toda la sala. El que parecía ser el jefe gritó con voz firme: «¡Los que no sean arios han de abandonar el local de inmediato!». Alguien contestó tímidamente: «Ya se han marchado».

No satisfechos con esa respuesta, los miembros de las SA fueron recorriendo las mesas de trabajo, mirando a la cara a cada

---

[1] SA: Abreviatura de *Sturmabteilung*, la fuerza de choque creada en 1921 para proteger a los líderes nazis en las reuniones públicas. Las SA sobrevivieron a su prohibición tras el fracasado golpe de Estado de Hitler y crecieron bajo el liderazgo de Ernst Roehm, hasta llegar a convertirse en una enorme fuerza paramilitar que llegaría a contar con más de medio millón de integrantes en 1934. El poder creciente de esta fuerza en el entramado nazi, así como la dudosa lealtad de sus dirigentes, despertaría los recelos de Hitler. En junio de ese año, el propio Roehm y la mayoría de altos cargos serían asesinados en una operación de castigo. Desde entonces, las SA serían empleadas sólo en las demostraciones públicas, mientras que su papel pasaría en gran medida a ser desempeñado por las SS de Heinrich Himmler.

uno de los lectores, intentando encontrar algún rasgo facial delator. Nadie protestó por esta humillación; todos permanecieron con los codos en la mesa, con la vista fijada en el libro que en ese momento estaban leyendo.

Cuando los hombres uniformados se marcharon de la sala, nada parecía revelar que se acabase de producir aquel aciago incidente. La sala de lectura continuó con su actividad habitual; unos se levantaban a buscar un libro, otros se colocaban el abrigo y se marchaban con total tranquilidad. No hubo ni un solo comentario en voz alta sobre lo ocurrido.

En otras secciones del edificio se habían producido reacciones similares. Ante la pasividad de los presentes, los jueces judíos se habían quitado la toga y habían salido disciplinadamente del Tribunal, bajando por una escalera flanqueada por amenazadoras filas de miembros de las SA. Ya no regresarían.

Diez años más tarde, el escenario es otro muy distinto. La puerta de una cámara de gas del campo de exterminio de Auschwitz se abre. La sala, que estaba a oscuras, se ilumina potentemente. En el centro se puede ver una montaña de cadáveres desnudos, formando una pirámide hasta el techo de la habitación. El gas venenoso había inundado primero las capas inferiores. Eso había hecho que aquellos desgraciados se pisoteasen y fueran subiéndose unos encima de otros. Abajo quedaban los niños, los ancianos y las mujeres. En la parte superior aparecían los jóvenes, los más fuertes. Los cuerpos presentaban numerosas heridas ocasionadas por la lucha terrible por sobrevivir, pero aquella reacción instintiva por escapar de la muerte había sido inútil.

¿Qué había sucedido entre ambas escenas? ¿Cómo era posible que un pueblo culto y avanzado como el alemán protagonizase el que, con toda probabilidad, puede calificarse como el capítulo más vergonzoso de la historia de la humanidad?

Nadie ha encontrado aún una respuesta satisfactoria a esta cuestión, pero también es posible que si en aquella biblioteca de Berlín alguien se hubiera negado a admitir semejante atropello, quizás el infierno de Auschwitz nunca habría existido.

Pero no fue así. Al día siguiente, 1 de abril de 1933, se ponía en marcha un boicot a los negocios regentados por judíos. Los oficiales de las SA montaron guardia en las puertas, impidiendo la entrada a cualquier persona. El boicot también alcanzaba a los profesionales; los despachos de abogados o las consultas de los médicos judíos recibían la visita de las patrullas de las SA para comprobar que el boicot se llevaba a cabo. ¿Cuál era el motivo aducido por las autoridades nazis para alentarlo? Según la propaganda, se trataba de una medida de defensa y revancha por las calumnias que supuestamente los judíos vertían en el extranjero sobre la nueva Alemania.

En los días siguientes las medidas se endurecerían. Las empresas debían despedir a sus empleados judíos. Mientras tanto, los negocios objeto del boicot estaban obligados a continuar pagando los sueldos de los empleados «arios», lo que obligaba en la mayoría de casos a traspasarlos. Comenzaba de este modo el proceso destinado a desposeer a los judíos de todas sus pertenencias, que culminaría años más tarde con la exploración corporal *post mortem* en busca de dinero o joyas escondidas, una vez asesinados en las cámaras de gas.

En honor a la verdad, aquellas primeras medidas tomadas por los nazis no contaron con la aprobación generalizada de los ciudadanos alemanes. Aunque no se atrevían a entrar en las tiendas pintarrajeadas con símbolos judíos, asustados por la presencia de los matones de las SA, se hizo patente en todo el país un cierto murmullo de desaprobación. Así pues, algunas de las medidas serían retiradas, aunque el objetivo de los nazis se había cumplido: el bacilo del odio hacia los judíos ya había sido inoculado en la sociedad germana.

A partir de entonces, la gente comenzó a hablar sobre la que pérfidamente se denominó «cuestión judía». Se barajaron cifras manipuladas que pretendían demostrar que la cantidad de judíos alemanes caídos en la Primera Guerra Mundial era muy inferior a la que correspondía por su población, mientras se insistía en que la proporción de judíos entre los miembros del Partido Comunista era muy alta. Se comenzó a criticar el hecho de que una parte significativa de los médicos, abogados o periodistas fueran judíos. Se les acusaba también de «extranjerizar» el arte o la ciencia...

La propaganda nazi se encargó de azuzar la animadversión contra los judíos con una intensa campaña de octavillas y carteles, proclamando que eran «seres inferiores» y acuñando la expresión «¡Pereced, judíos!» como consigna para ser repetida en todo momento y que incluso era inocentemente coreada por los escolares. La maquinaria del Holocausto comenzaba pesadamente a ponerse en marcha.

Asesinatos masivos

¿Cuál era la razón de ese odio extremo de Hitler hacia los judíos? Aunque resulte desconcertante, los especialistas no consiguen ponerse de acuerdo en esa cuestión fundamental, por lo que no existe una respuesta unívoca. Aunque el antisemitismo figuraba en el ideario de algunos grupúsculos alemanes de principios de siglo, Hitler hizo del odio a los judíos la línea de fuerza que vertebró su infausto movimiento.

Para algunos, este sentimiento perverso tuvo que nacer fruto de alguna experiencia personal; aunque pudo surgir de alguna vivencia propia durante su estancia juvenil en Viena, se apunta también la posibilidad de que fuera el último período de la enfermedad mortal de su madre el que le hubiera marcado para siempre. Al parecer, un médico judío le administró un tratamiento especialmente doloroso, entonces experimental, que no alcanzó el objetivo deseado y que únicamente consiguió aumentar de modo atroz los padecimientos de su madre. Teniendo en cuenta el desmedido amor que sentía por ella —en sus últimos días en el búnker era la única foto que tenía en la mesita de noche—, así como las extrañas elaboraciones de su mente trastornada, no es de extrañar que hiciese a todos los judíos responsables de aquel supuesto error médico.

De todos modos, es difícil aceptar una explicación tan simplista de un proceso que llevaría al exterminio de seis millones de personas. Más bien habría que pensar que Hitler comprendió a la perfección la necesidad de crear un enemigo exterior que galvanizase a sus seguidores y al que se le pudiera culpabilizar de las deficiencias del sistema, una estrategia que —no por casualidad— han seguido todos los regímenes totalitarios sin excepción. Así pues, el judío se convertía en el gran enemigo del Reich.

Ese odio tendría pronto su plasmación en el aparato legislativo. El 15 de septiembre de 1935 durante el congreso del partido nazi en Nuremberg, se promulgaron las leyes que anulaban el derecho de los judíos a la ciudadanía alemana y prohibían los matrimonios entre judíos y germanos. Aún así, hubo muchos judíos que creían ingenuamente que se trataba del último capítulo de su marginación social, pero estaban equivocados.

Los *Einsantzgruppen* eran unidades móviles de las SS encargadas de asesinar judíos o partisanos en el frente oriental. Sus crueles acciones implicaban el fusilamiento de mujeres, niños o ancianos. En la imagen, unas mujeres judías van a ser ejecutadas tras haberles sido arrebatadas sus escasas pertenencias.

En la noche del 9 al 10 de diciembre de 1938 se produjo un asalto masivo a miles de establecimientos y hogares de propiedad judía, que fueron destrozados y saqueados. Se incendiaron numerosas sinagogas, mientras las turbas nazis atacaban a los judíos que no habían tenido tiempo de ocultarse. Entre 20.000 y 30.000 judíos fueron arrestados y enviados a campos de concentración. Esa jornada sería conocida como la *Kristallnacht*, o «noche de los cristales rotos», y supondría el punto de no retorno hacia el Holocausto.

Pero los judíos no eran las únicas víctimas de la locura nazi. El sector más indefenso de la población, el compuesto por los enfermos mentales, sería el primero en verse desposeído de su único bien: la vida. Entre septiembre de 1939 y agosto de 1941, más de 70.000 personas recibieron una «muerte misericordiosa» —según expresión de Hitler— en el marco de una operación que se llevó a cabo en el mayor de los secretos.

Este asesinato masivo serviría de campo de ensayo para el que posteriormente se llevaría a cabo con los judíos. Los enfermos eran seleccionados por los médicos y trasladados a supuestos centros de tratamiento. Una vez allí, se les introducía en salas de inhalación recubiertas de azulejos, con falsas duchas en el techo; el gas penetraba a través de unos orificios hasta que todos morían. A los cadáveres se les arrancaban los dientes de oro y después eran incinerados en hornos crematorios.

A los confiados familiares se les enviaba una carta en la que se les comunicaba el fallecimiento de su pariente debido a causas naturales. Sin embargo, la población comenzaba a sospechar que algo extraño ocurría con sus enfermos mentales; se prohibía cualquier visita a los centros mientras que, por ejemplo, había a quien le llegaba una carta indicando como causa de la muerte una apendicitis aguda, cuando a su familiar le habían extirpado el apéndice años atrás.

Quizás para evitar que la cara más terrible del Tercer Reich fuera descubierta, esta operación sería suspendida en el verano de 1941, pero la experiencia acumulada durante este holocausto a pequeña escala sería decisiva para organizar el exterminio de toda la población judía de Europa.

La conferencia de Wannsee

La red de campos de la muerte y la consiguiente maquinaria destinada a conducir allí a toda la población que iba a ser asesinada no se pondría oficialmente en marcha hasta principios de 1942, pero en realidad la eliminación física de inocentes se había iniciado prácticamente desde el primer día de guerra. Durante los avances a través de Polonia, las SS llevaron a cabo matanzas entre la población civil, especialmente judíos, que provocaron incluso las quejas airadas de los oficiales de la *Wehrmacht*, que creían ingenuamente que Hitler no tenía conocimiento de ello.

Estas acciones sangrientas se repetirían a gran escala y de forma sistemática durante la Operación Barbarroja. Los soldados alemanes iban avanzando por las inmensas llanuras rusas y tras ellos marchaban los llamados *Einsatzgruppen*, unos pelotones de exterminio formados por la Policía de Seguridad y miembros de las SS.

El procedimiento era siempre el mismo. Cuando una localidad caía en manos de los alemanes, se citaba públicamente a la población judía para que acudiera con sus pertenencias a un punto de reunión, normalmente al amanecer. Una vez concentrados, se les hacía formar y caminar en filas hacia algún bosque cercano. Al llegar al punto de destino, se les obligaba a desnudarse y a correr a través de un túnel humano formado por guardianes de las SS, hasta llegar a unas zanjas. Aquí se les mandaba arrojarse a ellas y colocarse boca abajo en el fondo de la misma, formando filas apretadas. Este método era conocido con el expresivo nombre de *sardinenpackung*. Después, los soldados los ejecutaban mediante un disparo en la nuca, un *Genickschüssen*.

Seguidamente, otro grupo de judíos entraba en la zanja y se colocaba sobre los que habían muerto y la operación se repetía. Cuando la fosa estaba llena, unos prisioneros judíos se encargaban de taparla con tierra. Sin embargo, en la mayoría de ocasiones un buen número de personas quedaban malheridas y eran enterradas vivas. Según testimonios posteriores, los alemanes se sorprendían del hecho de que los que iban a ser asesinados no ofreciesen ningún tipo de resistencia.

Mediante este brutal método de asesinato fueron eliminadas cerca de un millón de personas. Además de judíos, se procedió a la ejecución de partisanos, comisarios políticos o supuestos elementos comunistas. Para cumplir con las cantidades asignadas para cada uno de los responsables, no se dudaba en matar incluso a personas atrapadas al azar, acusándolas de colaborar con los partisanos.

Pero el 15 de agosto de 1941 sucedió un hecho que cambiaría diametralmente el desarrollo de estas matanzas. El jefe de las SS, Heinrich Himmler, se encontraba de visita en la ciudad bielorrusa de Minsk, cuando pidió asistir a una ejecución. Paradójicamente, hasta ese momento Himmler no había visto nunca matar a un hombre. Así pues, se organizó el asesinato de un centenar de prisioneros en un bosque al norte de la ciudad.

Las víctimas fueron conducidas en camiones a las zanjas que se habían cavado con anterioridad. Se les obligó a bajar y se puso en práctica el terrible método del *sardinenpackung*. Al parecer, Himmler, además de pálido, estaba extremadamente nervioso y no paraba de moverse, mirando hacia otro lado cuando oía los disparos.

Himmler se mostró especialmente alterado cuando los encargados de efectuar el tiro en la nuca, acusando también la tensión, comenzaron a fallar los disparos. Los gritos de los prisioneros malheridos hicieron exclamar al jefe de las SS: «¡Disparad! ¡Daos prisa y matadlos!».

Pero cuando Himmler perdió los nervios de un modo definitivo —según un testigo— fue en el momento en que los fragmentos de un cerebro salpicaron su cara; fue entonces cuando sufrió arcadas, aunque no llegó a vomitar. El jefe de las SS comprendió al instante las noticias que tenía sobre los numerosos casos de crisis nerviosas que se daban entre los soldados que participaban en las masacres.

Aunque pueda dar la sensación de que los verdugos eran monstruos insensibilizados, en realidad tuvieron que vencer en un primer momento las lógicas reservas morales sobre el crimen que estaban cometiendo. Como es de suponer, la primera vez que un soldado asesinaba mujeres y niños indefensos suponía para él una experiencia traumática insoportable. Muchos vomitaban o sentían fuertes dolores físicos durante o después de las ejecuciones. Otros intentaban por todos los medios librarse de esa responsabilidad; apuntaban su arma al lado de la víctima o simplemente abandonaban el lugar con alguna excusa y no aparecían hasta que todo había finalizado. Hubo quien se negó rotundamente a disparar a inocentes; el ser o no castigado por esa desobediencia dependía de la benevolencia del oficial al mando, aunque la consecuencia de esta heroica actitud era verse relegado por los compañeros, que consideraban al objetor como un desertor.

Empujados por un falso espíritu de camaradería y, si era necesario, estimulados por la ingestión de alcohol —que se realizaba en el mismo lugar de la ejecución—, los soldados alemanes lograban romper sus últimas barreras morales. Aunque resulte sorprendente, los oficiales solían prescindir de los hombres que daban muestras de crueldad gratuita o que se ensañaban con sus víctimas; eso delataba algún tipo de desequilibrio psíquico que en algún momento podía girarse en contra del grupo, por lo que el soldado era apartado y enviado a la retaguardia para evitar que se resintiese la disciplina general. Lo que se esperaba del soldado alemán es que obedeciese de forma mecánica, fría e impersonal, convirtiendo el exterminio en una labor rutinaria y exenta de cualquier tipo de sentimiento en uno u otro sentido.

Pero los oficiales no podían cerrar los ojos ante la progresiva e inevitable brutalización de sus hombres, por lo que se acabó recurriendo a extranjeros, principalmente procedentes de los Países Bálticos, para que fuesen ellos quienes efectuasen las ejecuciones. Así pues, los soldados alemanes acabaron limitándose a ordenar el traslado de los prisioneros y a coordinar las acciones, dejando el *trabajo sucio* a los estonios o los letones.

De todos modos, desde el punto de vista de los verdugos, este sistema presentaba numerosos inconvenientes. Era costoso en gasto de munición, minaba psicológicamente a las tropas, existían también muchos testigos potenciales de los asesinatos y los cadáveres podían reaparecer en el futuro con consecuencias imprevisibles.

Las descripciones que llegaron a oídos de Himmler de otras ejecuciones, como una en Ucrania en la que se emplearon granadas, hachas y perros de presa, convirtiéndose en una matanza propia del medioevo en la que morirían 16.000 judíos, acabaron por convencerle de que debía poner fin a aquellas orgías de sangre y aplicar la técnica y la organización germanas a aquel exterminio masivo. Siguiendo el habitual cinismo nazi, había que encontrar un método más impersonal, más *humano*, pero una *humanidad* referida a los verdugos, no a las víctimas.

Bajo la batuta de Himmler, se hicieron numerosos ensayos. En una ocasión se intentó eliminar a un grupo de personas introduciéndolas en un búnker y haciendo explotar en su interior una carga de dinamita. El resultado fue la voladura del propio búnker, quedando los fragmentos de los cuerpos esparcidos en decenas de metros a la redonda.

También se hicieron pruebas para envenenar a las víctimas con monóxido de carbono en habitaciones selladas. En la mayoría de ocasiones, debido a la insuficiente potencia de los motores empleados, tan sólo se conseguía aturdirlas. Más éxito tuvieron los ensayos realizados con camiones convertidos en cámaras de gas, utilizando el propio tubo de escape, cuyo funcionamiento ya está documentado en la invadida Polonia en 1940 y que comenzó a emplearse en Rusia en septiembre u octubre de 1941.

Pero en ese momento de duda sobre el método a seguir para continuar las matanzas, se recurrió a los expertos que habían llevado a cabo el asesinato en masa de los enfermos mentales, una operación que había finalizado formalmente en el verano de 1941. Su experiencia sería fundamental para poner en marcha la Solución Final.

El impulso decisivo partiría del propio Hitler. Aunque cuesta comprender la relación entre ambos hechos, la declaración de guerra a Estados Unidos tras el ataque a Pearl Harbor animó a Hitler a dar la orden de exterminar físicamente a todos los judíos europeos. Pese a que el dictador alemán se cuidó de que su firma no figurase en ningún decreto que ordenase directamente el asesinato masivo, en los días posteriores mantuvo una serie de reuniones para coordinar la gigantesca operación de exterminio que iba a producirse.

La puesta en marcha definitiva de la Solución Final se produciría el 20 de enero de 1942, cuando 14 funcionarios dirigentes de la administración ministerial y las SS se reunieron en una apacible villa en Wannsee, junto a un bucólico lago cercano a Berlín, para organizar la denominada Solución Final al *problema* judío. En ese lugar, bajo la presidencia de Reinhard Heydrich, jefe de la Oficina Central de la Seguridad del Reich (RSHA), y con el teniente coronel de las SS Adolf Eichmann como secretario, se coordinaron los esfuerzos de todos los estamentos del Reich para conseguir la eliminación física —calificada eufemísticamente de *tratamiento adecuado*— de 11 millones de personas.

En esa reunión, conocida oficialmente como conferencia de *Staatssekretäre* (subsecretarios del gobierno), aunque pasaría a la historia con el nombre de la villa en la que se celebró, se estableció el complejo sistema que a partir de ese momento se seguiría para la ejecución de los judíos.

EL HOLOCAUSTO, EN MARCHA

En 1942, el régimen nazi contaba ya con una extensa red de campos de concentración, bajo el mando de las SS de Heinrich Himmler. El primero, Dachau, había sido inaugurado en 1933, en una de las primeras decisiones de los nacionalsocialistas al llegar al poder. A partir de entonces, el número de campos continuó creciendo, ante la llegada masiva de nuevos internos, ya fuera por motivos políticos, o por tratarse de mendigos, prostitutas, homosexuales, Testigos de Jehová, gitanos, personas aquejadas de enfermedades venéreas, alcohólicos, «psicópatas» e incluso «infractores de las normas de circulación», considerados todos ellos como «asociales incontrolables».

A finales de 1938, el número de internos sería de unos 24.000. Buchenwald, Flossenburg, Gusen, Sachsenhausen o Mauthausen verían la luz durante este período. Antes de la

Evacuación del gueto de Cracovia en 1943. Esta columna de judíos se dirige a una muerte cierta, pese a que han recibido la promesa de ser trasladados al este para trabajar. Su destino real son las cámaras de gas.

guerra los judíos aún no eran arrestados masivamente, aunque la Noche de los Cristales Rotos se saldó con la detención de unos 2.000, incluidos niños o ancianos. Poco después serían enviados a los campos unos 13.000, a los que se les devolvería la libertad después de donar *voluntariamente* sus pertenencias al Reich. Durante esa primera fase, aunque la muerte en los campos siempre estaba presente, el asesinato de los internos no constituía la finalidad del sistema, sino —al menos en teoría— la «rehabilitación».

Tras el estallido de la guerra, los campos se poblarían de prisioneros de guerra polacos y, a partir del verano de 1941, de rusos. Si antes los detenidos se contaban por decenas de miles, ahora se convierten en centenares de miles. Esto obliga a ampliar los campos y a crear nuevas instalaciones. El 14 de junio de 1940 se inaugura Auschwitz, con la llegada de un convoy de prisioneros polacos compuesto por 728 personas. Éste sería el primer campo en el que se llevarían a cabo matanzas masivas; en diciembre de 1941 se ejecutan las primeras operaciones de gaseado, en este caso con prisioneros rusos.

Por lo tanto, los funcionarios reunidos en Wannsee disponían ya de la infraestructura necesaria para organizar el Holocausto. La red de campos de concentración existente serviría para este propósito, pero se crearía un nuevo concepto de campo que sería el hecho diferenciador con otros regímenes totalitarios del siglo XX. Esta deleznable novedad sería la de los campos de exterminio.

Hasta entonces, los internos que fallecían lo hacían como resultado de las terribles condiciones de trabajo o la escasa alimentación. Algunos de esos campos disponían de instalaciones industriales que eran utilizadas por las principales empresas alemanas, aprovechando la mano de obra esclava que les ofrecían las SS. Pero los campos de exterminio tenían como única y exclusiva misión eliminar físicamente al mayor número de personas en el menor tiempo posible.

Belzec, Sobibor, Treblinka y Chelmno constituirían esa terrible geografía del horror. Estos campos disponían de unas instalaciones mínimas. Junto a la vía férrea se construía una estación de aspecto agradable, pintada de vivos colores y con flores en las falsas ventanas, a la que llegaban los deportados, en su mayoría judíos procedentes de los guetos polacos. Desde allí eran conducidos al campo y se les hacía entrar en unos vestuarios en donde debían desnudarse. Seguidamente entraban en una supuesta sala de duchas, en donde sufrían el envenenamiento por gas. Tan sólo se libraban momentáneamente de morir los que eran escogidos para calmar y tranquilizar a los deportados cuando llegaban al campo, o bien para realizar las labores de cremación de los cadáveres.

En otros campos, como Auschwitz, Birkenau o Majdanek, también se seguía este proceso, pero existía la posibilidad de ser seleccionado para permanecer como interno, aunque lo más probable es que se acabase muriendo igualmente, víctima del cansancio, el hambre o los castigos. También existía la aterradora posibilidad de ser escogido para sufrir horribles experimentos médicos; inoculación de enfermedades, calor o frío extremo, amputaciones o trasplantes provocaban sufrimientos indecibles que no acababan hasta que al prisionero se le inyectaba gasolina en el corazón.

Auschwitz, fábrica de muerte

Finalmente, como se ha avanzado, el método empleado para el asesinato masivo sería el envenenamiento por gas. El primer comandante del campo de Auschwitz-Birkenau, Rudolf Höss (no confundir con Rudolf Hess, el lugarteniente de Hitler), explicó en el proceso de Nuremberg cómo se escogió este método. Según su testimonio, visitó Treblinka, en donde su comandante utilizaba monóxido de carbono procedente del motor de un tanque, habiendo causado ya la muerte a 80.000 prisioneros. Pero a Höss no le pareció el sistema más adecuado:

«*Sin embargo —según afirmó en Nuremberg—, sus métodos no me parecieron muy eficaces. Se decidió a su vez, buscando esa eficiencia, por el Zyklon B, ácido prúsico cristalizado o cianhídrico que dejábamos caer en la cámara mortuoria a través de una pequeña abertura. Dependiendo de las condiciones atmosféricas, bastaban entre tres y quince minutos para que el gas hiciera efecto*».
«*Sabíamos que estaban muertos —continúa Höss— cuando dejaban de gritar. Esperábamos una media hora antes de abrir las puertas y sacar los cuerpos. Tras ello, nuestros comandos especiales les quitaban las sortijas y los anillos, lo mismo que los dientes de oro*».

Las *mejoras* introducidas por el comandante de Auschwitz se vieron reflejadas en las estadísticas. Mientras que en Treblinka sólo se podían matar dos centenares de personas en cada uno de estos asesinatos masivos, Höss lograba quitar la vida a más de 2.000 personas; teniendo en cuenta que el proceso de gaseado podía

Evacuación del gueto de Cracovia en 1943. Esta columna de judíos se dirige a una muerte cierta, pese a que han recibido la promesa de ser trasladados al este para trabajar. Su destino real son las cámaras de gas.

repetirse unas diez u once veces por día, la cifra total de prisioneros ejecutados rondaba los 22.000 diarios, lo que pone en evidencia la terrible eficacia demostrada por Höss.

Auschwitz se convertiría para siempre en el símbolo del horror nazi. La maldición sufrida por esta pequeña población polaca situada a unos 70 kilómetros al sudeste de Cracovia, y de la que tomó su nombre el campo, ha llegado hasta la actualidad; pese a que ahora su nombre oficial es Oswiecim, sus agricultores se ven forzados a ocultar la procedencia de sus productos, puesto que en los mercados nadie desea comprar frutas u hortalizas cultivadas allí.

Además de la apropiación por parte de las SS de las joyas y el dinero de los deportados, en Auschwitz se llevaría a cabo el tratamiento industrial de los cadáveres, conformando un auténtico glosario del horror. Aunque no se ha demostrado que se llegase a fabricar jabón con la grasa de los cuerpos, sí que se ha probado que las cenizas y los huesos triturados eran vendidos como fertilizante, mientras que el cabello era utilizado como aislante en los submarinos o para fabricar zapatillas para sus tripulaciones. Cuando el Ejército Rojo liberó el campo el 27 de enero de 1945, los soviéticos encontraron allí unos 7.000 kilos de cabello humano, que una fábrica de fieltro alemana compraba a 500 marcos la tonelada.

Desgraciadamente, la llegada de los rusos solamente pudo suponer el rescate de unos 7.000 prisioneros. Ante el avance soviético, las SS habían evacuado a unas 60.000 personas en una penosa marcha hacia el oeste, que dejó los caminos sembrados de cadáveres. En el complejo de Auschwitz quedaron unos 10.000 reclusos, incapaces de moverse. Algunos se aventuraron a huir, aprovechando que las alambradas ya no estaban electrificadas y que no había centinelas, aunque la mayoría optó por quedarse. Pero una unidad de las SS en retirada pasó por Auschwitz y asesinó salvajemente a dos millares más de víctimas antes de marcharse. Muchos de los que sobrevivieron para ver llegar a sus liberadores morirían en los días siguientes debido a su extrema debilidad.

Las estadísticas del horror

De todos modos, los horrores de los campos de concentración podrían llenar cientos o miles de volúmenes como éste, por lo que quizás sea más significativo conocer los resultados de aquel exterminio ordenado por Hitler, pese a que la frialdad de las cifras nunca pueda sustituir la descripción de aquella tragedia humana sin precedentes.

Tal como se ha apuntado, los funcionarios reunidos en Wannsee proyectaron el asesinato de unos 11 millones de personas. Los números finales sobre la cantidad de judíos que perecieron en las cámaras de gas difieren según las fuentes. Esto es lógico, puesto que aunque en algunos casos se llevó una contabilidad exacta de los asesinados, en otros casos no fue así. Teniendo en cuenta estos factores, la hipótesis más baja sería de

4.800.000 y la más alta de 6.500.000, aunque la franja más probable es la situada entre 5.100.000 y 6.000.000 de judíos asesinados.

Según los expertos, si incluimos los bombardeos sobre ciudades, ataques contra la población civil, represalias contra acciones guerrilleras y las persecuciones contra otros grupos étnicos como los gitanos —que pudieron sufrir medio millón de víctimas—, el número total de víctimas del nazismo podría elevarse a 18 millones de personas.

Por países, el más castigado fue la Unión Soviética, con más de siete millones y medio de muertos, seguido de Polonia, que sufrió la pérdida de cinco millones de sus habitantes. Miles de judíos procedentes de Francia, Holanda, Bulgaria, Rumanía, Hungría o Italia, además de miles de republicanos españoles, completan el mapa del terror nazi en Europa.

Por campos de exterminio, el más mortífero fue el de Auschwitz-Birkenau, con cerca de dos millones de víctimas; seguido de Treblinka, con 700.000; Belzec, con 600.000; Majdanek, con 400.000; Chelmno, con 350.000 y Sobibor, con 250.000, todos ellos en Polonia. Los campos situados en territorio alemán o austríaco, como Dachau o Mauthausen entre otros, aportarían otro millón y medio de muertos a estas espantosas estadísticas, a causa del trabajo agotador, la mala alimentación, el frío, las torturas, los experimentos médicos, las enfermedades o las ejecuciones.

Mientras tanto, el mundo permanecía ignorante de lo que sucedía en los campos de concentración nazis, aunque entre las potencias aliadas circulaban informaciones sobre los detalles de la operación de exterminio que se estaba llevando a cabo, gracias a los mensajes descifrados por los servicios secretos.

La realidad es que los Aliados no hicieron nada concreto para colapsar el sistema de deportación; aunque disponían de fotografías aéreas de Auschwitz en donde se veía con claridad el humo que surgía de los hornos crematorios, los aviones no bombardearon la vía férrea que conducía al campo, tal como reclamaba una y otra vez la resistencia polaca.

Pese a que aún hoy es motivo de debate, desde el Vaticano tampoco se llevó a cabo ninguna acción enérgica contra el Holocausto, pese a contar con información de primera mano; las condenas morales con sordina efectuadas por Pío XII no ejercieron ningún tipo de presión sobre el Tercer Reich para que detuviese su furia asesina.

Pero la responsabilidad del Holocausto no hay que buscarla, obviamente, fuera de Alemania. Desde el momento en el que la población germana comenzó a descubrir los crímenes que se habían consumado en nombre de su país, un sentimiento de incredulidad, primero, y vergüenza, después, embargó a todos aquellos que habían permitido que su nación quedase en manos de un vesánico visionario.

Interior de uno de los barracones del campo de concentración de Buchenwald. Las penosas condiciones de vida de estos deportados les hacía ser víctimas de todo tipo de enfermedades. Pocos de ellos sobrevivieron.

Tras la liberación de los campos situados en el oeste de Alemania por las tropas aliadas, los soldados norteamericanos y británicos trasladaron a los lugareños a aquellos recintos y los obligaron a caminar entre los cadáveres esqueléticos de los que allí habían dejado su vida.

Quién sabe si entre aquellos encogidos alemanes, forzados a enfrentarse a ese panorama de crueldad inimaginable, se encontraba alguno de los lectores que soportaron en silencio la irrupción de la brutalidad nazi en aquella biblioteca de Berlín.

ROBO DE NIÑOS

La justificada focalización de la barbarie nazi en el Holocausto ha eclipsado otros aspectos de la cruel represión a la que fue sometida la población en la Europa que se encontraba bajo el control del Tercer Reich. Una de las tragedias que, aunque no significó la muerte de sus víctimas, sí que destrozó a miles de familias fue la del robo de niños por parte de los alemanes en los territorios ocupados, especialmente en Polonia. Allí, un total de 250.000 niños, incluso bebés, fueron arrebatados a sus padres con engaños o por la fuerza, con la excusa de que debían ser sometidos a una serie de pruebas para su futura escolarización.

Los exámenes estaban destinados en realidad a detectar características raciales adecuadas para que los niños pudieran ser germanizados. Los que no cumplían esos requisitos eran devueltos a sus padres o enviados a campos de trabajo. Los que superaban los supuestos cánones de germanidad eran destinados a centros en donde se les preparaba para ser entregados en adopción a familias alemanas que, en muchos casos, acababan de perder algún hijo en el frente.

En cuanto a los padres polacos, éstos recibían una notificación en donde se les informaba de que sus hijos habían sido trasladados a Alemania por motivos de salud y que no podían proporcionarles detalles del lugar en donde se encontraban, aduciendo

Evacuación del gueto de Cracovia en 1943. Esta columna de judíos se dirige a una muerte cierta, pese a que han recibido la promesa de ser trasladados al este para trabajar. Su destino real son las cámaras de gas.

razones de seguridad. Cuando los padres exigían la entrega de sus hijos no recibían ningún tipo de respuesta.

Si este secuestro masivo tuvo dramáticas consecuencias para los padres originales, la tragedia se repetiría una vez finalizada la guerra. Las Naciones Unidas establecieron un programa para devolver a los niños a sus familias, pero se encontraron con que la mayoría de ellos se encontraban felices y plenamente integrados en las familias alemanas que los habían adoptado, convencidas de que sus padres habían muerto.

La terrible decisión de arrancarlos de sus casas para enviarlos a una empobrecida Polonia, una vez que muchos de ellos habían olvidado por completo el idioma polaco, dio origen a muchas dudas sobre el acierto de esta medida, pero aún así prevaleció el inalienable derecho de los padres a recuperar a sus hijos. Desgraciadamente, el trauma de la separación marcaría a esos niños para el resto de sus vidas, al ocasionarles graves perjuicios psicológicos, perpetuándose así el crimen cometido en su día por los nazis. En total, unos 40.000 niños polacos regresaron con sus padres.

El caso de los niños que procedían de familias rusas, ucranianas o de los Estados Bálticos sería aún más sangrante. La mayoría de ellos fueron separados de sus familias de adopción en Alemania y concentrados en orfanatos, a la espera de poder ser enviados a la Unión Soviética. No obstante, la fricción existente entre las potencias occidentales y Moscú obstaculizó este regreso, por lo que muchos de estos niños acabarían siendo trasladados a orfanatos de Canadá o Australia. Tan sólo unos centenares volverían junto a sus progenitores en Rusia, por cauces extraoficiales. Pero hubo muchas otras familias en toda Europa Oriental, como las yugoslavas, que no volvieron a saber nada más de sus hijos.

EL CASTIGO A LOS CULPABLES

Una vez derrotado el Tercer Reich, el descubrimiento de los crímenes cometidos por los nazis estremeció al mundo. Las potencias vencedoras coincidieron en que era necesario castigar con dureza estos abominables delitos para que nunca más volvieran a ocurrir.

Sin embargo, pese a la magnitud de aquella ola homicida, fueron muy pocos los que tuvieron que rendir cuentas ante un tribunal. Se produjo un caso singular de difusión de la culpa; cada uno de los participantes directos se escudaba en la obediencia a sus superiores, una cadena que terminaba en la cúspide de la organización criminal de las SS. Como su jefe, Heinrich Himmler, se había suicidado al ser apresado por los Aliados, teóricamente se evaporaba cualquier responsabilidad en el asesinato de 14 millones de personas.

Naturalmente, esta apelación a la obediencia debida no fue aceptada, pero es innegable que dificultó la atribución de responsabilidad penal a los ejecutores de aquellos crímenes. En el proceso de desnazificación llevado a cabo por los Aliados occidentales entre 1945 y 1950, fueron juzgados 60.000 alemanes acusados de crímenes de guerra; pese a que existían indicios de

Las tropas norteamericanas, horrorizadas, no podían creerse lo que vieron al entrar en el campo de Buchenwald. Más tarde obligarían a la población civil alemana a contemplar estas montañas de cadáveres.

que todos ellos habían participado de una manera u otra en esas acciones, tan sólo 806 fueron condenados a muerte, cumpliéndose la pena en 486 casos.

De todos estos procesos, el más importante fue el celebrado en Nuremberg entre el 20 de noviembre de 1945 y el 1 de octubre de 1946. Por primera vez en la historia, un tribunal de vencedores juzgaba a los vencidos como criminales de guerra. Pese a este discutible planteamiento del juicio, se logró que una parte de los jerarcas nazis rindiese finalmente cuentas por sus fechorías. Aunque las sentencias a muerte pueden calificarse de justas en personajes tan siniestros como Ernst Kaltenbrunner o Hans Frank, otros como Wilhelm Keitel o Alfred Jodl fueron igualmente ajusticiados sin que hubiesen sobrepasado durante la contienda su papel militar. En cambio, Hermann Goering —que se suicidó poco antes de subir al patíbulo— o Julius Streicher fueron condenados a la máxima pena como representantes de la ideología que había alimentado ese régimen criminal.

Aunque las sentencias de muerte emitidas en Nuremberg se cumplieron, muchos de los juzgados en otros procesos acabaron siendo puestos en libertad, debido a la política de amistad y colaboración de Estados Unidos y la República Federal de Alemania, con el agravante de que, legalmente, nunca más podrían volver a ser juzgados.

En 1958, las autoridades germanas crearon una agencia destinada a investigar los crímenes del nazismo, localizando a más de 100.000 sospechosos. De éstos, sólo 6.000 serían sometidos a juicio, dictándose la pena de muerte a 13 de ellos. Aunque a comienzos del siglo XXI aún permanecía abierta una cincuentena de investigaciones, la percepción generalizada es que la mayoría de crímenes nazis han quedado impunes. El caso más desalentador fue el del doctor Josef Mengele, que nunca tuvo que rendir cuentas ante un tribunal por sus horripilantes experimentos médicos en Auschwitz; murió ahogado en una playa brasileña en 1979.

Pero la mayor paradoja en lo que hace referencia a los crímenes del nazismo es que su máximo responsable, Adolf Hitler, hubiera podido eludir también su culpa en este asesinato masivo. La realidad es que no existe ningún documento en el que la firma del dictador germano lo impulsase o respaldase, lo que ha hecho a algunos plantear la disparatada tesis de que lo desconocía.

En realidad, el *Führer* estaba plenamente informado de todos los detalles del Holocausto y coordinaba los detalles de estos crímenes en conversaciones privadas con Himmler. De las órdenes que impartía no quedaba constancia por escrito, por lo que, en un surrealista desenlace al mayor crimen cometido en la historia de la humanidad, propio del desquiciado siglo XX, en un hipotético juicio su principal causante hubiera podido quedar absuelto por ausencia de la prueba incriminatoria.

10 LA CAMPAÑA DE ITALIA

LA ITALIA DE BENITO MUSSOLINI no fue un aliado demasiado útil para Alemania. Las decisiones del *Duce* supusieron en la mayoría de casos un contratiempo para Hitler, que no alcanzaba a ver las ventajas que le proporcionaba ser su aliado. Esta falta de coordinación entre Berlín y Roma, que sería aún mayor con el tercer elemento del Eje, Tokio, contrastaba con la sintonía casi total de los Aliados, especialmente entre los occidentales.

Tanto la necesidad de embarcarse en una campaña en el norte de África, como el retraso en el lanzamiento de la Operación Barbarroja, fueron debidos a las decisiones equivocadas de Mussolini que, con una actitud casi infantil, pretendía emular los éxitos militares de Hitler. Por su parte, el *Führer* desconfiaba, no tanto del *Duce* —con el que mantuvo una excelente relación de amistad hasta el último momento— como de los italianos en general, por lo que solía mantener sus planes secretos lejos del conocimiento de su aliado, que en ocasiones se enteraba de las acciones de Hitler después de que lo hiciera el bando enemigo.

Soldados a comienzos de la Campaña de Sicilia.

Pese a la escasa capacidad del pueblo italiano para mantener una guerra total como la que se estaba llevando a cabo, para Alemania era preferible que el país transalpino militase en su mismo bando. Su posición geográfica convertía a Italia en la pieza fundamental de la defensa del Mediterráneo, siendo imposible mantener el control del sur del continente sin contar con ella.

Por otro lado, los Aliados sabían que Mussolini era el eslabón más débil de la cadena del Eje. Si Italia caía, el Mediterráneo pasaría a ser un *lago aliado* y podría destinarse un buen número de efectivos a la invasión que debía lanzarse en las costas francesas.

Tal como hemos visto anteriormente, los Aliados habían conseguido expulsar a las tropas alemanas e italianas del norte de África en mayo de 1943. Ahora se abría un prometedor abanico de posibilidades; podían trasladarse todas las tropas a Inglaterra para abrir el segundo frente en el continente o uno alternativo en Noruega, era factible atacar directamente Córcega, Cerdeña o Grecia o incluso no se descartaba realizar un desembarco en España.

Finalmente se decidió seguir adelante con el plan acordado en enero de 1943 en la Conferencia de Casablanca, en la que Roosevelt y Churchill habían escogido Sicilia como el siguiente objetivo de los Aliados. Pese a ser éste el más obvio, puesto que las tropas se encontraban en la cercana Túnez, los servicios de inteligencia británicos consiguieron mediante hábiles engaños que los alemanes creyesen que la invasión se produciría en Grecia. Hitler *picó* en el anzuelo y desvió numerosas fuerzas destinadas en Italia para frenar ese desembarco en tierras helenas que nunca se produciría.

DESEMBARCO EN SICILIA

La isla de Sicilia era la puerta de entrada del sur de la península itálica. Pero antes de desembarcar en ella era necesario romper el sistema de defensas que la protegía. Un cordón de pequeñas islas fortificadas situadas entre Sicilia y la costa africana estaba dispuesto para rechazar cualquier intento de invasión. La más importante era la de Pantellaria, en la que se había venido construyendo desde los años veinte una compleja red de túneles, troneras y nidos de ametralladora; en palabras de Mussolini, constituía «el rompeolas de Sicilia y el portaaviones de Italia».

Pantellaria fue atacada el 1 de junio de 1943. Tras un intenso bombardeo, que afectó a las escasas reservas de agua de la isla, los 15.000 soldados de la guarnición se rindieron. Lo mismo ocurriría en las islas de Lampedusa y Linosa, cuyos defensores agitaron de inmediato la bandera blanca de la capitulación. La única baja que tuvieron que contabilizar los Aliados fue la un soldado inglés que al desembarcar en la playa fue mordido por un burro, lo que ilustra las facilidades que concedieron las escasamente combativas tropas italianas.

La rápida caída de las tres islas fortificadas que debían proteger el camino de Sicilia era un indicio de que los italianos abrigaban la intención de salir de la guerra lo más pronto posible, algo a lo que los alemanes no permanecieron ajenos.

Los Aliados ya podían contemplar en el horizonte la isla de Sicilia. Al mando de la operación estaría el poco carismático pero siempre eficiente general Eisenhower. El veterano general inglés Harold Alexander se situaría al frente de las tropas terrestres, compuestas por el VIII Ejército del general Montgomery y el VII Ejército norteamericano del general Patton. Así pues, la casualidad quiso que en Sicilia se combinase un cóctel explosivo formado por los dos militares con el ego más exaltado de todos los que participaron en la Segunda Guerra Mundial. Como se comprobaría más adelante, Sicilia sería una isla demasiado pequeña para albergar los respectivos orgullos de Patton y de *Monty*.

El plan, denominado Operación *Husky*, era aparentemente sencillo, pese a que luego se desarrollaría de forma muy diferente. Montgomery desembarcaría en el sudeste de la isla para avanzar hacia el norte, en dirección a Messina, el punto más cercano a la *punta de la bota* italiana. De este modo se cerraría la vía de escape de las tropas del Eje y se procedería a la liquidación de la enorme bolsa resultante.

Mientras tanto, a Patton se le encargó la labor más sacrificada; sus tropas desembarcarían en la región sudoccidental y se desplazarían hacia el norte cubriendo en todo momento el flanco del triunfal avance de *Monty*. Era previsible que los hombres de Patton fueran los que sufriesen más bajas, mientras que a los soldados del VIII Ejército, protegidos siempre por los norteamericanos, les correspondería el honor de recibir los laureles al llegar a Messina.

Naturalmente, al irascible Patton le enojó la idea de hacer de guardaespaldas de Montgomery, pero el plan se había diseñado así por criterios políticos, puesto que hasta ese momento los británicos habían soportado todo el peso de la guerra y Churchill deseaba ofrecer a sus compatriotas un motivo de celebración tras muchos sinsabores. Así pues, Patton acató las órdenes, pero en lo más profundo de su ánimo se resistía a representar ese papel de simple comparsa...

El 10 de julio de 1943 se efectúa el desembarco en las playas sicilianas, tras una tormenta que había dejado un fuerte viento. Durante la madrugada se habían lanzado paracaidistas para despejar el camino por el que debían avanzar las tropas, entablando los primeros combates contra soldados alemanes. Pese a la débil resistencia de los italianos, Montgomery se ve en dificultades para proseguir por la costa rumbo a Messina, por lo que solicita permiso al general Alexander para traspasar el límite asignado, apropiándose así del terreno que estaba reservado a Patton. Por lo tanto, Patton debería trasladar su línea de avance aún más al interior, a un terreno montañoso que pondría en graves dificultades a sus hombres.

El general norteamericano, ya de por sí muy molesto con la deslucida misión que se veía forzado a acometer, considera que esa petición de Montgomery es una *declaración de guerra*, por lo que a partir de ese momento opta por tomar sus propias decisiones.

La capital de Sicilia, Palermo, está situada en la costa norte de la isla, por lo que quedaba fuera del avance de los Aliados; Patton solicita al general Alexander poder dirigirse directamente hacia allí, con la intención de seguir hacia Messina por la costa. A

Alexander no le parece mal la idea como recurso para desbloquear la situación, puesto que en ese momento la invasión de la isla marchaba con retraso, así que da permiso a Patton para tomar la carretera de Palermo. Pero Montgomery, al enterarse de la noticia, monta en cólera y reclama que Patton no se despegue de su flanco, por lo que Alexander, conocedor del carácter audaz de Patton, envía al norteamericano un inequívoco mensaje: «¡Deténgase de inmediato!».

Cuando Patton recibe la contraorden, los motores de sus tanques ya están en marcha para lanzarse sobre Palermo; pero un simple mensaje no va a disuadirle de su encuentro con la gloria, así que ordena a su oficial de radio que, pasadas unas horas, envíe una comunicación asegurando que existen problemas de recepción y solicitando que lo vuelvan a transmitir.

Los veloces tanques de Patton no se detienen hasta llegar a la capital de Sicilia y Patton hace la entrada triunfal en Palermo en 22 de julio, para enfado de Alexander y, sobre todo, de Montgomery, que se encuentra empantanado en su avance sobre Messina.

La toma de Palermo tendría una consecuencia inesperada. Ante la evidencia de que más pronto que tarde Sicilia caería en manos aliadas y que, por tanto, la invasión de la península era inevitable, el rey de Italia, con el apoyo de las altas esferas políticas y militares, depuso a Mussolini para facilitar así la salida de la guerra. En su lugar nombró primer ministro al mariscal Pietro Badoglio.

Una vez capturada Palermo, Patton se dirige hacia Messina, estimulado por el apetitoso acicate de adelantarse a Montgomery. Se inicia así el avance en dirección a Messina que pretende ser rápido, pero que los alemanes se encargan de entorpecer.

Tanto Patton como Montgomery se encuentran con grandes obstáculos para cubrir unos pocos kilómetros. Los motivos son los que se repetirán luego en la península italiana; los alemanes proceden a volar las carreteras, puentes y túneles que atraviesan las montañas e instalando posiciones artilleras elevadas para hostigar los trabajos de reconstrucción. Cuando los zapadores aliados logran improvisar un paso, tan sólo es para volver a

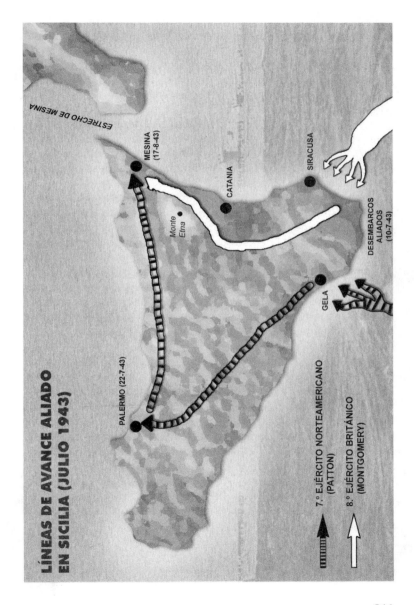

LÍNEAS DE AVANCE ALIADO
EN SICILIA (JULIO 1943)

ESTRECHO DE MESINA

MESINA (17-8-43)

CATANIA

SIRACUSA

Monte Etna

DESEMBARCOS ALIADOS (10-7-43)

GELA

PALERMO (22-7-43)

7.º EJÉRCITO NORTEAMERICANO (PATTON)

8.º EJÉRCITO BRITÁNICO (MONTGOMERY)

encontrarse un poco más adelante con otro tramo destruido. Esta defensa organizada por los alemanes posibilitó la evacuación de todas sus fuerzas motorizadas a la península.

Finalmente, Montgomery se presenta a las puertas de Messina el 17 de agosto, pero se lleva una desagradable sorpresa: una avanzadilla del VII Ejército de Patton ha alcanzado la ciudad antes que él, pese a que el general norteamericano había tenido que dar toda la vuelta a la isla. El rencoroso *Monty* no olvidaría jamás esa *afrenta*, haciéndoselo pagar a Patton durante la invasión del continente tras el desembarco de Normandía, como se verá más adelante.

Pero no todo serían buenas noticias para Patton. Una visita suya a un hospital de campaña, en la que abofetea a un soldado aquejado de «neurosis de guerra» acusándolo de cobarde, es aireada por la prensa estadounidense, estallando un escándalo de grandes proporciones. La presión de la opinión pública fuerza a Eisenhower a exigir a Patton que se disculpe públicamente ante el soldado y los que estaban presentes durante el lamentable incidente. Aunque Patton cumple la orden con disciplina, su prestigio se verá gravemente comprometido, lo que será determinante para su marginación en las operaciones del Día-D, para indisimulada satisfacción de Montgomery.

Pese al poco edificante espectáculo ofrecido por las dos *prima donnas* de la fuerza aliada en su competición por alcanzar Messina en primer lugar y los retrasos causados por la tenaz resistencia tejida por los alemanes, la invasión de Sicilia había resultado un completo éxito.

El Eje había perdido en la defensa de la isla, entre muertos y prisioneros, cerca de 170.000 soldados, mientras que los norteamericanos habían sufrido 9.000 bajas, por 13.000 de los británicos. Aún así, los alemanes habían conseguido evacuar de Sicilia más de 100.000 soldados junto a la mayor parte de sus vehículos, que constituirían la espina dorsal de las fuerzas que debían impedir el avance aliado por la península.

Un sanitario norteamericano atiende a un compañero herido, ante la mirada compungida de estos aldeanos de la isla de Sicilia. Los soldados aliados serían recibidos como libertadores por los italianos y contarían con su ayuda y colaboración.

LA TRAMPA ITALIANA

Tras la captura de Sicilia, surgieron las dudas en el mando aliado sobre el paso que se debía dar a continuación. Si el objetivo final era alcanzar el corazón de Alemania, era evidente que la península italiana no era el camino más adecuado, puesto que era un callejón sin salida que finalizaba en los Alpes. La única vía para llegar a territorio del Reich era la que estaba prevista que se abriese en el verano de 1944 a través de Francia.

Aún así, se decidió avanzar a través de Italia, aunque la mayor parte del esfuerzo de guerra iría destinado a preparar la invasión a través del Canal de la Mancha. De este modo, la campaña italiana se convirtió en una enmarañada trampa, en la que los Aliados se veían obligados a pujar en esa desafortunada apuesta con más hombres, armamento y munición, mientras que los alemanes, magistralmente dirigidos por el mariscal Albert Kesselring y con una cantidad relativamente pequeña de medios, conseguían taponar con éxito todos los caminos de progresión hacia el norte.

En Italia, los Aliados actuaron de manera improvisada y variando continuamente los objetivos; la fórmula infalible para echar al traste cualquier ofensiva. Si la Operación Barbarroja fracasó debido precisamente a las indecisiones de Hitler, la campaña italiana no se saldó con un desastre aliado gracias a que una batalla de desgaste como ésa solamente podía acabar en derrota germana, pero globalmente puede calificarse como una derrota estratégica de los Aliados.

El único aspecto positivo que entrañaría el avance de norteamericanos y británicos sería la liberación del pueblo italiano del pesado yugo impuesto por los alemanes; un régimen de terror en el que se incluía la ejecución inmediata de sospechosos y de rehenes, la deportación de trabajadores a Alemania y el envío de los judíos a campos de concentración y de exterminio. En cambio, los soldados norteamericanos, en su avance por la geografía italiana, encontraron siempre el calor y la admiración de los naturales del país; muchos de ellos tenían parientes en América y agradecían con entusiasmo las chocolatinas y cigarrillos con que eran obsequiados.

La imagen joven y desenfadada del ejército estadounidense se completaba con la presencia de un innovador vehículo militar que podía adaptarse a cualquier necesidad de transporte, como indicaba el nombre oficial de G. P. (por *general purpose*, utilidad general). Naturalmente, se trataba del popular *Jeep*. Han circulado muchas versiones sobre el origen de este nombre; mientras que el ejército aseguraba que se trataba de una corrupción de las iniciales G. P., otros afirmaban que tenía su origen en un extraño animal africano, *«Eugene the Jeep»*, que acompañaba al popular personaje de dibujos animados Popeye. Lo más probable es que el origen sea una mezcla de ambas procedencias. El *Jeep*, unido a una popularísima bebida de cola que también acompañaba a las tropas allá donde iban, contribuyó a mostrar a Europa toda la atracción del *american way of life*.

Pero la principal preocupación de las autoridades militares aliadas no era cosechar simpatías, sino vencer a los alemanes. Uno de los principales objetivos de la invasión de Sicilia, forzar a la deserción de Italia, se consiguió el 3 de septiembre, cuando el mariscal Badoglio, que había sustituido a Mussolini, aceptó un armisticio. Se había alcanzado el compromiso de que, por el momento, el acuerdo no saliese a la luz para no dejar en una situación comprometida a los soldados italianos, pero los alemanes ya habían procedido a desarmar a las unidades locales, refor-

Soldados canadienses avanzan con cuidado por las calles de la pequeña localidad de Ortona, el 21 de diciembre de 1943. En las filas aliadas del frente italiano combatieron tropas de innumerables países: sudafricanos, nepalíes, indios, neozelandeses, marroquíes o brasileños, entre otros.

zando además las defensas de la península con 26 divisiones propias, ante la inminente deserción italiana.

Ese mismo día, el VIII Ejército de Montgomery ponía pie en la *punta de la bota* italiana, pero no encontró ningún alemán defendiendo la costa. El hábil Kesselring sabía que plantear batalla en esa región tan meridional era un suicidio, puesto que un desembarco aliado en Salerno rebasaría la adelantada defensa germana. Kesselring no se equivocaba; el 9 de septiembre, un día después de que Eisenhower hiciera público el armisticio, fuerzas anfibias aliadas desembarcaban en las playas de Salerno.

Mientras tanto, la mayoría de soldados italianos dejaron atrás sus armas y se desmovilizaron por su cuenta, aunque algunos de ellos resultaron muertos en enfrentamientos con los alemanes, que los acusaban de traidores, o trasladados a Alemania como prisioneros de guerra. Las unidades que aún deseaban combatir se repartieron según sus afinidades entre los alemanes y los Aliados. El mismo 9 de septiembre las tropas germanas ocuparon Roma.

Mussolini, que había sido arrestado y confinado en un refugio de montaña del Gran Sasso, fue rescatado por los alemanes en una audaz operación aerotransportada y trasladado al norte de Italia, en donde formó el gobierno *fantasma* de la recién constituida República Social Italiana.

Si el desembarco en Sicilia había discurrido según los planes previstos, en Salerno los alemanes ofrecerán una resistencia tan organizada que a punto estará de expulsar a las tropas aliadas. Esta operación, denominada *Avalanche*, es encargada al general norteamericano Mark Clark, un militar sin experiencia en desembarcos anfibios, pero hambriento de gloria en los campos de batalla europeos.

La invasión, para la que Clark cuenta con medio millar de buques —incluidos siete portaaviones—, se lleva a cabo en dos playas separadas por 12 kilómetros, en el golfo de Salerno. El objetivo es asegurar la cabeza de playa, recibir a las tropas de Montgomery procedentes del sur y, atravesando las colinas circundantes, avanzar hacia el norte en dirección a Nápoles.

Pero los defensores alemanes caen también víctimas del peor enemigo: la indecisión. Mientras que Kesselring ve posible resistir en Salerno, Hitler —aconsejado por Rommel— cree más factible hacerlo al norte de Roma. La consecuencia es que Kesselring no obtiene los refuerzos necesarios para dar el golpe de gracia a las tropas desembarcadas; teniendo en cuenta que aún así estaría a punto de lograrlo, cabe pensar que, de haber contado con efectivos suficientes, los Aliados se habrían visto obligados a reembarcar.

Al final del primer día, las tropas aliadas han ocupado todas las playas fijadas como objetivos, pero ofrecen una posición muy endeble, al alcance de la artillería situada en las colinas. La encarnizada resistencia de los alemanes sorprende negativamente a Clark, que ve incluso cómo la debilitada *Luftwaffe* se atreve a hundir los barcos de apoyo que acuden con refuerzos a la bahía. Por su parte, Montgomery envía mensajes animando a resistir, asegurando que no tardará en llegar a Salerno, pero la realidad es que el VIII Ejército se hace esperar.

Tras cuatro días de intensos combates, la situación para las tropas de Clark es ya desesperada y se comienzan a tomar las primeras medidas necesarias para el reembarque. Pero, al día siguiente, el poderío aéreo aliado se impone, la *Luftwaffe* es barrida del cielo y las posiciones germanas son duramente castigadas por la artillería naval.

El 16 de septiembre, las fuerzas invasoras entran por fin en contacto con Montgomery. Kesselring sabe que la batalla está perdida, por lo que decide retirarse ordenadamente hacia el norte; esperará de nuevo a los Aliados en la línea defensiva del río Volturno.

Dos semanas más tarde, Nápoles cae ante el avance aliado. Los alemanes han destruido el puerto, pero los zapadores norteamericanos logran abrirlo al tráfico naval en pocos días. Todo el sur de la península italiana ha sido liberado, pero el precio que han tenido que pagar los Aliados es de más de 6.000 muertos.

La captura de Nápoles hace pensar que Italia no tardará en verse libre de soldados alemanes, pero no será así. La auténtica campaña de Italia está por comenzar. En el mapa del camino a Roma se puede identificar entonces el nombre de una pequeña localidad llamada Cassino. En esos momentos nadie le presta atención, pero en unos meses ese pueblo, y en especial el monasterio benedictino que se levanta sobre un monte cercano, se convertirá en una sangrienta pesadilla para los Aliados.

DESEMBARCO EN ANZIO

Las fuerzas aliadas están ya firmemente asentadas en la península italiana, pero sigue sin existir un objetivo claro. Los británicos pretenden que este frente sea considerado como prioritario, de cara a debilitar las reservas alemanas en territorio francés y quizás a llevar a cabo algún desembarco en los Balcanes; de hecho, se intentan capturar sin éxito las islas griegas bajo control germano. En cambio, los norteamericanos no están dispuestos a sacrificar efectivos en esa batalla de desgaste, teniendo en cuenta que la suerte de la guerra se resolverá en el asalto a las playas del norte de Francia.

De todo ello se aprovechan los alemanes, que establecen una muralla defensiva prácticamente inexpugnable, la Línea *Gustav*. Tras doblegar la resistencia germana en el río Volturno, a principios de noviembre los Aliados se dan de bruces contra esta formidable fortificación que se extiende al sur de Roma, por detrás del río Sangro. La llegada del invierno paraliza momentáneamente las operaciones de asalto a esta línea de defensa formada por una tupida red de casamatas, nidos de ametralladora, alambradas y campos minados.

La escarpada orografía de la región favorecía enormemente la defensa. Solamente había un lugar en donde el relieve permitía un rápido avance sobre Roma, y ese punto era Cassino. La primera batalla por el control de este paso natural —por el que circulaba la línea férrea que unía Nápoles y Roma— se inicia el 17 de enero de 1944, precedida por una aplastante preparación artillera. Este asalto a Cassino se combinaría con un desembarco más al norte, por detrás de las defensas germanas.

Con tropas procedentes del puerto de Nápoles, se decide que un contingente formado por cuatro divisiones tome la playa de

LÍNEA DEL FRENTE ITALIANO EN ENERO DE 1944

ROMA
CASSINO
ANZIO
(DESEMBARCO EL 22 DE ENERO DE 1944)
NÁPOLES
SALERNO
BARI
TARENTO

Anzio, a 112 kilómetros al norte de la línea del frente. Para ello se cuenta además con cobertura aérea con base en un aeródromo próximo a la ciudad del Vesubio.

Las playas de esta zona son poco profundas, lo que facilita el desembarco de tropas y vehículos. Además, a unos diez kilómetros discurre la carretera que une Roma con el frente, por lo que es posible cortar esta importante línea de suministros alemana y avanzar por ella hacia la capital.

La operación anfibia, que recibiría el nombre en clave de *Shingle*, se inicia a las dos de la madrugada del día 22 de enero. Con gran sorpresa para los Aliados, nadie dispara contra las tropas, que desembarcan sin oposición. Los alemanes no tendrán noticia de la invasión hasta que un cabo ferroviario destinado en la estación de Anzio logre ponerse en contacto con el alto mando germano.

En tan sólo 24 horas los Aliados desembarcan 36.000 solda-dos; el camino a Roma está totalmente despejado e incluso alguna avanzadilla logra alcanzar las afueras de la capital sin toparse con ninguna patrulla germana, pero esta situación inme-jorable no es aprovechada por el general al mando de la opera-ción, John Lucas, que en lugar de ordenar un rápido avance opta por consolidar el perímetro defensivo y esperar la llegada de más refuerzos. Pero la respuesta alemana no se hace esperar y Kessel-ring, feliz por el espíritu conservador mostrado por Lucas, reúne en poco tiempo un total de 33 batallones para hacer frente a los dubitativos asaltantes.

Finalmente, el 29 de enero, Lucas se decide a salir de la cabeza de playa y pasar al ataque, pero ya es demasiado tarde; ahora tiene ante sí ocho divisiones alemanas armadas hasta los dientes. Tras continuas ofensivas y contraofensivas, ambos bandos quedan atascados en una guerra de trincheras más propia de la Primera Guerra Mundial.

Los 90.000 soldados aliados, sometidos a constantes ataques aéreos y batidos por las elevadas posiciones artilleras enemigas, no pueden romper el cerco formado por 63.000 alemanes. Al final, los días irán pasando según una rutina establecida de forma tácita; por el día se intercambian algunos disparos y por la noche los enfermos o heridos son trasladados, se procede a reparar las alambradas o se transportan suministros.

Ante el fracaso de Anzio, Churchill dejó para la historia la defi-nición más descriptiva de la frustrada operación: «Esperaba que la fuerza de desembarco se abalanzara sobre la costa como un gato montés y me encontré con que había llegado a la playa como una ballena varada».

LA BATALLA DE MONTECASSINO

Mientras los soldados aliados tratan de salir de Anzio, los alema-nes están firmemente asentados al sur, en la Línea *Gustav*. El punto más visible de esta línea de defensa es la abadía de Monte-cassino. Kesselring, consciente de que peligran los tesoros milenarios que custodia el monasterio, decide trasladar los objetos de valor a Roma. La población de Cassino, pensando que los Aliados no atacarán el sagrado edificio, se refugia en él. De todos modos, los alemanes no confían toda su suerte en la defensa del monasterio y establecen sólidamente su artillería en las laderas del monte y en las alturas cercanas.

La ofensiva aliada se desata contra Cassino, aprovechando el envío de tropas alemanas allí destinadas para taponar la brecha de Anzio, debilitándose así supuestamente la Línea *Gustav*. Al principio parece que saltará la cerradura del camino a Roma, pero los alemanes luchan pegados al terreno y no dan un paso atrás. Además, los inexplicables errores de coordinación entre los ataques en Cassino con los que se producen en Anzio en la retaguardia germana hacen que los alemanes puedan defender a la vez ambos frentes sin excesiva dificultad.

Los norteamericanos consiguen llegar a tan sólo un kilómetro del monasterio, pero son rechazados violentamente por un batallón de paracaidistas que acude en el último momento en ayuda de los defensores. El 12 de febrero el general Clark ordena suspender la ofensiva y los norteamericanos se retiran de las posiciones conquistadas.

Ante ese fracaso, el general Alexander decide que le ha llegado el turno a los soldados de la *Commonwealth*; los británicos, reforzados con un importante contingente de neozelandeses e hindúes, se disponen a iniciar de nuevo el asalto a Montecassino, comandados por el general Bernard Freyberg. Pero antes de atacar el monasterio, los británicos ponen la condición de que tanto el edificio como el pueblo de Cassino sean sometidos a un bombardeo aéreo de gran intensidad.

El 15 de febrero de 1944, una imponente escuadra de cerca de 800 aviones deja caer más de 2.500 toneladas de bombas sobre el sector. Tras el bombardeo, otros 800 cañones abren fuego contra el pueblo y la abadía. El monasterio queda reducido a escombros; cuando trasciende la noticia, se levanta una ola de indignación en todo el mundo, más si cabe al trascender la noticia de que no había ni un solo soldado alemán en Montecassino. Ante el escándalo, del que el ministerio de Propaganda nazi intentará obtener réditos, ningún militar aliado se hará responsable en última instancia de la polémica decisión.

Pese al éxito del bombardeo, el resultado de la demolición del edificio no es demasiado positivo para los Aliados; los paracaidistas alemanes ocupan las ruinas del monasterio y se hacen fuertes allí, estableciendo posiciones defensivas aún mejores. En Cassino, las fuerzas de Freyberg consiguen cruzar el río Rápido, pero la presión alemana los obliga a vadear de nuevo el río de regreso.

En esos momentos, la climatología acude en socorro de los defensores germanos; las lluvias forman lagos en los cráteres dejados por las bombas y se producen deslizamientos de tierra. El lodo impregna por completo los uniformes de los soldados aliados, que caen víctimas de la desmoralización al ver cómo la línea de defensa germana sigue sin ceder pese a sus enormes sacrificios. Los Aliados creen que continuar los ataques en esas pésimas condiciones es inútil y deciden esperar la llegada de la primavera. Así pues, el frente de Cassino queda envuelto en un tenso silencio, roto únicamente por el eco de algún disparo aislado.

ASALTO DEFINITIVO A LA ABADÍA

El nerviosismo comienza a hacer mella en el mando aliado. Se aproxima la fecha prevista para llevar a cabo el desembarco en Francia y el frente italiano sigue consumiendo grandes cantidades de hombres y armamento. Es necesario terminar con esa sangría antes de que llegue el verano. Roma debe caer, como muy tarde, en el mes de junio. Si no es así, probablemente el desembarco deberá aplazarse hasta julio.

Los Aliados deciden lanzar el asalto definitivo contra Montecassino, pero combinado con un ataque a las líneas de abastecimiento alemanas. Los expertos calculan que las 18 divisiones que resisten en la Línea *Gustav* necesitan más de 4.000 toneladas diarias de suministros diarios por lo que, si se consigue yugular las comunicaciones con la retaguardia, Kesselring se verá obligado a retirarse. Así pues, en marzo de 1944 da comienzo una extensa campaña de bombardeos de nudos ferroviarios, puentes, carreteras, talleres y almacenes, que llega incluso hasta la frontera suiza.

El cese de las lluvias a principios de ese mes de marzo hace posible la nueva ofensiva sobre Montecassino. Más de 1.000 toneladas de bombas aéreas caen sobre el pueblo y después un millar de cañones abren fuego contra lo poco que queda de él. Tras una semana de bombardeo, los soldados neozelandeses ocupan la estación de tren y las ruinas de lo que una vez fue el pueblo de Cassino.

Pero, increíblemente, un centenar de paracaidistas alemanes siguen resistiendo entre las piedras del monasterio y ni los embravecidos soldados neozelandeses consiguen desalojarlos de allí. El 23 de marzo, ante la imposibilidad de asaltar esa posición estratégica, el ataque se ve detenido.

El general Alexander, presionado por los dirigentes aliados, que no entienden cómo no se ha conseguido ya doblegar a los defensores germanos, reorganiza sus fuerzas para realizar un ataque masivo que haga saltar por los aires de una vez el candado de Montecassino. Reúne un total de 14 divisiones y el 11 de mayo lanza el enésimo ataque contra la abadía.

Ante el inminente desembarco en las costas francesas, los alemanes restan importancia al frente italiano, por lo que deja de ser prioritario mantener a toda costa la Línea *Gustav*. Aún así, las tropas aliadas, mucho más numerosas que las germanas, se ven impotentes para alcanzar la cima de Montecassino. El Segundo Cuerpo Polaco, pese a luchar tremendamente motivado contra los alemanes, queda sin resuello en la ladera de la montaña tras una semana de lucha, sufriendo considerables bajas, y se ve obligado a regresar a sus posiciones en el valle.

Los alemanes consideran finalmente que la defensa acérrima de Montecassino ya ha cumplido su misión y es hora de retirarse hacia una nueva muralla fortificada situada más al norte, la Línea César, en las afueras de Roma. El 17 de mayo las tropas germanas destacadas en el sector inician la retirada, pero el centenar de defensores de Montecassino se resiste a cumplir las órdenes. Ha de ser el propio Kesselring el que se dirija a sus hombres para obligarlos a dejar la cima. Al final, obedecen al mariscal y descienden por la cara norte de la montaña.

Cuando los polacos consiguen llegar a la cumbre, todo está en silencio. La alegría de los asaltantes, que izan la bandera de su país entre las ruinas, se ve únicamente turbada por las innumerables trampas explosivas que han dejado atrás los alemanes.

Los cinco meses de combates han supuesto a los Aliados la pérdida de más de 100.000 soldados, 4.000 de ellos solamente en el asalto a la abadía. Pero lo importante es que el paso de Cassino ha quedado por fin abierto.

LOS NORTEAMERICANOS ENTRAN EN ROMA

La campaña de Italia, hasta ese momento favorable estratégicamente a los alemanes, cambia definitivamente de color tras la caída de Montecassino. Hitler se ve forzado a trasladar varias divisiones a Francia, mientras que no paran de llegar refuerzos a los Aliados a través del puerto de Nápoles. El objetivo para las tropas alemanas es establecerse en la Línea César y, en caso de no ser posible mantenerla, retirarse aún más al norte, hacia la Línea Gótica.

El general Alexander decide el 23 de mayo que las tropas que aún estaban resistiendo en Anzio rompan el bloqueo y se dirijan hacia el norte para cortar la retirada alemana, embolsando a los ejércitos en fuga. Pero el general Clark cree que la decisión de Alexander no es más que una maniobra para mantenerle alejado de Roma y permitir que sean las tropas británicas las que tomen la capital. Para no ser acusado de desobedecer las órdenes de Alexander, envía una tercera parte de sus fuerzas a cerrar la retirada alemana, pero los dos tercios restantes son lanzados en veloz carrera hacia Roma. Clark no quiere que nadie le arrebate los laureles del triunfo. Churchill se indigna en la distancia con la actitud del general norteamericano, pero Clark está decidido a entrar el primero en la Ciudad Eterna.

La satisfacción del ego de Clark resultará muy cara a los Aliados, puesto que los alemanes podrán retirarse con toda tranquilidad, dando simplemente un pequeño rodeo. Si el general norteamericano hubiera cerrado la trampa, el X Ejército alemán hubiera sido capturado, pero convertirse en *conquistador* de Roma era una oportunidad que, con total seguridad, no se le iba a presentar a Clark otra vez en su vida...

Lo único que le separaba de la capital italiana era la Línea César, una débil defensa fortificada que aún no había sido ocupada por los alemanes en su totalidad. En la noche del 30 de mayo, los norteamericanos descubren un sector que no está defendido y, tras una marcha silenciosa, pueden penetrar por él. Al amanecer del 1 de junio los alemanes intentan cerrar la brecha pero ya es tarde. Aunque los combates continúan, las tropas germanas optan por retirarse hacia la Línea Gótica, declarando Roma ciudad abierta.

En la mañana del 4 de junio, Clark está impaciente por entrar en la capital, pero dos cañones autopropulsados asistidos por alemanes rezagados cubren la entrada. El general norteamericano se había comprometido con los corresponsales de guerra a

El Jeep de este soldado norteamericano destinado en Italia luce unos adhesivos con los rostros de los tres dirigentes del Eje: Mussolini, Hitler y Tojo. El primero de ellos ya ha sido tachado.

que haría la entrada triunfal a las cuatro de la tarde, así que fuerza a sus hombres a que silencien los cañones antes de esa hora.

La liquidación de ese último punto de resistencia se prolonga durante más tiempo del previsto, por lo que Clark no puede cumplir a tiempo con su compromiso. Los norteamericanos no entrarían en la ciudad hasta las nueve y media de la noche, media hora más tarde de que el último alemán saliese de la ciudad.

A la luz de la luna llena, los romanos contemplan eufóricos la llegada de los tanques y poco después, las columnas de soldados. Aunque todos los ciudadanos salen de sus casas para darles la bienvenida, los agotados hombres de Clark no pueden corresponderles como merecen. Reparten algunas chocolatinas y cigarrillos, pero en cuanto se les da la orden de «alto» se derrumban sobre el suelo para descansar, quedándose dormidos sobre aceras y escalones.

Los que no pueden hacer su entrada en Roma son los soldados norteamericanos de raza negra. Aunque resulte difícil de creer, el papa Pío XII había pedido expresamente que no pusieran sus pies en la capital, al temer —emponzoñado por sus propios prejuicios— que no pudieran dominar sus instintos ante la presencia de las mujeres romanas.

Aunque fuera con retraso, al día siguiente el general Clark pudo hacer su entrada triunfal en Roma, desfilando por las calles de la capital. Había alcanzado su ansiado momento de gloria. Pero el destino le haría una jugada al militar norteamericano, puesto que su hazaña desaparecería rápidamente de las portadas de los periódicos; el día 6 de junio de 1944, la atención del mundo ya no estaba en la recién conquistada Roma, sino en las playas de Normandía, el lugar en el que se decidiría el desenlace de la Segunda Guerra Mundial.

11

EL DÍA
MÁS LARGO

Con toda seguridad, nunca tantas personas han estado tan pendientes de un parte meteorológico como en los primeros días de junio de 1944. En esos tensos momentos, la historia de Europa, y quizás del mundo, dependía del acierto de un anónimo *hombre del tiempo*, el coronel de la RAF James Stagg. En base a la predicción expresada por este flemático escocés, asesorado por un equipo de meteorólogos británicos y norteamericanos, el general Eisenhower tomó la que sería probablemente la decisión más arriesgada y comprometida de toda la Segunda Guerra Mundial.

Tras dos años de preparación, estaba a punto de comenzar el asalto a la fortaleza europea de Hitler. El reto no era nada fácil; ya se había demostrado el 19 de agosto de 1942, cuando 5.000 soldados canadienses y un millar de británicos desembarcaron en la ciudad costera de Dieppe con el fin de poner a prueba las defensas alemanas. Pese al valor demostrado por estos hombres, la misión —mal planificada y peor ejecutada— fue un desastre que costó la vida a más de 600 soldados y dejó en el continente más de 1.000 prisioneros.

La amarga experiencia de Dieppe al menos serviría para evitar cometer los mismos errores, como intentar apoderarse de una zona portuaria bien defendida. Pero ahora, dos años después de aquella frustrante operación, no habría más que una oportunidad; si los alemanes lograban expulsar la fuerza de invasión al mar, seguramente no podría organizarse otro desembarco hasta después de varios años, si es que llegaba a poder lanzarse de nuevo algún día.

Desde principios de 1944, cada hombre de los que iban a participar en el Día-D se había entrenado a diario hasta conocer de memoria su misión. Durante la última semana de mayo, las tropas quedaron recluidas en sus campamentos sin posibilidad de enviar cartas. Todo lo que hacía referencia a la invasión de Europa fue clasificado como alto secreto. Pese a las espectaculares medidas de seguridad para que no trascendiese ningún detalle de la operación, en un maletín olvidado en un taxi, en la estación londinense de Waterloo, apareció el listado completo de las frecuencias de radio y las claves que se emplearían ese día; por fortuna, estos documentos no cayeron en manos de ningún espía alemán.

Pero el olvido del maletín no fue el único susto que se llevaron los servicios de inteligencia aliados. Durante las cinco semanas anteriores al desembarco, en los crucigramas del rotativo
británico *Daily Telegraph* fueron apareciendo los términos secretos del Día-D; desde los nombres en clave de las playas (Utah u
Omaha) hasta el propio nombre de la operación (*Overlord*)
además de otros como *Neptune* o *Mulberry*. Una vez disparada
la alarma ante esta supuesta evidencia de que se había roto el
secreto, los agentes de *Scotland Yard* detuvieron al autor del
crucigrama pero, sorprendentemente, era un maestro de escuela
que los confeccionaba desde hacía dos décadas, por lo que no se
trataba más que de una increíble coincidencia.

Sin duda, el nerviosismo ya estaba haciendo mella en el
mando aliado, pero no era para menos. Aunque el plan de
desembarco se había trazado meticulosamente, existía un impon-
derable que no podía ser dominado de ningún modo: el tiempo
meteorológico. Aunque a un profano le puede parecer que cualquier día es bueno para lanzar una operación anfibia, no es así.
Era necesario que los primeros rayos de sol del amanecer coinci-
diesen con la marea baja para dejar al descubierto los obstáculos;
en el mes de junio de 1944, eso reducía los días válidos a seis.
Pero teniendo en cuenta que debía haber luna llena para poder
efectuar los lanzamientos nocturnos de paracaidistas, los días
verdes quedaban reducidos a tres.

**La mítica
máquina
Enigma, que los
alemanes
utilizaban para
cifrar mensajes,
y que les causó
tantos
disgustos,
porque pronto
se conoció su
mecanismo.**

Estas condiciones podían predecirse con la ayuda de unas sencillas tablas, pero ahora entraban en juego otras mucho menos predecibles. En esos tres días válidos no podía haber un viento excesivo, debía darse una visibilidad mínima, las nubes no podían ser espesas y tampoco tenía que haber oleaje. Todo ello hacía que... ¡tan sólo se diera un día válido en dos meses!

Evidentemente, era necesario sacrificar alguna de estas condiciones, por lo que se decidió que *Overlord* se lanzaría a primeros de junio, siempre y cuando un tiempo excesivamente malo no aconsejase aplazar la operación. A principios de mayo se determinó que el día del desembarco fuera el 5 de junio, una elección que fue confirmada a final de mes, teniendo en cuenta los pronósticos efectuados por el equipo de James Stagg.

EISENHOWER: «¡ALLÁ VAMOS!»

La maquinaria del Día-D se ha puesto definitivamente en marcha. Desde todos los puntos de Inglaterra parten convoyes de soldados y vehículos —algunos de más de un centenar de kilómetros de largo— para concentrarse en los campamentos de la costa. El 3 de junio, los 170 .000 soldados que van a participar en la mayor operación anfibia de la historia ya están embarcados y reciben allí las últimas instrucciones. Se puede percibir la tensión de unos hombres que se van a enfrentar a un enemigo que los está esperando al otro lado del Canal de la Mancha, parapetados en sus casamatas y nidos de ametralladora, mientras que ellos deberán avanzar sin protección por la playa...

Pero a última hora de ese sábado 3 de junio llegan muy malas noticias; tres depresiones procedentes del Atlántico llegarán sucesivamente a Inglaterra en las próximas horas. Se espera un tiempo muy inestable, con nubosidad del cien por cien y vientos intensos que no amainarán hasta después de cuatro días. En esas condiciones es imposible lanzar la invasión.

A las cuatro de la madrugada, Eisenhower se reúne con el coronel Stagg, esperando que éste le dé alguna buena noticia, pero no es así y le confirma el pronóstico anterior; habrá mal tiempo en los próximos días. La operación, prevista para el día 5, queda aplazada para el siguiente día, pese a que nada hace pensar que el tiempo mejore para entonces.

En la mañana del domingo 4 de junio, una furiosa tormenta azota el Mar de Irlanda. A primera hora de la tarde, las olas llegan ya a las playas de Normandía. Mientras tanto, los barcos anclados en los puertos del sur de Inglaterra, atestados de soldados, se balancean bruscamente, provocando vómitos y mareos en una tropa que ya acusa síntomas de nerviosismo.

Al anochecer, nada invita a pensar en una mejoría del tiempo. Pero no es posible aplazar más el desembarco previsto para el día 6 de junio. Los hombres no pueden permanecer otras 24 horas en el interior de los barcos, pero tampoco cabe la posibilidad de desembarcarlos, puesto que sus campamentos ya están ocupados por las tropas que deberán seguirlos en la segunda oleada sobre las playas francesas.

Se barajan nuevas fechas para la invasión, pero ninguna es factible. En los días siguientes la marea comienza a crecer y no baja hasta después de dos semanas, pero para entonces ya no habrá luna llena, lo que impedirá el lanzamiento de paracaidistas. Si se aplaza hasta julio, ya será imposible ocultar la acumulación de efectivos frente a las costas normandas, por lo que se perderá el efecto sorpresa, permitiendo a los alemanes reforzar las defensas en ese sector.

Afortunadamente para los Aliados, en esos momentos es Eisenhower el que está en el puente de mando; sus nervios de acero y su perenne sonrisa consiguen transmitir serenidad en esos momentos dramáticos, pero a nadie se le escapa que se está al borde del desastre. Para colmo, Stalin, desde Moscú, exige a sus aliados occidentales que abran de una vez ese segundo frente en Europa, para hacerlo coincidir con su ofensiva de verano, que está a punto de ponerse en marcha.

La situación no puede ser más dramática. Según confesaría más tarde Eisenhower, «las consecuencias de un retraso eran tan amargas que, sencillamente, era una posibilidad que no podía contemplarse». Los comandantes aliados se reúnen a las nueve y media de la noche de ese domingo 4 de junio; en el

Eisenhower en persona da ánimos a los paracaidistas que están a punto de subir a los aviones que les arrojarán sobre Normandía. Sus acciones en la retaguardia alemana fueron decisivas para el éxito del Día-D.

exterior el viento silba y se oye el ruido de la lluvia repiqueteando en el tejado. Las miradas están fijas en el suelo. La invasión no puede aplazarse más, pero sería una locura intentarlo con este tiempo. Sólo un milagro podría sacarlos de este terrible dilema.

En ese momento se presenta el coronel Stagg, tan serio y circunspecto como siempre. Los presentes intuyen que continúan las malas noticias. Stagg toma la palabra: «Caballeros, parece ser que el primero de los tres frentes procedentes del Atlántico ha avanzado más deprisa de lo que esperábamos, por lo que, una vez que atraviese el Canal de la Mancha, habrá un espacio de tiempo sin perturbaciones que irá de la tarde del lunes 5 de junio hasta la noche del martes 6 de junio, cuando llegará el segundo frente frío».

Acaba de resonar en la sala la predicción meteorológica más importante y decisiva de la historia. Los reunidos se quedan en silencio. El milagro se ha producido, pero nadie se atreve a expresar su alegría. Todo depende ahora de Eisenhower. El norteamericano pregunta a Montgomery su opinión, y éste se muestra partidario de impulsar la operación. Tras unos minutos de reflexión, Eisenhower expresa la necesidad de dar *luz verde* a *Overlord*. Sin embargo, la decisión final queda a expensas de un último parte meteorológico previsto para las cuatro de la madrugada.

Llegada esa hora, mientras en el exterior cae un intenso chaparrón, los comandantes aliados esperan con impaciencia la aparición del coronel escocés. Tras varias horas de insoportable tensión, Stagg entra en la sala y, sin perder su gesto adusto, afirma que no se han producido cambios importantes desde el último parte. El buen tiempo se mantendrá durante todo el martes 6 de junio. En ese momento, todas las miradas confluyen en Eisenhower, que tiene en sus manos dar la orden más trascendental de la Segunda Guerra Mundial.

De repente, *Ike* deja atrás su mirada de preocupación, se dirige hacia Stagg y, sonriendo, le espeta: «Está bien, haga que el tiempo se atenga a lo que usted ha pronosticado y le prohíbo que nos traiga malas noticias». Dicho esto, el general se acomoda en su butaca, mira a los ojos a los presentes y con aire relajado dice: «Bien, ¡allá vamos!».

UNA COMPLEJA OPERACIÓN

El asalto anfibio que estaba a punto de lanzarse en las playas de Normandía era, sin duda, la operación militar más compleja de las organizadas hasta esa fecha, y probablemente lo siga siendo durante mucho tiempo.

El objetivo de la Operación *Overlord* («Señor Supremo») era asaltar el continente europeo, en esos momentos dominado por Hitler, para lo que era necesario penetrar a través de las defensas que guardaban toda la costa atlántica de la Europa ocupada, desde la frontera francoespañola hasta Noruega. Estas fortificaciones, que la propaganda nazi presentaba como inexpugnables, eran conocidas como el Muro del Atlántico.

En realidad, a principios de 1944, en algunos tramos estas defensas dejaban mucho que desear, por lo que se encargó al mariscal Rommel que elaborase los informes necesarios para su mejora. Pero el mítico Zorro del Desierto se vería impotente para organizar esta crucial línea de defensa. La imposibilidad de coordinar las guarniciones costeras con la *Luftwaffe* o la Marina —por ejemplo, Goering se negó a proporcionarle cañones antiaéreos, mientras que la *Kriegsmarine* tan sólo aportó tres destructores— dificultó enormemente la tarea encomendada al veterano general.

Además, aunque la *Wehrmacht* podía enfrentar un total de 59 divisiones a la fuerza de invasión —una cantidad similar a la que estaba a disposición de Eisenhower—, la mayoría estaban integradas por soldados de edad madura, escasamente motivados, o incluso por rusos o cosacos a los que la ingestión de alcohol ayudaba a soportar mejor las horas de tedio, por lo que era difícil creer que pudieran ofrecer una resistencia organizada ante las tropas aliadas, y más teniendo en cuenta que el armamento con el que contaban era inadecuado y obsoleto.

Por último, la defectuosa organización del resorte militar, auspiciado por Hitler para impedir que algún general acumulase demasiado poder, obstaculizaba la toma de decisiones rápidas en caso de invasión. Esta condición era fundamental para rechazar a las tropas aliadas en las playas durante las primeras 24 horas, el único modo —según el clarividente Rommel— de poder rechazar el asalto al continente.

Todo ello confirmaba el principio napoleónico de que una batalla está ganada o perdida antes de que se dispare la primera bala. Los Aliados gozaban de todas las ventajas para lograr abrir ese segundo frente pero, aún así, el objetivo no resultaría tan

Un soldado norteamericano es atendido de sus heridas en la playa de Omaha, la única en la que las tropas aliadas estuvieron a punto de ser reembarcadas, ante la fuerte oposición de los defensores germanos.

sencillo como hacía pensar la disposición de fuerzas que existía sobre el papel.

El escenario finalmente elegido para *Overlord* sería la costa normanda, puesto que las defensas de este sector presentaban numerosas deficiencias, aunque Rommel estaba tratando desesperadamente de corregirlas. En el asalto anfibio participarían 100.000 soldados del ejército estadounidense, 58.000 hombres del ejército británico y 17.000 efectivos del ejército de Canadá. La operación naval que debía trasladar a estas tropas a través del Canal de la Mancha recibía el nombre en clave de *Neptune*; las playas situadas al oeste, a las que llegarían los soldados norteamericanos, se *bautizaron* como Utah y Omaha; las correspondientes a los británicos, al este, serían Gold y Sword, mientras que Juno, situada entre estas dos últimas, estaba reservada a los canadienses.

Para facilitar la conquista de las playas, la noche anterior se lanzarían paracaidistas detrás de las líneas alemanas con la misión de obstaculizar la llegada de tropas de refresco una vez comenzada la invasión, así como impedir la voladura de los puentes que permitirían salir de las playas hacia el interior. Además, la resistencia francesa recibiría instrucciones de Londres para iniciar actos de sabotaje en las líneas férreas de todo el país, impidiendo así el envío de refuerzos.

Un elemento decisivo para el éxito de la invasión era convencer a los alemanes de que la operación sobre Normandía no era más que un señuelo y que el grueso de la fuerza de desembarco llegaría a Calais, el punto más cercano a las costas inglesas. Para engañar al servicio de inteligencia nazi, los Aliados se sirvieron del general Patton, que se vio obligado a pasearse por los puertos del Canal situados enfrente de Calais para que fuera visto por los espías alemanes; allí estaba al frente de un gran ejército de invasión, tal como podían comprobar los aviones de reconocimiento germanos, pero en realidad estaba compuesto de tanques hinchables y lanchas de desembarco de madera y lona. Unos estudios cinematográficos de Londres se encargaron de crear falsos campamentos, hospitales, depósitos de munición y hasta una instalación portuaria completa en la playa de Dover.

Para acabar de confundir a los alemanes, durante los meses anteriores al Día-D los británicos radiaron mensajes destinados a hacer creer a los servicios de inteligencia enemigos que existía un ejército de un cuarto de millón de hombres en Escocia, listo para un desembarco en Noruega. La solicitud urgente de miles de bastones de esquí por parte de este ejército *fantasma* hizo creer a los alemanes que el asalto a Noruega era inminente, lo que provocó que Hitler —que tenía una extraña fijación en proteger este país escandinavo a toda costa— ordenase que 27 divisiones permaneciesen allí en lugar de ser enviadas a rechazar la invasión de Francia.

Estaba previsto que el engaño se prolongase durante las primeras horas de la invasión, para retener en Calais a las temibles divisiones Panzer. Para ello se decidió que algunos barcos zarpasen desde Dover pertrechados con grandes antenas emisoras, para simular el tráfico de una gran escuadra. Además, se arrojarían desde el aire toneladas de láminas de aluminio en este sector para que las pantallas de radar alemanas detectaran una enorme cantidad de puntos, lo que les haría creer que se acercaba la fuerza naval de invasión.

Así pues, todo estaba preparado para poner en marcha el asalto a la «Fortaleza Europa». En cuanto Eisenhower dio la orden de puesta en marcha de la operación, en aquella desapacible madrugada del 5 de junio, una flota compuesta por 5.000 embarcaciones se puso en camino hacia el punto de reunión desde el que se dirigirían a las costas francesas. Los hombres que debían participar en el asalto anfibio, y que atestaban las bodegas y las cubiertas, sufrieron algún mareo debido al oleaje, pero nadie se quejó; sus mentes estaban muy ocupadas asimilando las últimas instrucciones recibidas.

A última hora de ese día, los paracaidistas que debían caer tras las líneas germanas tomaron su cena y cargaron con el equipo; 45 kilos en sus espaldas y 25 kilos atados a sus piernas. Con el rostro pintado de negro subieron a los aviones después de recibir personalmente ánimos de Eisenhower, que acudió a despedir a algunos de ellos.

Pasaban unos minutos de la medianoche cuando los paracaidistas pudieron ver a través de las ventanillas, gracias a la luz de la luna llena, la línea de la costa francesa. Era el momento de la verdad; había llegado el Día-D.

COMIENZA EL ASALTO

A las 00:18 horas del 6 de junio de 1944, los primeros paracaidistas aliados saltan a través de las portezuelas de sus aviones. Poco después, los planeadores son desenganchados de los aviones de arrastre e inician el descenso.

Nada hace pensar a los alemanes que acaba de iniciarse la invasión. Paradójicamente, el mal tiempo de los días anteriores

Unos soldados estadounidenses se despiden para siempre de un compañero caído en la playa de Omaha. Las bajas aliadas en el Día-D serían menores de las previstas.

ha disipado el temor a un ataque, por lo que Rommel ha viajado a Alemania para celebrar el cumpleaños de su mujer, Lucie. Creyendo que los Aliados no intentarán nada hasta la siguiente fecha en la que las mareas y la luna sean favorables, los oficiales del Muro del Atlántico están convocados en la mañana de ese 6 de junio para asistir a un ejercicio teórico que se llama precisamente «Desembarcos en Normandía precedidos por lanzamientos de paracaidistas» (!).

Sin embargo, los servicios secretos germanos sí que tuvieron en sus manos el indicio más claro de la inminencia de la invasión. La BBC debía emitir unos versos del poeta Paul Verlaine el día anterior al desembarco para alertar a la Resistencia francesa, según había averiguado un espía alemán infiltrado en estos grupos. El día 5 de junio, los versos fueron detectados por el centro de escuchas y éste elevó inmediatamente el informe avisando de que la invasión se produciría en unas horas. Sin embargo, inexplicablemente, la alerta no fue tomada en consideración al ver el mal tiempo que reinaba en el Canal y se creyó que se trataba de un error.

De forma también incomprensible, los alemanes no reaccionaron cuando en las primeras horas de la madrugada del 6 de junio más de 1.000 bombarderos de la RAF comenzaron a aplastar las defensas costeras normandas. En ausencia de los más altos oficiales, la confusión de apoderó de todas las guarniciones costeras; los informes sobre los bombardeos en Normandía se sumaban a los falsos informes de acciones aéreas sobre Calais, instigados por los Aliados con emisiones en alemán desde Londres.

Para agravar el enredo, el lanzamiento de centenares de muñecos en paracaídas restó credibilidad a los informes que alertaban del aterrizaje de los paracaidistas auténticos en la retaguardia germana. Con la llegada de la primera claridad del amanecer, la mayoría de objetivos señalados a las tropas aerotransportadas habían sido alcanzados, pese a que miles de paracaidistas se perdieron en los intrincados campos de setos de la región —el llamado *bocage*— y no llegaron a desempeñar ninguna acción. Quizás, las dos proezas más célebres conseguidas en estas primeras horas del Día-D serían la captura del mítico puente Pegaso, en el Canal de Caen, y la toma de la estratégica localidad de Sainte-Mère-Eglise.

Pero una de las hazañas más extraordinarias del Día-D sería el asalto por parte de los *rangers* norteamericanos a Pointe-Du-Hoc, un promontorio en el que se encontraba una temible batería costera de seis cañones que tenía en su radio de acción tanto la playa de Omaha como la de Utah. Los *rangers* llegaron en botes y comenzaron a escalar el acantilado de 30 metros de altura, soportando los disparos que efectuaban los alemanes desde la cumbre. Pero cuando alcanzaron la cima, a costa de un gran número de bajas, se llevaron la desagradable sorpresa de que la batería ya no estaba allí; siguiendo las huellas que habían dejado los cañones en su traslado, consiguieron localizarlos ocultos en un bosque, destruyéndolos de inmediato. Los *rangers* habían cumplido la ardua y comprometida misión que se les había encomendado.

Mientras tanto, ¿qué sucedía en el bando alemán? La primera confirmación de que se estaba produciendo un ataque a gran escala no llegaría hasta las dos y cuarto de la madrugada, aunque no sería hasta poco antes de las tres cuando se envió un mensaje al cuartel general de Hitler. De todos modos, no sirvió de nada el aviso, puesto que el *Führer* se había tomado unos somníferos y dormía profundamente; nadie se atrevió a despertarlo para darle esa mala noticia, temiendo provocar uno de sus cada vez más habituales ataques de ira.

A las cuatro y cuarto, tras detectar la flota de desembarco, se confirmó que la invasión estaba en marcha. Entonces se transmitió al cuartel general la petición urgente para el traslado a la costa de dos divisiones Panzer que estaban en reserva, pero el mensaje tampoco llegó a manos de Hitler, que continuaba durmiendo. Ante la falta de noticias, esas dos divisiones fueron puestas en marcha hacia las playas, pero la orden fue revocada desde el cuartel general, a la espera de poseer más información. En ese momento los alemanes cometieron su primer error de importancia.

Increíblemente, no sería hasta las seis de la mañana cuando a alguien se le ocurrió avisar por teléfono a Rommel, casi en el mismo momento en el que la flota de invasión comenzaba a disparar sus cañones contra las defensas costeras en Normandía. Allí, los soldados alemanes ensordecían ante la tormenta de fuego que les caía encima, que hacía volar por los aires los cascotes de hormigón, mientras toda la amplitud del horizonte estaba cubierta por una línea continua formada por barcos, en una visión que nunca más olvidarían. Aquellos hombres, más interesados en huir o en entregarse que en resistir a ultranza, no tenían ya ninguna duda: la invasión había comenzado.

COMBATES EN LAS PLAYAS

A lo largo de casi 100 kilómetros de costa, los cañones de los barcos aliados abren fuego una y otra vez contra las defensas germanas. A su vez, los bombarderos machacan las playas que están a punto de ser asaltadas. Mientras tanto, los soldados norte-americanos se dirigen, mareados y nerviosos, en sus lanchas de desembarco hacia las playas de Utah y Omaha. Ellos serán los primeros en pisar suelo francés, a las 6:30 de la mañana. Una hora más tarde está previsto que británicos y canadienses lleguen a Gold, Juno y Sword.

Hace frío y el agua helada salpica los rostros de aquellos soldados a los que se les ha reservado un lugar en la historia. Pero en esos momentos la situación no presenta un cariz dema-siado épico. Mientras algunos no han podido evitar hacerse sus

Tras consolidar sus posiciones en Normandía, las tropas aliadas avanzaron rápidamente a través de Francia. En la imagen, dos soldados norteamericanos tienen tiempo para bromear en una aldea gala poniendo a prueba la paciencia de un asno.

necesidades en los pantalones ante ese probable encuentro con la muerte, otros vomitan mareados por un mar embravecido, al haber iniciado su andadura demasiado lejos de la costa, a 18 kilómetros de distancia, para evitar el radio de acción de las baterías costeras. Aún así, el resplandor de las bombas en la costa indica que los defensores alemanes están siendo barridos; con suerte, no encontrarán resistencia.

La suerte sí que acompaña a los destinados a tomar Utah. Por un error, sufren un desvío y tocan tierra a dos kilómetros del lugar previsto, pero afortunadamente en ese punto las defensas germanas son mucho menos sólidas y buena parte de las tropas alemanas, formadas por reservistas y reclutas ucranianos, han huido ante la violencia del bombardeo. Al bajar a la arena, los norteamericanos corren enarbolando sus fusiles y dando gritos de alegría. Los tanques que desembarcan con ellos acaban con los escasos focos de resistencia. En pocos minutos, la playa de Utah está en manos de los Aliados, con un coste de sólo dos centenares de bajas. Al final del Día-D, habrán desembarcado en esta playa más de 21.000 soldados y 1.700 vehículos, y las líneas se extenderán hasta nueve kilómetros hacia el interior.

Muy distinto será el destino de los que deben tomar la playa de Omaha. Allí, los norteamericanos se encuentran con un recibimiento inesperado, y a medio kilómetro de la orilla. Los alemanes, desde los acantilados, tienen una posición inmejorable para disparar. En cuanto se abren los portones de las lanchas de desembarco, las ráfagas de ametralladora siegan en pocos segundos la vida de los soldados que están a punto de salir de ellas. La única opción es saltar por la borda y tratar de llegar a la playa por el agua. Pero el peso del equipo arrastra a muchos de ellos hacia el fondo, por lo que tendrán que desprenderse rápidamente de él para no perecer ahogados, aunque los más desafortunados no lo conseguirán.

Los que consiguen llegar a la arena tras unos 70 metros caminando con el agua por la cintura, se encuentran con que es imposible avanzar. Delante de ellos tienen más de 200 metros de playa, en la que está cayendo una granizada de balas y obuses. Únicamente pueden resguardarse tras los obstáculos colocados por los alemanes, pero no pueden mantenerse allí durante mucho tiempo; siguen llegando más lanchas y han de avanzar para dejar sitio a los que vienen detrás. Los alemanes, desde las alturas y bien protegidos en sus búnkeres, ametrallan a placer a los infortunados norteamericanos, que además han perdido la mayor parte de sus armas, como *bazookas*, morteros o lanzallamas.

¿Qué ha sucedido para que las defensas de Omaha se encuentren prácticamente intactas? Aunque los aviones aliados han soltado en esa zona su carga de bombas, éstas han caído más al interior. Además, el bombardeo naval ha sido demasiado breve, de tan sólo 35 minutos. Esos errores acabarán costando muchas vidas.

Conforme sube la marea, los soldados se ven obligados a avanzar en dirección a los alemanes, que no paran de barrer todo lo ancho de la playa con sus ametralladoras. El agua se tiñe de rojo, mientras que centenares de hombres agonizan mecidos por el agua. Omaha se convierte en una auténtica carnicería.

Las noticias del desastre llegan al mando aliado, pero aún hay esperanzas de que cambie el signo del combate. A las nueve en punto las pérdidas son ya tan grandes que se decide evacuar la playa y trasladar esas tropas a Utah, pero antes de que se ejecute la orden comienzan a llegar informes de que algunos grupos, tras esfuerzos inhumanos, han logrado atravesar un extremo de la playa y llegar hasta la meseta. A las nueve y media, ya han conseguido abrir una brecha en la línea de defensa; en esos momentos reciben la ayuda de un acorazado y varios destructores que, con peligro de embarrancar al rozar sus quillas con el fondo, se aventuran a acercarse a menos de un kilómetro de la orilla para demoler con sus cañones las fortificaciones de hormigón, haciendo el trabajo que debía haberse realizado antes del desembarco.

Pese al auxilio de la artillería naval, no será hasta la una de la tarde cuando las tropas atascadas en la playa consigan finalmente avanzar, capturando los puestos fortificados alemanes. Los Aliados han sufrido unas 3.000 bajas, pero Omaha también está conquistada; al atardecer, más de 34.000 hombres estarán ya asentados en esta playa, cuya arena está aún impregnada del dulzón olor de la sangre.

En cuanto a los británicos y los canadienses, que deben desembarcar más al este, Montgomery se asegura de que las defensas alemanas serán aplastadas antes de que sus hombres lleguen a las playas. Para ello, fiel a sus principios, *Monty* ordena que el bombardeo previo dure dos horas. Tampoco cometerá el error de enviar las lanchas de desembarco desde tan lejos y los barcos se aproximarán a menos de cinco kilómetros. Además, al atacar a las 7:30 se asegura de que la marea estará más alta, con lo que el recorrido por la playa a descubierto será más corto.

La consecuencia es que el desembarco de estos hombres es extrañamente plácido, favorecido por el relieve bajo de este tramo de costa, que posibilita la llegada de los tanques aliados para proteger el avance. De todos modos, las minas hunden varias lanchas y en algunos puntos los alemanes ofrecen una feroz resistencia, pero incluso aquí las ametralladoras germanas quedarían acalladas tras una escasa hora de lucha. Al terminar el día se habrá conseguido penetrar seis kilómetros hacia el interior, aunque no se logrará el objetivo previsto de tomar Caen, una ciudad cuya captura costaría varias semanas de intensos combates.

LA RESPUESTA ALEMANA

Mientras el destino de la fortaleza europea de Hitler se estaba jugando en las playas normandas, los comandantes alemanes, increíblemente, aún no tenían noticia de ello. Los bombardeos aliados de la madrugada habían destruido los sistemas de comunicación, por lo que los primeros informes contrastados no llegarían hasta poco antes de las nueve.

En esas primeras horas, los alemanes disfrutan aún de su última oportunidad para expulsar al mar a las fuerzas de desembarco. Desde Normandía se insiste de nuevo en la necesidad urgente de enviar a la reserva de blindados hacia las playas ocupadas por los británicos, pero desde el cuartel general de Hitler —en donde el *Führer* continúa durmiendo— se prohíbe esta acción, ante los informes que señalan que el verdadero ataque se producirá en Calais.

Finalmente, Hitler se despierta a las diez de la mañana. Aún vestido con su pijama, escucha atentamente las informaciones de sus generales, pero no se deja impresionar por el despliegue aliado y confirma la orden de que los *panzer*, pese a que en ese momento ya tienen sus depósitos llenos de gasolina y están listos para ponerse en marcha, no se muevan y permanezcan listos para trasladarse a Calais. Si los alemanes tenían alguna opción para derrotar a las fuerzas de invasión, en ese preciso instante la acaban de perder.

Mientras los Aliados ya están asaltando con éxito el continente europeo, Hitler, ajeno por completo a la realidad, centra su atención en los detalles del futuro bombardeo de Londres con las revolucionarias bombas volantes V-1 y decide mantener una reunión prevista al mediodía con el primer ministro húngaro.

Los informes que llegan de Normandía son cada vez más preocupantes, pero eso no altera los planes del *Führer*, que no se ocupará del asunto hasta que no dé por terminado su almuerzo vegetariano. Es entonces cuando decide por fin dar permiso para el envío de sus unidades acorazadas, que no recibirán la orden de marcha hasta las cuatro de la tarde, cuando los Aliados están ya firmemente asentados en las playas. Esta fuerza es la que conseguiría contener a los británicos a las puertas de Caen; teniendo en cuenta las dificultades que tuvieron los hombres de Montgomery para tomar la ciudad, cabe imaginar lo que hubiera sucedido si esas divisiones hubieran llegado a tiempo de rechazar la invasión en las playas.

En cuanto a Rommel, que había sido alertado a las 6:30 del lanzamiento de los paracaidistas, recibió a las diez de la mañana la noticia de que la invasión anfibia finalmente se había producido. Cuando le confirmaron que hacía más de tres horas que los Aliados estaban en las playas, profundamente deprimido, comprendió que ya no había nada que hacer. Aunque a la una de la tarde se puso en camino hacia Normandía, adonde llegaría a medianoche, era consciente de que —tal como confesó a un ayudante— no sólo la batalla estaba ya perdida, sino también la guerra.

Rommel no se equivocaba en su pronóstico tan poco optimista. Aunque los Aliados debían realizar todavía un ímprobo esfuerzo para consolidar y expandir sus cabezas de playa, la apertura del segundo frente en el continente europeo era ya un éxito. *Overlord* había marchado incluso mejor de lo previsto; aunque los expertos aliados habían calculado un balance de 10.000 muertos en las primeras horas del asalto, en realidad la operación se saldó con la pérdida de 2.500 vidas, siendo la suma total de bajas —incluyendo heridos y prisioneros— de 12.000.

Al anochecer de aquel histórico día, el panorama que se presentaba ante los Aliados no estaba libre de riesgos y amenazas, pero todos tenían la impresión de que lo peor había pasado ya. Eran conscientes de que durante las primeras luces de esa intensa jornada había estado en juego el destino de Europa, y éste se había decantado de su lado. Nadie puede poner en duda que aquel 6 de junio de 1944 había sido el día más largo.

LAS «ARMAS DE REPRESALIA»

El 7 de junio se unieron todas las cabezas de playa, excepto la de Utah, en la península de Cotentin, pero cinco días después se pudo establecer ya un frente continuo. En las semanas siguientes, los Aliados se enfrentaban a un importante reto, como era alimentar el avance de este nuevo frente. Para ello era necesario un aporte constante de tropas, vehículos, armamento, munición y combustible, y todo debía canalizarse a través de muelles provisionales en las playas, con los inconvenientes que ello entrañaba. Por lo tanto, era vital capturar el cercano puerto de Cherburgo; sin embargo, tras una enconada resistencia, la ciudad no pudo ser tomada hasta el 27 de junio, pero su captura no sirvió de nada, puesto que las instalaciones portuarias habían sido inutilizadas por los alemanes antes de rendirse.

El otro gran objetivo de los Aliados, la ciudad de Caen, resistió todas las acometidas de los británicos. Más tarde, Montgomery afirmaría que su retraso en tomar Caen estaba motivado por su intención de mantener a las tropas alemanas ocupadas allí el máximo tiempo posible, para aligerar así la presión sobre las

Hitler confiaba en que las bombas volantes V-1 conseguirían arrasar Londres, pese a que hubieran sido mucho más eficaces de haber sido disparadas contra las áreas de desembarco en Normandía.

playas de los norteamericanos. La realidad es que Caen sólo pudo ser capturada el 18 de julio, tras una serie de injustificados bombardeos indiscriminados que dejaron la ciudad reducida a escombros, pero su caída no resultó determinante, puesto que los blindados alemanes impidieron la progresión de los británicos hacia el sur.

Durante aquellos días en los que se dirimía el éxito o el fracaso de la invasión, la bomba volante V-1 (*Vergeltungswaffe* o arma de represalia) pudo haber sido un factor desequilibrante si hubiera sido dirigida contra las playas normandas, pero Hitler se reafirmó en el propósito ya expresado el 6 de junio y seis días después ordenó su lanzamiento contra Londres.

Estos aparatos a reacción sin piloto, catapultados desde una rampa, podían ser derribados con cierta facilidad por los cazas o los cañones antiaéreos. En total, de las casi 9.000 que se lanzaron contra Londres, menos de 2.500 impactarían en la ciudad. Aún así, las V-1 que lograban atravesar las barreras defensivas causaban en Londres entre 100 y 200 víctimas diarias, sumando finalmente más de 5.000; aunque era preocupante, estaba claro que Hitler no iba a conseguir poner de rodillas a los británicos con la primera de sus «armas fantásticas». La ciudad belga de Amberes también acabaría sufriendo el ataque de las V-1 cuando cayó en manos de los Aliados, perdiendo la vida más de 3.000 de sus habitantes.

La segunda arma de este tipo sería la V-2, que comenzaría a lanzarse en septiembre de 1944. Diseñada por el joven científico Werner Von Braun, su funcionamiento era muy diferente, al tratarse de un cohete capaz de alcanzar los 1.500 kilómetros por hora, siendo el precursor de los futuros ingenios espaciales. Se desplazaba por las capas altas de la atmósfera y caía casi en vertical, por lo que era imposible interceptarlo. Aunque Londres pudo haber recibido un duro castigo con estas bombas volantes, en realidad muchas de ellas caerían en el campo, gracias a las correcciones de tiro que falsos espías alemanes transmitían diariamente a Berlín.

Hitler, que soñaba con ver a Londres arrasada por sus «armas de represalia» y, de este modo, dar un giro radical al desarrollo de la contienda, sufrió una gran decepción al ver que sus expectativas de muerte y destrucción sin límites no se cumplían.

Paradójicamente, en su única visita al frente durante los combates en Normandía se halló cerca de recibir el impacto de una V-1; ésta sufrió una avería en su sistema de navegación y, cuando ya se dirigía a Londres, emprendió el camino de vuelta, estallando cerca del cuartel en donde poco antes Hitler había mantenido una reunión con Rommel.

Es una incógnita lo que habría ocurrido si Hitler hubiera hecho caso a sus generales y, en lugar de disparar sus V-1 contra Londres, las hubiera empleado para atacar las cabezas de playa durante las primeras semanas. Es probable que el resultado final hubiera sido el mismo y los Aliados las hubieran consolidado igualmente, pero también es posible que un bombardeo masivo con estas bombas volantes, combinado con un ataque terrestre con sus mejores divisiones Panzer, quizás hubiera dado alguna opción a los alemanes de cambiar el signo de la batalla.

La innovadora bomba volante V-2, ante la que era inútil
cualquier tipo de defensa. Aún así, este misil, que sería el
precursor de los cohetes espaciales, no lograría dar un giro al
desarrollo de la guerra.

París, liberada

El 25 de julio, los norteamericanos desencadenaron una violenta ofensiva, en la que ya pudo intervenir el impulsivo Patton, encargado de tomar los puertos de Bretaña. Pese a la opinión de Rommel de que era mejor retirarse y establecer una sólida línea de defensa en la otra orilla del Sena, Hitler ordenó lanzar un contraataque en dirección a Avranches para aislar a los veloces blindados de Patton, pero el dominio del aire por parte de los Aliados asfixió este intento alemán, ya que los tanques estaban condenados a avanzar de noche, debiendo permanecer ocultos durante el día.

Esta extensión de las líneas germanas fue aprovechada para ejecutar un movimiento de tenaza, que culminaría en la población de Falaise. Aunque el 20 de agosto se logró cerrar la bolsa resultante, una detención de última hora ordenada por Eisenhower posibilitó que una parte de las tropas alemanas consiguiese escapar de la trampa, aunque dejando atrás todo el equipo pesado. De todas formas, ya nada podía impedir que las fuerzas aliadas se extendieran por Francia, liberando una ciudad tras otra, siendo recibidas con vítores por una población que ofrecía flores y vino a los soldados que llegaban a lomos de los tanques, persiguiendo a los alemanes en retirada.

Nada podría impedir ya la liberación de toda Francia. En la Costa Azul, los Aliados habían llevado a cabo otro desembarco, que recibiría el nombre de Operación Dragón. El objetivo era tomar los puertos de Marsella y Tolón y avanzar hacia el norte a lo largo de la frontera suiza. La fuerza de desembarco estuvo constituida por tres divisiones norteamericanas y dos francesas. Tras un lanzamiento nocturno de paracaidistas, en la mañana del 15 de agosto se produjo el asalto a las playas; el dominio absoluto del mar y el aire por parte de los Aliados facilitó el desembarco y la resistencia de la infantería alemana fue muy débil.

En el norte, una vez controlada toda la región normanda, el gran objetivo era ya la liberación de París. El general De Gaulle, que se enteró de los desembarcos aliados en la misma mañana del 6 de junio, vio llegado su momento. Pero para Eisenhower, la captura de la capital, que conllevaba la necesidad de aprovisionarla, no representaba ninguna ventaja para el avance de las tropas aliadas, por lo que decidió rodearla hasta que la guarnición alemana acabase rindiéndose, evitando cualquier ataque frontal. Era mucho más provechoso tratar de enlazar con las tropas aliadas que subían desde el sur, para cerrar de este modo la escapatoria del I Ejército alemán, que quedaría aislado.

Pero los parisienses no estaban dispuestos a aplazar la ansiada liberación, por lo que se enfrentaron a los ocupantes en comba-

Paracaidistas aliados descienden sobre Holanda durante la Operación Market Garden para despejar el camino al corazón de Alemania. Pese a resultar un rotundo fracaso, Montgomery intentó convertirla en un éxito moderado.

tes callejeros. Ante las súplicas de los habitantes de París, finalmente De Gaulle consiguió que Eisenhower permitiese la liberación de la ciudad.

En la noche del 24 de agosto, soldados franceses de la unidad acorazada del general Leclerc, que luchaban integrados en el III Ejército de Patton, alcanzaron los suburbios de la ciudad. Al día siguiente, el grueso de una unidad hizo su entrada en París. Esa tarde, el general Dietrich Von Choltitz, que desempeñaba el cargo de gobernador militar de París desde el 9 de agosto de 1944, se rendía en su cuartel general. El nombre de este militar alemán pasó a la historia tras negarse a obedecer las supuestas órdenes de Hitler de destruir la capital francesa, aunque existen sospechas de que ese episodio —la famosa pregunta del *Führer*: «¿Arde París?»— fue una invención suya para escapar a las represalias de los Aliados. A las cinco de esa misma tarde, De Gaulle hacía su entrada triunfal en la capital francesa, ante una multitud enfervorizada.

Los Aliados, eufóricos, creyeron que la guerra podía finalizar antes de final de año. Los soldados soñaban con la posibilidad de que pudieran pasar la Navidad en sus hogares. Pero para que la contienda acabase era necesario penetrar como un estilete en el corazón de Alemania antes de que llegasen las lluvias otoñales.

Quien estuvo más cerca de lograrlo fue Patton, que al frente de sus tanques tuvo al alcance de la mano cruzar el Rin, pero la falta de combustible le impidió avanzar más allá del curso alto del río Sena. De nada sirvieron las amargas quejas del visceral militar norteamericano: «Mis hombres pueden comerse sus cinturones, pero mis tanques no pueden funcionar sin gasolina».

Por motivos políticos, y quizás personales, un viejo conocido de Patton, Montgomery, era el gran beneficiado de los aprovisionamientos que llegaban al frente, en detrimento del estadounidense. La enorme influencia del general inglés sirvió para que el combustible fuera escatimado a Patton en beneficio de sus unidades. Y fue *Monty* precisamente quien creyó haber descubierto un atajo para irrumpir en territorio alemán.

Un puente lejano

Aprovechando el impulso proporcionado por el éxito del desembarco en Normandía, Montgomery creyó posible penetrar en Alemania a través de Holanda, en una audaz operación combinada entre tropas terrestres y aerotransportadas para, según él mismo, «acabar la guerra por Navidad».

Esta operación, denominada *Market Garden*, fue ideada y desarrollada por *Monty* en sólo una semana, un plazo demasiado breve para una acción de estas características tan complejas. Aunque muchos de los que tuvieron que participar en ella se mostraban escépticos ante la viabilidad del improvisado plan, el gran prestigio del mariscal sirvió para aplanar todas las dificultades.

Market Garden constaba de dos fases cuya coordinación resultaba esencial para poder lograr el objetivo. Por una parte, las tropas aerotransportadas (*Market*) debían apoderarse de los puentes situados a lo largo de los 100 kilómetros de carretera entre Eindhoven y Arnhem; por otra, fuerzas terrestres (*Garden*) debían cubrir en sólo dos días el trayecto entre dichas ciudades para enlazar con las divisiones *Market*.

Es decir, los paracaidistas descenderían con la misión de impedir la voladura de esos puentes y de mantener la carretera despejada para que irrumpiesen por ella las fuerzas motorizadas aliadas, penetrando como una lanza en la línea de frente alemana. Al menos sobre el papel, esta audaz operación —curiosamente, ajena al espíritu conservador de *Monty*— se presentaba enormemente atractiva, pero el plan no contaba con un pequeño detalle: que los alemanes estarían allí para impedirlo.

Para la primera fase fueron designadas dos divisiones norteamericanas y una británica, a la que se le agregó una brigada polaca que tenía como misión capturar y mantener el vital puente de Arnhem sobre el Rin. En esta colosal invasión por aire participarían un total de 35.000 hombres.

La operación se inició el 17 de septiembre de 1944. Aunque las fuerzas norteamericanas lograron alcanzar la mayoría de sus objetivos, la división británica sufrió todo el empuje del contraataque alemán en la zona de Arnhem. Inexplicablemente, pese a que los Aliados contaban con informaciones fiables procedentes de la resistencia holandesa en las que se advertía de la presencia de divisiones acorazadas en las proximidades, se siguió adelante con el plan sin tomar más precauciones.

Las tropas terrestres que debían tardar 48 horas en llegar a los objetivos capturados por los paracaidistas, a los nueve días se encontraban aún enzarzadas en violentos combates, después de haber cruzado con mucho retraso el puente sobre el río Waal en Nimega. Mientras tanto, la división británica fue virtualmente destruida en Arnhem por los *panzer* y los refuerzos que el alto mando germano envió con inesperada eficiencia.

Al final, se admitió que las columnas aliadas nunca llegarían a su objetivo, por lo que se decidió evacuar a los paracaidistas. El 25 de septiembre, una quinta parte de los soldados fueron recogidos en embarcaciones, mientras que los restantes acabarían siendo hechos prisioneros. Los alemanes perdieron más de 3.000 hombres en la batalla, pero los Aliados sufrieron cerca de 15.000 bajas. Pese al desastre de la operación, el prestigio de Montgomery no quedó empañado —aseguró sin rubor que «los objetivos se habían cubierto en un 90 por ciento»—, aunque no pudo cumplir su promesa de acabar la guerra antes de que terminase 1944.

Los Aliados, cuyas líneas de abastecimiento ya estaban estiradas al máximo, comprendieron que la inercia del Día-D estaba agotada y que era necesario tomar aire antes de afrontar el asalto final al Reich. Mientras, en el este, los soviéticos se encontraban también acumulando energías para descargar el definitivo golpe contra Alemania. Pero Hitler aún tenía preparada una súbita e insospechada sorpresa...

12 EL HUNDIMIENTO DEL TERCER REICH

La frustrada operación *Market Garden* fue la última gran ofensiva de los Aliados en 1944. Al llegar el otoño, las lluvias dejaron impracticables los caminos y muchos ríos se desbordaron. La perspectiva de las bajas temperaturas invernales obligaba a aplazar el asalto final al territorio del Reich hasta la primavera de 1945.

Aún así, y pese a la escasez de tropas y suministros, que aún debían ser desembarcados y trasladados desde las playas de Normandía, los Aliados no dejaron de hostigar a las tropas germanas, aunque con resultado desigual. En ese otoño, ya en territorio alemán, se produjo una de las batallas más sangrientas de la contienda, pero que, quizás debido a que se trató de un fiasco aliado, prácticamente ha desaparecido de los libros de historia.

Al tupido bosque de abetos de Hürtgen, situado al sur de Aquisgrán, cerca de la frontera belga, llegaron los norteamericanos a finales de septiembre. En cuanto intentaron ocuparlo, el 6 de octubre, para evitar que se convirtiese en un futuro reducto germano, les salieron al paso tropas experimentadas apoyadas por fuego procedente de la cercana Línea Sigfrido, el sistema de defensa que protegía la frontera germana. En cinco días, tan sólo se había logrado penetrar un kilómetro y medio, y diez días más de combates sirvieron únicamente para avanzar esa misma distancia. Mientras los norteamericanos debían desplazarse por intrincados caminos de leñador, en el lado alemán existían anchos caminos que permitían trasladar refuerzos rápidamente.

La táctica de los artilleros germanos era insólita pero muy efectiva; las bombas y granadas eran disparadas contra las copas de los árboles, provocando el estallido de miles de astillas incandescentes, convertidas en metralla; no era posible resguardarse de semejante granizo mortal.

Durante un mes, la aviación y la artillería aliadas intentaron destruir los cañones alemanes, pero las fortificaciones soportaron el bombardeo. El 2 de noviembre, una división estadounidense llegó al bosque para reforzar a los que allí combatían, pero 11 días después toda esta división había sido aniquilada. Los soldados se vieron obligados a continuar luchando en Hürtgen, pero

comenzaron a producirse deserciones a consecuencia de la claustrofobia que provocaba el bosque, formado por árboles tan altos
y frondosos que no permitían que la luz llegase al siempre
húmedo suelo. Muchos hombres acudieron a la retaguardia y se
negaron a regresar, aterrorizados por un bosque en perpetua
sombra, plagado de trampas y minas, que acabó por quebrar la
resistencia psicológica de los soldados.

La batalla degeneró para los norteamericanos en una serie de
ataques más propios de la Primera Guerra Mundial, incluyendo
estériles avances para tomar posiciones enemigas que poco más
tarde debían ser abandonadas ante el demoledor fuego de la artillería o de los tanques alemanes.

Finalmente, la importancia de la captura del bosque se vería
eclipsada por la inmediata ofensiva germana en las Ardenas.
Aunque se sabe que esta absurda y casi desconocida batalla de
Hürtgen costó un alto número de bajas, que podría superar las
25.000, es imposible conocer su volumen exacto, puesto que
muchas de ellas fueron acumuladas posteriormente en las cifras
oficiales de bajas de la Batalla de las Ardenas.

Más suerte tuvieron los Aliados en la histórica ciudad alemana
de Aquisgrán. Esta localidad se convirtió en un apetecible objetivo, puesto que en ella convergían dos sectores de la Línea
Sigfrido. El 8 de octubre la ciudad quedó cercada, pero no se
rendiría hasta 13 días después, tras encarnizados combates urbanos que pusieron a prueba también la resistencia de los soldados
aliados. La ciudad de Carlomagno había caído, pero el avance
no iría más allá. El crudo invierno ya llamaba a la puerta y era
necesario reservar fuerzas para la última acometida, que debía
conducir a los Aliados al corazón de Alemania.

A LAS PUERTAS DE VARSOVIA

Por su parte, en ese invierno de 1944 los soviéticos estaban
también acumulando efectivos antes de lanzar el ataque final en
dirección a Berlín. Mientras los Aliados occidentales habían desembarcado en Normandía y llevaban a cabo su avance por

Francia, Stalin había impulsado una poderosa ofensiva de verano que había llevado a sus tropas a las puertas de Varsovia a finales de julio.

Su campaña se había iniciado el 10 de junio de 1944, atacando a Finlandia y vengándose de la humillación sufrida cuatro años antes. Con medio millón de soldados y 10.000 cañones, los rusos no hallaron obstáculos para vencer a los finlandeses, aunque las condiciones que les impusieron tras derrotarlos no fueron tan draconianas como se temía, gracias a la intercesión de los norteamericanos.

Pero la gran ofensiva de verano daría comienzo el 22 de junio de 1944, precisamente cuando se cumplía el tercer aniversario de la invasión nazi de la Unión Soviética. Esta nueva operación,

El general de las SS Jürgen Stroop se encargó de ahogar a sangre y fuego el levantamiento del gueto de Varsovia en 1943. Un año después se repetirían las mismas escenas de muerte y destrucción en la capital, mientras las tropas rusas, por orden de Stalin, permanecían a pocos kilómetros sin socorrer a los valientes polacos.

denominada *Bagration*, acabaría con las fuerzas germanas posicionadas en Bielorrusia. En su veloz avance, los rusos iban embolsando tropas alemanas, procediendo luego a su liquidación. El 3 de julio cayó Minsk y el día 13, Vilna. El 25 de julio, los tanques rusos ya estaban a tan sólo 80 kilómetros de Varsovia.

El 1 de agosto, con los soviéticos a 11 kilómetros de la capital, la resistencia polaca inició una revuelta para expulsar a los alemanes de Varsovia, con la esperanza de que el Ejército Rojo acudiese en ayuda de los sublevados. Pero entonces los rusos pusieron en práctica una deleznable estrategia; retiraron a sus tropas abandonando a los resistentes polacos a su suerte. Éstos serían víctimas de una despiadada represión por parte de tres divisiones de las SS, que convertirían las calles de Varsovia en una orgía de sangre difícilmente imaginable, en la que no serían respetados ni hospitales ni orfanatos, y cuyos detalles llegaron incluso a escandalizar al cuartel general de Hitler.

Mientras esto ocurría, Stalin no sólo permanecía de brazos cruzados, sino que impedía a los Aliados occidentales, que sí querían socorrer a los sublevados, utilizar los aeródromos bajo control soviético para que sus aviones pudieran arrojar desde el aire armas a los resistentes. El motivo de su inacción era que la feroz represión alemana estaba liquidando a los sublevados polacos, una fuerza leal al gobierno polaco en el exilio y que podía girarse más tarde en contra de los rusos al reclamar su protagonismo en la liberación de Varsovia. Así pues, las SS estaban llevando a cabo el *trabajo sucio*, aplanando el dominio soviético posterior. La muerte de 15.000 resistentes a manos alemanas fue un involuntario favor que Hitler proporcionó al astuto y calculador Stalin.

Aunque Varsovia permanecería aún seis meses más bajo la bota alemana, los soviéticos se daban por satisfechos con el avance conseguido en ese verano, que había supuesto para los alemanes la pérdida de 30 divisiones. Al igual que sus aliados occidentales, las líneas de abastecimiento habían sido estiradas al límite y era necesario tomarse también un respiro. El precio pagado por la Operación *Bagration* tampoco era desdeñable; unos 250.000 muertos y más de 800.000 heridos.

La Batalla de las Ardenas

En el otoño de 1944, el panorama que se le presentaba por delante a Alemania no era nada halagüeño. Las derrotas sufridas durante el verano le habían privado del petróleo rumano y habían cortado el suministro de minerales desde España. Finlandia, Rumanía y Bulgaria luchaban ahora en el bando aliado, mientras Hungría planeaba en secreto su deserción. Únicamente los gobiernos de la República Social Italiana, Croacia y Eslovaquia permanecían leales al Eje, pero su existencia era fantasmagórica. Nadie deseaba ya unir su suerte a la del agonizante Tercer Reich.

Las formaciones aéreas aliadas sobrevolaban día y noche las principales ciudades germanas, destruyendo los centros industriales y efectuando ataques intimidatorios contra los núcleos habitados, para quebrar la moral de la población. La *Luftwaffe* se mostraba totalmente impotente para impedirlo, pero aún así no se resintieron las cifras de producción, al haber sido trasladada en su mayor parte a instalaciones subterráneas.

La derrota de Alemania parecía inevitable; el territorio del Reich se encontraba totalmente cercado y nada hacía pensar que el ejército germano tuviera poder de reacción. Pero los Aliados se equivocaban; no contaban con la audacia de un jugador desesperado capaz de arriesgar el todo por el todo.

Eso es lo que ocurrió en diciembre de 1944, cuando Hitler puso sobre el tapete su última apuesta para derrotar, o al menos frenar, a los ejércitos aliados que estaban poniendo sitio a las fronteras del Reich. El objetivo era obtener una victoria aplastante en el frente del oeste para forzar a los Aliados occidentales a negociar una paz separada con Alemania. De este modo, podría centrar todos sus recursos en la lucha contra la Unión Soviética.

Hitler estaba convencido de que podría reeditar los ya añejos éxitos de la guerra relámpago. Su plan consistía en lanzar un ataque masivo y contundente en la agreste e inhóspita región de las Ardenas, escasamente defendida, para llegar hasta el río Mosa. En una segunda fase, las divisiones Panzer se dirigirían nuevamente en veloz carrera hacia el mar, en dirección a Bruselas y Amberes, y dejando aislado al Ejército de Montgomery.

Sobre el papel la idea no dejaba de resultar prometedora, pero Hitler se olvidaba de que la *Wehrmacht* y la *Luftwaffe* no eran las mismas que en 1940 y de que las tropas aliadas, bien pertrechadas y con espíritu de victoria, nada tenían que ver con aquel desmoralizado ejército francés.

Aunque los generales alemanes estaban convencidos de que esa desesperada maniobra era una locura, nadie se atrevió a llevar la contraria al *Führer*. Aún estaba muy reciente la represión sufrida por el estamento militar tras el frustrado atentado contra Hitler del 20 de julio de 1944. Aquel día, el coronel Von Stauffenberg logró introducir una bomba en la *Wolfsschanze* o Guarida del Lobo, el cuartel general de Hitler en Prusia Oriental; aunque la bomba estalló, el dictador nazi resultó prácticamente ileso gracias a que unos minutos antes alguien apartó el maletín-bomba dejado por Von Stauffenberg, colocándolo tras una de las gruesas patas de la mesa a la que estaba sentado Hitler, que sirvió así de providencial escudo protector.

Las represalias contra los supuestos conjurados fueron brutales, procediéndose a la ejecución en la horca de más de 700 oficiales del ejército. Una de las víctimas sería el propio Rommel, que se vio obligado a suicidarse con cianuro el 14 de octubre a cambio de que su nombre se mantuviera limpio y su familia recibiera un buen trato.

Así pues, tras ser diezmados por la sed de venganza de Hitler —que gustaba de ver una y otra vez una filmación de los ejecutados colgando de ganchos para carne—, los militares germanos prefirieron no llevar la contraria al irascible dictador y aceptaron a regañadientes la misión de llevar a buen puerto la inminente ofensiva en las Ardenas.

Consciente de que se jugaba sus últimas cartas, Hitler no dudó en saltarse las reglas de la guerra, organizando un grupo de soldados que se infiltrarían tras las líneas enemigas vestidos con uniforme norteamericano y con dominio del inglés coloquial. Su misión sería cambiar señales indicadoras, transmitir órdenes falsas y dirigir erróneamente el tráfico de vehículos para extender así la confusión.

Si la ofensiva prevista en las Ardenas tenía escasas posibilidades de éxito, estas opciones quedaron reducidas al mínimo al no poder reunir todo el potencial necesario para el ataque. Estaba previsto que los tanques dispusiesen de cinco depósitos de combustible, pero sólo se les pudieron proporcionar dos. El resto deberían tomarlo de las reservas capturadas a los Aliados. En cuanto a la cobertura aérea, los más de 3.000 aviones prometidos por la *Luftwaffe* se vieron reducidos a 300, debido a que el resto tuvo que ser destinado a proteger las ciudades alemanas de los bombardeos.

Aún así, Hitler ordenó poner en marcha la ofensiva, para la que reunió efectivos procedentes del frente oriental; el 16 de diciembre de 1944, 25 divisiones alemanas iniciaron un ataque fulgurante en los bosques de las Ardenas, tomando por sorpresa a las cuatro divisiones norteamericanas que se encontraban destinadas en la región. Tal como se había previsto, ese gélido día se despertó con una densa niebla, que impidió que la aviación aliada pudiera operar. Al atardecer, el frente se había roto en varios puntos y parecía que los blindados alemanes estaban de nuevo en camino de obtener una gran victoria en el oeste.

Durante unos días el pánico se apoderaría de las fuerzas aliadas, gracias sobre todo al *trabajo* de los soldados alemanes infiltrados, que llegaron incluso a propagar el rumor de que Eisenhower iba a ser asesinado por un comando en su cuartel de Versalles. El desconcierto fue total, a lo que había que sumar la falta de refuerzos aliados en los primeros días.

La clave de la batalla fue la heroica resistencia aliada en unos pocos puntos clave, como Bastogne, en donde se logró inmovilizar el avance de las divisiones Panzer. Pero hasta el día 19 de diciembre Eisenhower no fue consciente del alcance de la ofensiva alemana. A partir de entonces se planeó el contraataque, consistente en taponar los huecos abiertos en el norte y golpear desde el sur con los blindados de Patton como ariete.

Ya antes de que se pusiera en marcha la respuesta aliada, los generales germanos se dieron cuenta de que el ímpetu inicial

El rostro de este soldado alemán denota el cansancio de las tropas que intentaron infructuosamente romper el frente aliado en las Ardenas. Esta batalla supuso el último intento de Hitler de alcanzar un éxito militar en el frente occidental.

había sido frenado y que era difícil que las tropas pudieran progresar más. El paso de los días tan sólo daría más tiempo a los Aliados para hacer llegar refuerzos, por lo que lo más aconsejable era replegarse. Hitler no quiso ni oír hablar de una retirada y ordenó continuar con la ofensiva, enviando sus reservas de carros de combate a la batalla.

En Bastogne, las tropas norteamericanas resistían totalmente rodeadas, sin alimentos y con escasa munición. Aún así, el 22 de diciembre rechazaron despectivamente una oferta formal de rendición mediante una nota que respondía lacónicamente *«¡Nuts!»* (¡Váyanse al cuerno!), ante la perplejidad de los alemanes. Cuatro días más tarde, una columna de socorro con Patton al frente logró romper el cerco, aunque la lucha por Bastogne no cesaría hasta el 9 de enero. Pero desde ese momento, animados por el ejemplo de heroísmo que les había insuflado la resistencia de Bastogne, los soldados norteamericanos ya no darían un solo paso atrás.

La meteorología también pareció ponerse del lado de los Aliados; curiosamente, el 23 de diciembre irrumpió un atípico anticiclón procedente precisamente de Rusia y durante seis días seguidos lució el sol en toda la región de las Ardenas, lo que permitió por fin actuar a la aviación aliada.

El 28 de diciembre, hasta el propio Hitler se dio cuenta de que la batalla no podía ganarse. Sus tanques estaban inmovilizados por falta de gasolina y eran objetivo fácil de los aviones enemigos. Pero el *Führer* no ordenó la retirada a las posiciones seguras de la Línea Sigfrido, tal como dictaba el sentido común y defendían sus generales, sino que se empeñó en resistir a toda costa en el saliente que dibujaban las posiciones ocupadas en ese momento.

Esta decisión resultaría desastrosa, al convertir un fracaso asumible en un descalabro total. El 31 de diciembre, Patton contaba ya con seis divisiones en la región, con las que no tuvo excesivas dificultades para arrollar a los blindados germanos. Aunque Patton pretendía llevar a cabo una maniobra en tenaza para atrapar a los alemanes en el saliente, al final se impuso el plan más conservador, defendido obviamente por Montgomery, consistente en atacar por el centro para ir empujando progresivamente a las tropas de Hitler hacia la Línea Sigfrido. Los alemanes intentarían mantener sus posiciones pero era inútil; el saliente se iría reduciendo cada vez más hasta que el 20 de enero de 1945 las fuerzas germanas se retiraron a sus posiciones de partida.

La Batalla de las Ardenas había supuesto el canto del cisne de la maquinaria de guerra del Tercer Reich. Hitler, que continuaba viviendo en su insensato autoengaño, afirmaba que «aunque desgraciadamente no se haya producido el éxito resonante que se esperaba, la mejoría producida es inmensa». El *Führer* consideraba que se había logrado ganar tiempo, retrasando la ofensiva aliada sobre Alemania, pero ese supuesto beneficio que sólo existía en su obtusa mente se había conseguido a un coste elevadísimo. En las Ardenas los alemanes sufrieron 120.000 bajas, muriendo 20.000 hombres. Se perdieron 800 carros de combate, 1.200 aviones y más de 6.000 camiones. Ésas eran las últimas reservas con las que contaba el Reich para defender su propio territorio, y habían sido malgastadas en una ofensiva que había dejado la línea del frente prácticamente intacta.

En cuanto a los norteamericanos, la Batalla de las Ardenas confirmó a su ejército —cuya capacidad de lucha aún levantaba algunas dudas— como una fuerza de combate tan poderosa como fiable. Aunque en los primeros días cundió el nerviosismo, que llevaría a Eisenhower incluso a plantearse pedir a Washington el envío de 100.000 marines, conforme avanzaba la batalla los norteamericanos fueron ganando solidez, demostrando que sus soldados sabían luchar a muerte por un palmo de terreno. El precio que pagaron también fue considerable al sufrir 81.000 bajas, incluidos 19.000 muertos en combate.

Aunque la frialdad de las cifras puede hacer creer que la partida finalizó en tablas, en realidad la batalla significó sólo un contratiempo para los Aliados, mientras que para los alemanes supuso el agotamiento de buena parte de sus reservas. Los grandes beneficiados serían los soviéticos; bien atrincherados en sus cuarteles de invierno, asistieron al desangramiento de la *Wehrmacht* en el oeste, al haber empleado los efectivos destinados a la defensa de las fronteras orientales. De este modo, el Ejército Rojo podría lanzar su ataque final contra el Reich teniendo enfrente a unas fuerzas muy debilitadas.

TEMPESTAD EN EL ESTE

La retirada de tropas en el frente oriental con destino a la ofensiva de las Ardenas se reveló rápidamente como un error. A finales de diciembre de 1944, el cuadro de los efectivos soviéticos presentaba un aspecto formidable. En el río Vístula, los rusos contaban con un número de divisiones nueve veces superior al de los alemanes. La proporción de fuerzas era abismal; de veinte a uno en artillería, de once a uno en infantería y de siete a uno en carros de combate.

Esta acumulación de fuerzas evidenciaba que era inminente otra ofensiva de invierno de las que hasta ese momento lanzaban puntualmente los soviéticos cada año, pero Hitler dio nuevas muestras de su ceguera. Pese a las continuas derrotas de su ejército a manos de los rusos, el *Führer* los consideraba aún como una horda desorganizada, incapaz de plantear una batalla decisiva; no tenía reparos en afirmar que el potencial soviético era «el *bluff* más grande desde los tiempos de Gengis Khan».

Pero el Ejército Rojo no tardaría en poner en entredicho estas grotescas palabras de Hitler; en la madrugada del 12 de enero de 1945, cientos de baterías comenzaron a disparar en las cabezas de puente del Vístula. Tras esa cortina de fuego, la infantería rusa avanzaba, precedida por las divisiones blindadas y los limpiadores de minas. En los días siguientes, las unidades rápidas se desplegaron en dirección a Danzig, el río Oder y Silesia. Las tropas rusas ocuparon Varsovia el 16 de enero, después de que la guarnición alemana en la capital se retirase.

Al producirse la ruptura del frente, Hitler echó la culpa a sus generales, pero al conocer el abandono de Varsovia, los acusó de traición y cobardía. Las tropas germanas estaban siendo aniquiladas, pero la máxima preocupación del dictador era detener y juzgar a tres de los oficiales supuestamente responsables del desastre militar. Mientras tanto, la población civil de Prusia Oriental huía despavorida ante el avance ruso; un total de ocho millones de personas se refugiarían al otro lado del río Oder, aterrorizados por los saqueos, asesinatos y violaciones cometidos por los soldados soviéticos, que vengaban de esta forma los excesos cometidos con anterioridad por los alemanes en suelo ruso.

Esta torrencial ofensiva del Ejército Rojo fue agotando su impulso debido al alargamiento de la cadena de suministros, estancándose definitivamente en el Oder, en donde los alemanes habían acumulado los efectivos suficientes para contener la marea soviética. En la tercera semana de febrero, el frente quedó estabilizado y a partir de entonces los rusos se dedicaron a operaciones de limpieza de los reductos alemanes que aún resistían, pero sobre todo a preparar el asalto definitivo a Berlín.

LA CONFERENCIA DE YALTA

Con las tropas germanas retrocediendo en todos los frentes, el recién estrenado 1945 se presentaba como el año de la victoria para los Aliados. Pero la inminente derrota de la Alemania nazi dejaba en el aire muchos interrogantes. Era necesario que las potencias vencedoras acordasen cómo sería el mundo después de la Segunda Guerra Mundial, por lo que era imprescindible la celebración de un encuentro entre sus máximos representantes.

La primera reunión ya se había celebrado en Teherán el 28 de noviembre de 1943, cuando se vieron las caras los «Tres Grandes» —Roosevelt, Churchill y Stalin— y en la que Estados Unidos intentó crear un clima de confianza con su aliado soviético, mientras que Churchill se mostró más reticente a hacer concesiones a los rusos.

En 1945, con el Tercer Reich contra las cuerdas, los Aliados occidentales propusieron una nueva reunión que podía tener como escenario Estambul, Jerusalén o Roma. Finalmente, Stalin logró que se celebrase en suelo soviético, esgrimiendo la imposibilidad de abandonar su país en el momento en el que se preparaba la ofensiva definitiva sobre Alemania. Yalta, en la península de Crimea, sería el lugar en el que se verían las caras.

El domingo 4 de febrero dio comienzo la reunión. Desde el primer momento quedó claro que el líder soviético manejaría todos los hilos del encuentro. Las tres naciones se presentaban en condiciones desiguales; mientras los norteamericanos estaban liderados por un presidente enfermo que moriría poco más tarde, y Churchill figuraba al frente de un país valiente y orgulloso pero muy debilitado por la guerra, Stalin aparecía en todo su insolente esplendor, con sus tropas extendiéndose sin freno por Europa Oriental.

El dictador soviético agasajó a las delegaciones invitadas con opíparos banquetes en los que no había restricción de alcohol, pero a la vez hacía todo lo posible por obstaculizar los contactos entre norteamericanos y británicos para evitar que formasen un frente común.

La Conferencia de Yalta finalizó el 11 de febrero, entre brindis y felicitaciones. Stalin se mostró muy satisfecho con los resultados, ya que consiguió prácticamente todos sus objetivos; consolidó su control sobre Polonia a cambio del compromiso —posteriormente incumplido— de celebrar unas elecciones libres, obtuvo una zona propia de ocupación en Alemania, la anexión de varios enclaves en Extremo Oriente, además de 10.000 millones de dólares en reparaciones de guerra, entre otras muchas ventajas.

Por su parte, los Aliados occidentales no se mostraron firmes ante el propósito de Stalin de situar a Europa Oriental bajo la órbita soviética y aceptaron sus exigencias a fin de salvaguardar la coalición hasta la derrota total de Alemania y la de Japón, puesto que en esos momentos los norteamericanos confiaban en el concurso de los rusos para derrotar al Imperio nipón.

EL CERCO SE ESTRECHA

Una vez acordados en Yalta los detalles del nuevo mapa de Europa que debía surgir después de la contienda, los Aliados ya estaban en disposición de llevar a cabo el asalto definitivo al Reich. Fue entonces cuando se recrudeció la campaña de bombardeos en toda la geografía germana. Aunque fueron muchas las ciudades que soportaron las terribles tormentas de fuego y destrucción provocadas por la aviación aliada, destacó por encima de todas la que sufrió Dresde entre el 15 y el 17 de febrero de 1945.

Esta ciudad, célebre en la época por poseer bellos edificios y monumentos en su centro histórico, acogía a una ola de refugiados procedentes del este y no constituía un punto estratégico que debía ser destruido. Aún así, un total de 1.500 bombarderos británicos y norteamericanos se turnaron durante tres días para devastar la ciudad, creando unos ciclones de fuego nunca vistos.

Es imposible conocer la cifra total de víctimas; mientras que unos la elevan hasta 300.000, otros la reducen a 50.000. El dato más escalofriante es que se reunieron 20.000 anillos de matrimonio procedentes de los cadáveres carbonizados.

Hitler, que prefería no conocer los detalles de estos trágicos episodios, estaba mucho más atento a las cuestiones militares. Para frenar la brutal embestida invernal de los soviéticos, Hitler había trasladado al este tropas destinadas en la frontera occi-

Esta formación de bombarderos B-17 norteamericanos se dirige a atacar una ciudad alemana. Pese a la masiva campaña de bombardeos, la producción industrial germana no se resentiría.

dental, lo que fue aprovechado por los Aliados occidentales para organizar con tranquilidad el modo de penetrar en Alemania, pese a algunos intentos desesperados de romper el frente que no obtuvieron ninguna recompensa. Aún así, las fuerzas en liza en el oeste no eran desproporcionadas; mientras que Eisenhower contaba con 87 divisiones, los alemanes podían enfrentar 73, pese a estar formadas por menos hombres y no disponer de combustible para los blindados.

Ya estaba claro que la última línea de defensa sería el caudaloso Rin. Era consciente de que, si los Aliados lograban franquear esta barrera, ya nada podría pararlos en su camino hacia el interior de Alemania. Pero, contrariamente a cualquier lógica militar, Hitler dio órdenes de permanecer en la orilla occidental del Rin a cualquier precio, con el río a la espalda. El mantenimiento de esta barricada natural costaría la vida a más de 60.000 soldados teutones.

Pero esa resistencia a ultranza no serviría de nada. El 7 de marzo de 1945 los norteamericanos lograron pasar a la otra orilla gracias a que los zapadores germanos no habían logrado destruir el puente ferroviario Ludendorff, en la ciudad de Remagen. Aunque consiguieron explotar las cargas de dinamita, el puente se elevó unos centímetros para, de forma increíble, volver a descansar sobre sus cimientos. En cuanto fue tomado, los ingenieros consolidaron momentáneamente su estabilidad. Para enfado de los generales estadounidenses, Eisenhower no autorizó a irrumpir al otro lado en profundidad, puesto que era necesario esperar a Montgomery, que debía atravesar el río más al norte. El puente de Remagen se desplomaría el 17 de marzo, pero las tropas aliadas ya estaban aposentadas en la otra orilla.

Mientras esto sucedía, Patton, que se movía más al sur al frente del III Ejército, consiguió el 22 de marzo pasar a la otra orilla del Rin cerca de Oppenheim, entre unos acantilados que no estaban defendidos por los alemanes, al creer éstos que ningún ejército podía cruzar por allí. De este modo, el general norteamericano volvió a imponerse en esa competición particular que mantenía con *Monty*.

El mariscal británico atravesaría el Rin en Wessel al día siguiente en su mejor estilo, es decir, sólo después de intensos bombardeos aéreos, una larga preparación artillera de más de 3.000 cañones y un lanzamiento de paracaidistas en la retaguardia enemiga, mientras que Patton lo había hecho sin ningún tipo de apoyo y basándose sólo en la rapidez de sus ingenieros para ensamblar los pontones. A *Monty*, que había quedado en evidencia una vez más, no le sentaron demasiado bien las declaraciones efectuadas por Patton la noche anterior: «El mundo entero debe saber que el III Ejército ha logrado pasar el Rin antes que Montgomery».

En los días posteriores, el Rin fue atravesado en una veintena de puntos más, por lo que las puertas de Alemania quedaban abiertas de par en par a los Aliados occidentales. Ciudades y pueblos se iban rindiendo al paso de los blindados, colgando sábanas blancas en las ventanas. Paradójicamente, la población germana temía más a las fanáticas tropas de las SS que se dedicaban a fusilar a supuestos traidores que a los soldados norteamericanos. La llegada de los Aliados significaba el final de los devastadores bombardeos, por lo que la derrota supuso en muchos casos un alivio más que una frustración.

En esos momentos, Berlín se ofrecía como un objetivo asequible, pero Eisenhower, por criterios políticos, prefirió dirigir el grueso de sus tropas hacia el sur y reservar la capital alemana a los soviéticos, que ansiaban plantar su bandera en el edificio del Parlamento alemán, el *Reichstag*. Así pues, mientras los británicos se empleaban en despejar el norte de Alemania, los norteamericanos avanzaron hacia Leipzig, con el compromiso de no pasar de la línea del río Elba y esperar allí a los soviéticos.

Tras un rápido avance de tres ejércitos norteamericanos en paralelo, el 11 de abril se alcanzó la orilla del Elba, en Torgau, adonde llegarían los soldados rusos el día 25. Aunque a Patton se le ordenó dirigirse a Checoslovaquia y Austria, se le prohibió entrar en Praga y Viena, que debían ser tomadas por los soviéticos.

La tenaza alrededor de la Alemania nazi estaba ya cerrada, pero aún quedaba por escribirse el capítulo final de la guerra en Europa: la toma de Berlín.

Berlín, cercada por los soviéticos

Los Aliados occidentales ya habían terminado prácticamente con su cometido, pero para los soviéticos la guerra aún no había concluido. Tenían ante ellos la presa más codiciada: la capital del Reich. La defensa de la ciudad se comenzó a preparar a principios de febrero, mientras la *Wehrmacht* intentaba inútilmente contraatacar en Hungría. Esta infructuosa acometida costaría a los alemanes la pérdida de 11 divisiones blindadas y dejaría abiertas las puertas de Austria. Los rusos entrarían en Viena el 13 de abril de 1945.

En esa fecha, Berlín ya estaba protegida con tres cinturones defensivos, guarnecidos en buena parte por el *Volksturm* (tempestad popular), una fuerza en la que debían alistarse todos los alemanes varones entre 16 y 60 años, con escasos uniformes y pobremente armados, que bien poco podían hacer contra las bregadas tropas soviéticas.

Stalin estaba dispuesto a tomar Berlín lo más pronto posible, quizás para evitar que sus aliados recapacitasen y se decidiesen a avanzar hacia la capital. Para garantizar un asalto demoledor, los soviéticos consiguieron reunir un descomunal contingente de dos millones y medio de soldados, más de 6.000 tanques y 40.000 cañones. El ataque se efectuaría desde la línea formada por los ríos Oder y Neisse en tres frentes que convergerían en la capital; Stalin favorecería la competencia entre ellos para acelerar la carrera hacia Berlín.

En la madrugada del 16 de abril estalla la gran tormenta de fuego procedente de las líneas rusas. Las tropas soviéticas que debían atacar por el centro y por el sur embisten contra las defensas alemanas, pero la del centro, dirigida por el mariscal Zhukov, sólo obtiene débiles penetraciones ante el IX Ejército alemán, dirigido por el general Heinrici, pese a la extraordinaria violencia de su preparación artillera, probablemente la más intensa de la historia. En sólo media hora se alcanza una cadencia de fuego tal que muchos tiradores soviéticos ensordecen temporalmente, las explosiones provocan una masa de aire tan caliente que por sí sola incendia los árboles, y pueblos enteros quedan reducidos a polvo en minutos.

Tras esta batida infernal, los tanques rusos avanzan provistos de grandes focos antiaéreos, dirigidos hacia los alemanes para deslumbrarlos. Pero los rusos se encuentran con la sorpresa de que su bombardeo no ha servido de nada; durante la noche, los hombres de Heinrici han abandonado las posiciones de vanguardia y se han refugiado en unos montes cercanos, protegiendo la carretera que conduce a Berlín. Además, los reflectores de los tanques sólo sirven para facilitar la labor a los artilleros alemanes.

En contraste con las dificultades que tiene Zhukov, el frente sur, dirigido por Koniev, sí que consigue imponer rápidamente su aplastante superioridad, atraviesa las líneas germanas y comienza a girar hacia el norte, rumbo a Berlín.

Hitler recibe entonces la súplica de Heinrici para retrasar su IX Ejército con el fin de reforzar la defensa de Berlín y evitar así quedar cercado, pero el dictador nazi comete un nuevo error, obligándole a mantenerse frente a Zhukov, convencido de que el ataque a Berlín no es más que una finta para ocultar un avance hacia Praga.

El 20 de abril entra en acción el frente norte, comandado por Rokossovski, y consigue también romper la resistencia alemana, lo que facilita por fin el avance de las tropas de Zhukov, que hasta ese momento continuaban detenidas ante el IX Ejército. Poco después, tal como había pronosticado Heinrici, éste queda cercado por los rusos.

La línea Oder-Neisse, de este modo, ha quedado rebasada por el Ejército Rojo. Ya nada puede detenerlos en su camino a Berlín. En vez de atacar frontalmente, los frentes norte y sur rodean completamente la capital para dejarla aislada y, de paso, cerrar el camino a cualquier intento anglonorteamericano de llegar hasta ella. El temido cerco de Berlín se ha consumado.

EL ÚLTIMO ACTO

A los visitantes de Berlín que hoy día pasean distraídamente por el centro de la ciudad, difícilmente les llamará la atención un conjunto de edificios de apartamentos de color gris situados en la

Wilhelmstrasse. Construidos en los últimos años de existencia de la Alemania Oriental, estos impersonales bloques de viviendas cuentan, junto al aparcamiento, con una pequeña zona verde. Salvo por la presencia de un cartel informativo que fue colocado allí en 2006, no se advierte ningún indicio de que en el subsuelo de ese lugar pasó sus últimas semanas de vida el criminal más despiadado del siglo XX.

En ese punto se encuentran los restos del *Führerbunker*, el refugio desde el que Hitler dirigiría la guerra a partir del mes de abril. Fue el 6 de enero de 1945 cuando entró en él por primera vez para protegerse de los violentos bombardeos de que era objeto Berlín día y noche. Hasta mediados de febrero, Hitler permanecería en sus estancias privadas de la Cancillería, pero finalmente se vería obligado a vivir en el interior del búnker, consciente de que su ineludible cita con la muerte se produciría en aquel sarcófago de hormigón.

El ambiente en el búnker es claustrofóbico. Las minúsculas habitaciones, las estrechas escaleras, las vibraciones producidas por las explosiones, unidas al olor de humedad y al omnipresente rumor de los motores diésel que alimentan la ventilación, conforman un conjunto tan opresivo que afecta al estado de ánimo de todos los que allí viven. De nada sirven las despensas llenas de los mejores manjares, así como de coñac y champán francés, mientras la población debe sobrevivir a duras penas en el exterior. Pero el factor más sofocante es —según el testimonio posterior de la mayoría de los que sobrevivieron— la mera presencia de Hitler, del que emana un aura mefítica que impregna todo el refugio.

Como si por sus conductos de ventilación aquel búnker difundiese su aire rarefacto a toda la ciudad, Berlín cae víctima de un estado febril que la sume en una extraña atmósfera de irrealidad. Aunque los rusos están a las puertas de la ciudad, la población berlinesa aún confía en un milagro. Hay quien habla todavía de las «armas fantásticas» del *Führer*, mientras se siguen por la radio las noticias que anuncian la inminente llegada de dos columnas de socorro, una procedente del Oder y otra del frente occidental.

Hitler ordena una y otra vez ataques y contraataques con unidades de las que sólo se conserva el nombre, pero los informes que recibe hablan únicamente de derrotas. La última buena noticia llega al búnker el 12 de abril, al conocerse el fallecimiento del presidente Roosevelt. Hitler, convencido de que ese acontecimiento supondrá la ruptura de los Aliados, lo celebra junto a los dirigentes nazis descorchando botellas de champán. Pero la euforia dura sólo un día; la caída de Viena, la ciudad en la que él entró triunfante en 1938, le trae de regreso a la trágica realidad.

El día 15 de abril, Eva Braun, la mujer con la que compartía su vida desde hacía una década, acude al búnker dispuesta a acompañar a Hitler hasta el inminente final. Pero el *Führer* aún no se da por vencido; el día 21 ordena una contraofensiva general para romper el cerco de Berlín. A la mañana siguiente se reúne con sus generales, impaciente por conocer el resultado del ataque. Uno tras otro, le dicen que la operación ha fracasado, confesando que en la mayor parte del frente ni tan siquiera se ha intentado, ante la falta de efectivos. Hitler estalla en un terrible acceso de cólera; los insulta, los maldice, asegura que ha sido traicionado por todos. Durante tres horas, los generales sufren la ira desatada del dictador, que golpea furiosamente la mesa. En el exterior de la sala, el resto de habitantes del búnker permanece en silencio, mientras que sólo se oyen los apagados gritos de Hitler a través de la puerta.

Una vez desahogada toda su airada frustración, el *Führer* recobra inesperadamente el sosiego y anuncia su intención de permanecer en Berlín. Aunque intentan convencerle para que escape de la capital, Hitler está decidido a perecer en la ciudad que vio su encumbramiento. En ese momento asume que ha perdido la guerra y en su mente se dibuja con claridad la idea del suicidio.

A partir de ese día, la figura de Hitler deambula como un fantasma por el búnker, encorvado, arrastrando los pies y con los ojos inyectados en sangre. Pese a haber cumplido 56 años, su aspecto es ya el de un anciano. Ante la conmiseración de sus secretarias, encuentra deleite engullendo chocolate y pasteles que le dejan manchas y migajas en su raído uniforme. Hablar con él cara a cara no es muy agradable debido a la halitosis causada por el mal estado de su dentadura y la saliva que discurre por la comisura de los labios. Ahora es difícil ver en aquel espectro al líder que, gracias a sus inflamantes discursos, se había apoderado de la voluntad del pueblo alemán.

La visión del abismo hace reaccionar a los jerarcas nazis, que temen ya por su vida. Goering, desde el sur de Alemania, envía un telegrama a Hitler tanteando la posibilidad de sucederle al frente del Reich, mientras que la BBC revela las conversaciones de paz iniciadas por Himmler. En la noche del 28 de abril, ambos son destituidos por Hitler. Solamente Bormann y Goebbels permanecerán leales hasta el último momento.

Pasadas las 12 de esa misma noche, el búnker asiste al episodio más surrealista. Un funcionario municipal que estaba luchando en la trinchera de una calle próxima, Walter Wagner, es reclamado en el refugio para oficiar la boda de Hitler con Eva Braun. Tras firmar en el registro, ambos contrayentes brindan con champán. Todos saben que la luna de miel de los nuevos esposos no será muy larga, pero en el búnker reina una irreal atmósfera de alegría. Pero como si todo lo que envolviese a Hitler estuviera contaminado de muerte, el funcionario que acababa de certificar el matrimonio moriría alcanzado por una bomba cuando regresaba a su posición.

En la madrugada del 29 de abril, mientras continúa la fiesta posterior a la boda, Hitler se retira con su secretaria para dictarle su testamento. En él se reafirma en sus enfermizos planteamientos, responsabilizando a los judíos del estallido de la guerra, animando a las tropas alemanas a seguir combatiendo y expresando su deseo de morir en Berlín. En el documento nombra al almirante Karl Doenitz como su sucesor al frente del Reich.

En ese mismo día llega al búnker la noticia de que Mussolini y su amante, Clara Petacci, han muerto a manos de los partisanos. Los escabrosos detalles de la exhibición pública de sus cadáveres, colgados por los pies en una gasolinera de Milán, confirman a Hitler en su propósito de que su cuerpo y el de Eva sean destruidos para evitar que los rusos puedan organizar un espectáculo semejante. Para ello ordena a su chófer que guarde 200 litros de gasolina para quemar los cadáveres cuando llegue el momento. Falta por decidir el método para quitarse la vida. Hitler lo consulta a su médico y éste le recomienda que tome una cápsula de cianuro e inmediatamente se dispare un tiro en la cabeza. El dictador ensaya el veneno con su perra *Blondi* y ésta cae fulminada. Sus cachorros también son sacrificados. Como en las grandes tragedias griegas, todo está preparado para el último acto.

La noche del 29 al 30 de abril discurre en el búnker superior entre vapores de alcohol y sudor. Las botellas de vino y licor van de mano en mano, se baila la estridente música que surge de un gramófono, y hombres y mujeres se lanzan a un goce desenfrenado antes de la inminente llegada de los rusos. Aunque un oficial de las SS es enviado a imponer silencio, sus órdenes son ignoradas. Mientras se oyen con claridad los gritos y la música, Hitler, ajeno a esta desconsideración, reúne a una docena de sirvientes y centinelas para despedirse de ellos. A las tres de la madrugada se retira a descansar.

A las diez de la mañana del nuevo día, el 30 de abril, a Hitler se le informa de que ya hay tiradores soviéticos a 300 metros del búnker, por lo que su decisión no puede demorarse más. Los proyectiles procedentes de la cada vez más cercana artillería soviética estallan sobre la superficie del búnker, haciéndolo temblar. A mediodía, Hitler se dispone a tomar su último almuerzo; junto a sus secretarias, y ausente Eva Braun, come un plato de pasta con tomate. Al terminar las obsequia con varias cápsulas de veneno.

A las dos y media convoca a todos los miembros de su séquito. Aparece en el corredor de conferencias con su habitual uniforme mientras su esposa luce un elegante vestido azul. Ambos comienzan a estrechar las manos de los presentes. Hitler murmura en voz apenas audible unas palabras de despedida a cada uno. Al cabo de unos minutos, más pálido y encorvado que nunca, se retira a su habitación. Eva Braun desaparece junto a la mujer de Goebbels, Magda, que no puede contener el llanto.

A cabo de unos minutos, ambas mujeres regresan y Magda Goebbels, con el fin de disuadir a Hitler de su intención de suicidarse, consigue que salga de su habitación para pedirle que intente escapar de Berlín. Nada consigue y al final el *Führer* vuelve a entrar en sus aposentos, en este caso acompañado de Eva. La puerta se cierra. Los presentes saben que acaban de verlos con vida por última vez.

Entonces pasan diez interminables minutos. Alguien dice haber oído un disparo ahogado, pero otros dicen no haber escuchado nada. Las bombas rusas siguen estallando en el exterior. El reducido grupo que permanece impaciente a la puerta ya no puede soportar más la tensión y abren con cuidado...

Hitler se encuentra sentado en un pequeño sofá, reclinado, con la mandíbula colgando. A sus pies hay una pequeña pistola. Le gotea sangre de las sienes. La cabeza de Eva Braun descansa en el hombro de su esposo. Su pistola está en una mesa baja que hay delante de ellos. No la ha disparado, pero tiene los labios contraídos por el efecto del veneno. Un jarrón con flores ha caído al suelo.

El cuerpo de Hitler es envuelto en una manta militar y subido al jardín de la Cancillería. Poco después llega también el cadáver de Eva y ambos son colocados en el interior de un cráter de bomba, cerca de la salida de emergencia. Los obuses rusos explotan en los alrededores, por lo que los escasos testigos que suben están más deseosos de regresar al interior que de oficiar las exequias por el *Führer*. Se les cubre con gasolina y Goebbels arroja un fósforo, pero el combustible no se enciende. Alguien hace arder un trapo empapado de gasolina, lo arroja a los cuerpos y éstos quedan envueltos en una gran llamarada. Los asistentes al improvisado funeral exclaman un apresurado «¡Heil Hitler!» y entran de nuevo en el refugio.

De repente, la atmósfera del búnker se ha vuelto menos opresiva. Excepto Magda Goebbels, nadie derrama lágrimas por la muerte del dictador. La primera señal de que Hitler ya no está es que la mayoría de habitantes del búnker se encienden un cigarrillo. En vida del *Führer* estaba completamente prohibido fumar en el refugio, por lo que todos respiran ese humo que les sabe, en cierto modo, a libertad.

La bandera soviética ondea el 2 de mayo de 1945 sobre el tejado del Reichstag, en Berlín. Para los rusos era el símbolo de que la larga guerra contra la Alemania nazi había terminado.

La ausencia de Hitler permite que se hable abiertamente de entrar en negociaciones con los rusos, que se intentan entablar esa misma noche por medio del general Krebs que se presenta ante las líneas enemigas con una bandera blanca. Al amanecer del 1 de mayo, Krebs regresa con la negativa soviética; los soviéticos sólo aceptarán la rendición incondicional.

Ya no hay tiempo para más. Cada uno ha de intentar salvarse por sí mismo. Es entonces cuando se produce un hecho trágico que denota la locura que acompaña a esos últimos días del Tercer Reich. Joseph Goebbels y su esposa se suicidan en el exterior del búnker, pero no sin antes quitar la vida a cada uno de sus seis hijos. La señora Goebbels había sido la encargada de administrarles un somnífero y despúes una cápsula de veneno. Después de cometer tan horrendo crimen hizo un café, encendió un cigarrillo y conversó con su marido sobre los «viejos tiempos».

Tras quemar los cadáveres del matrimonio Goebbels, los habitantes del búnker lo abandonan y huyen en todas direcciones. Cuando a la mañana del 2 de mayo lleguen los rusos, sólo encontrarán en él a un técnico que, en lugar de escapar, había preferido prepararse un abundante desayuno. El drama representado en el *Führerbunker* había llegado a su fin.

V-E: VICTORIA EN EUROPA

El sucesor de Hitler al frente del Tercer Reich, Karl Doenitz, pese a contar aún con un importante contingente de tropas en Holanda, Dinamarca o Noruega, e incluso varios enclaves en Francia, no tenía ninguna intención de proseguir la lucha. En el frente italiano la rendición ya se había producido el 29 de abril, entrando en vigor tres días después.

El día 3 de mayo, Doenitz envía una delegación a ofrecer una rendición parcial a Montgomery, que éste rechaza. Aunque los alemanes desean deponer las armas, las conversaciones de paz se retrasan deliberadamente para dar tiempo a que miles de soldados y civiles germanos tengan tiempo de llegar al frente occidental y puedan así ponerse a salvo de los rusos.

Las negociaciones corren peligro de romperse, por lo que finalmente Doenitz autoriza al general Jodl a aceptar la rendición incondicional definitiva en el cuartel general de Eisenhower, en la ciudad francesa de Reims. Cuando faltan 20 minutos para las tres de la madrugada del lunes 7 de mayo, se firma la rendición. En la ceremonia, con una escogida presencia de periodistas, participan los representantes del ejército alemán, por un lado, y los de Estados Unidos, Gran Bretaña, Francia y la Unión Soviética por el bando aliado.

Pero la guerra en Europa no ha terminado todavía. Stalin ha expresado su firme deseo de que la rendición de la Alemania nazi se formalice en Berlín, ante los ojos de todo el mundo. Los norteamericanos, para complacer a Stalin, ordenan a los periodistas que han asistido al acto de Reims que no transmitan la noticia, para no restar brillo al previsto en Berlín para el martes 8 de mayo.

De todos modos, el rumor de la rendición comienza a extenderse, pese a que no existe confirmación oficial. Pero uno de los periodistas testigos se salta la prohibición y envía la noticia a su agencia, que la difunde de inmediato. El 7 de mayo los periódicos de los países occidentales vocean a los cuatro vientos la noticia; es el llamado V-E, «Victoria en Europa». Pero Stalin, que prohíbe que el acto de Reims sea hecho público en la Unión Soviética, mantiene su propósito de celebrar la ceremonia oficial en Berlín.

El 8 de mayo, los alemanes firman de nuevo la rendición ante los Aliados, esta vez en el cuartel general del Ejército Rojo en la capital germana, con el mariscal Zhukov como representante ruso. Ahora sí; la guerra en el continente europeo ha finalizado.

La buena nueva es recibida con euforia en las naciones aliadas, pero especialmente entre las tropas que acaban de derrotar al ejército germano; muy pronto podrán volver a casa. Pero hay unos sufridos hombres a los que la noticia no les causa una especial alegría. Son los soldados norteamericanos que están combatiendo a los japoneses en el Pacífico. Para ellos, si nada lo impide, la guerra amenaza con ser todavía muy larga.

Fotografía difundida por la propaganda soviética en la que se rinde homenaje a los soldados que participaron en la toma del Reichstag. Tras la rendición de Alemania en Berlín el 8 de mayo de 1945, todos ellos regresarían a su país convertidos en héroes.

13 EL IMPERIO JAPONÉS DERROTADO

Mientras el mundo entero celebraba la derrota final de la Alemania nazi y la llegada de la paz a Europa, en el Pacífico la guerra continuaba. Aunque estaba claro que nada podría impedir la victoria aliada en Asia y el Pacífico, debido al colapso de la maquinaria militar nipona, estaba también fuera de toda duda que Japón se empeñaría en ofrecer una resistencia encarnizada, sacrificando a toda su población civil si era necesario.

El régimen militarista de Tokio, decidido a luchar hasta el final, no contemplaba la posibilidad de la rendición. Para resolver esta coyuntura, los norteamericanos habían previsto llevar a cabo un gran desembarco en Japón en noviembre de 1945 y proceder a la invasión de todo el territorio, pero el coste calculado por los expertos militares para esta colosal operación era ¡de un millón de bajas!

Esas previsiones no eran exageradas. En 1945, los estadounidenses habían tenido ya tiempo de sobra de conocer hasta dónde eran capaces de resistir los soldados del emperador en la lucha por las islas, siendo la costosa toma de Guadalcanal sólo un aperitivo. También habían asistido al insólito espectáculo de los aviones que se estrellaban decididamente contra las cubiertas de los portaaviones. Eran los *kamikaze*, pilotos voluntarios que a bordo de un avión cargado de explosivos se lanzaban contra los buques enemigos.

Esta acción suicida no entraba dentro de la mentalidad del soldado occidental, pero tampoco lo hacían las cargas *banzai*, en las que los nipones atacaban entre alaridos, con sus bayonetas en ristre, mientras eran acribillados por las ametralladoras norteamericanas. Tampoco entendían cómo era posible que muchos soldados japoneses se ocultasen en túneles y no se entregasen una vez que la isla en cuestión era tomada por los norteamericanos. Preferían permanecer en sus guaridas pese a padecer enormes privaciones, que los llevaban a beber su propia orina e incluso a recurrir al canibalismo. Ese inconcebible espíritu de resistencia se prolongaría incluso una vez terminada la guerra; el caso más extremo sucedería en 1974, cuando en la selva de la isla filipina de Lubang fue localizado un teniente nipón que únicamente accedió a rendirse una vez que se lo pidió el que entonces era su superior jerárquico.

Estos condicionantes, unidos al calor, la humedad y las enfermedades inherentes al clima tropical, hicieron de la lucha contra el Imperio nipón un frente especialmente duro, sólo comparable a las campañas de invierno en Rusia.

Luchando por cada isla

El tipo de guerra que se desarrolló en el Pacífico, consistente en asaltos anfibios a un rosario inacabable de pequeñas islas, destrozaba la moral de los combatientes norteamericanos. De hecho, los veteranos que participaron en estos sangrientos desembarcos consideran que no se ha hecho justicia con el esfuerzo que tuvieron que hacer en aquellas remotas regiones, y que costó la vida a muchos de sus compañeros.

Si a los veteranos del Día-D se les considera héroes, este calificativo no se emplea con tanta generosidad para los veteranos del Pacífico, pese a que continuamente debían afrontar desembarcos similares, frente a sólidas líneas fortificadas, guarnecidas por soldados mucho más dispuestos a morir defendiendo las playas que los defensores alemanes en Normandía.

La prueba de que la campaña del Pacífico fue diferente a las demás es que el índice de trastornos psíquicos entre las tropas que participaron en este escenario fue mucho mayor que entre las que lucharon en Europa. La mayoría de aquellos veteranos han sufrido, incluso décadas después de aquellos traumáticos días, terribles pesadillas en las que cada noche aparecía el mismo compañero flotando inerte en la orilla de una playa teñida de rojo...

En 1943, una vez decidido que el avance sobre Japón se realizaría desde el sur, con Filipinas en el punto de mira, y desde el Pacífico central, saltando de isla en isla, las dudas asaltaron a los Aliados. Pronto se vio que un ataque a Filipinas no resolvería nada, salvo posibilitar a MacArthur el cumplimiento de su histriónica promesa, y tampoco había acuerdo sobre las islas que era necesario tomar.

Tras muchas discusiones, finalmente se decidieron los objetivos: unas pequeñas islas del archipiélago de las Marshall y de las Gilbert. Sus nombres no decían entonces absolutamente nada a los marines norteamericanos —Betio, Tarawa o Kwajalein—, pero pronto se convertirían en un infierno, en el que muchos de ellos encontrarían la muerte. Todas estas islas eran muy parecidas; se trataba de atolones de escasa extensión en mitad de la nada, sin aparente interés militar, pero que, una vez construido un pequeño aeródromo, pasaban a ser auténticos portaaviones fijos, con la ventaja de que eran insumergibles. Si se quería tomar el camino a Tokio, antes era imprescindible acabar con la amenaza que representaban estas bases aéreas, por lo que era necesario desalojar a las guarniciones japonesas, una misión que se revelaría ardua y penosa.

Una de las más duras fue la batalla por la isla de Betio, entre el 20 y el 23 de noviembre de 1943. Tras la aniquilación de los defensores japoneses, las playas del desembarco estaban cubiertas por los cadáveres de un millar de soldados norteamericanos, mientras que más de 2.000 habían recibido heridas. El propio almirante Nimitz no pudo evitar el vómito al contemplar los cuerpos hinchados por el calor y los miembros esparcidos por la arena.

Los detalles de la carnicería de Betio, así como una similar ocurrida en Tarawa, llegaron a oídos de la opinión pública estadounidense. Nimitz comprendió que esos desembarcos podían poner en peligro la campaña, por lo que decidió tomar solamente las islas más importantes y pasar por alto el resto. Además, Nimitz buscaba atraer a los japoneses a una batalla decisiva en la que pusieran en juego lo que quedaba de su flota después de Midway, así como su fuerza aérea. Pero Tokio, animado por la resistencia que se ofrecía en las islas, prefirió continuar con esa sangrienta guerra de desgaste para ganar tiempo, con vistas a emprender una ofensiva en 1944 con tres ejes: un ataque a las tropas británicas de la India, otro contra el ejército chino y, el más importante, para frenar a la Flota de Nimitz en el Pacífico Central.

De todos modos, en el propio Japón comenzaron a surgir serias dudas de que fuera posible revertir el signo de la guerra. El motivo principal era el estrangulamiento económico que sufría el país. Debido a los ataques de los submarinos norteamericanos, la Marina mercante se había visto reducida a la mitad; como dato más significativo, sólo uno de cada diez litros de petróleo obtenidos en el sudeste asiático llegaba a las refinerías niponas. Sin ese aporte de combustible, era impensable lanzar ninguna ofensiva aeronaval, pero el régimen militarista de Tokio no aceptaba ningún tipo de disensión y 1944 vería el último intento nipón de tomar la iniciativa.

JAPÓN SE ENFRENTA AL DESASTRE

Del mismo modo que la Batalla de las Ardenas supuso el último fogonazo del poderío de la fuerza militar germana antes de extinguirse, las ofensivas japonesas de 1944 sorprendieron a los Aliados, pero no tardarían en agotarse en sí mismas.

El ejército nipón destinó tres divisiones a su ataque a las tropas británicas que guardaban la frontera de la India y que tenían previsto avanzar sobre Birmania. Entre marzo y julio de 1944, los japoneses avanzaron rápidamente. Las fuerzas angloindias se reagruparon en Imphal, el punto clave del sistema ferroviario de la región. Al final, los japoneses, tras sufrir más de 60.000 bajas, pasaron a la defensiva, lo que coincidió con el ataque de las reforzadas tropas aliadas; la campaña nipona en Birmania había fracasado.

La ofensiva contra China fue más afortunada al conseguir, entre abril y octubre de 1944, que las tropas nacionalistas retrocediesen, alejando así el emplazamiento de las bases aéreas norteamericanas, que comenzaban a amenazar el territorio japonés en su radio de acción.

Pero estos dos escenarios no eran determinantes para la suerte final de la contienda. La batalla decisiva se disputaría en el Pacífico, y ahí los norteamericanos no estaban dispuestos a dejarse comer el terreno. Las dificultades para tomar las pequeñas islas hicieron dirigir de nuevo las miradas hacia el archipiélago filipino, para satisfacción de MacArthur. El objetivo final era

Un soldado local custodia unos aviones norteamericanos en un aeródromo aliado en China. Aunque se suele infravalorar la importancia del frente chino, la realidad es que allí quedaron inmovilizados más de un millón de soldados japoneses.

obligar a que, tarde o temprano, los japoneses pusieran en juego su flota combinada.

Los almirantes nipones aceptaron el envite y concentraron sus fuerzas para el choque final en aguas de Filipinas, incluyendo nueve portaaviones y seis acorazados. Los japoneses presentaron una flota muy avanzada tecnológicamente, pero con tripulaciones inexpertas y sufriendo una escasez crónica de combustible. La Batalla del Mar de Filipinas, ocurrida el 19 y 20 de junio de 1944, se saldó con victoria de los norteamericanos, al perder los japoneses tres portaaviones y más de 200 aeroplanos. Pero una excesiva prudencia estadounidense impidió aniquilar a la flota imperial, por lo que un buen número de buques lograron escapar.

Mientras tanto, los marines seguían estando obligados a capturar islas a un alto precio. Nombres como Guam, Saipan o Tinian fueron añadidos a esa larga lista de desembarcos que finalizaban con un balance de entre 1.000 y 2.000 muertos en las filas norteamericanas. Pero el aeródromo de Tinian tenía un valor incalculable. Desde allí, los bombarderos B-29 —conocidos como Fortalezas Volantes— tenían ya el territorio nipón dentro de su radio de acción. A partir de entonces, ningún japonés podría sentirse seguro.

Los militares nipones, ajenos a las evidencias de que la guerra estaba perdida, aún confiaban en poder asestar un golpe decisivo a la Marina estadounidense. Los restos de la flota derrotada en el Mar de Filipinas servirían para armar una nueva escuadra, que se enfrentaría a los norteamericanos el 24 de octubre de 1944 en el golfo de Leyte, también en las Filipinas, en donde cuatro días antes habían desembarcado las tropas de MacArthur.

La batalla no resultó nada fácil para la *US Navy*, al tener que apoyar la campaña terrestre de MacArthur mientras combatía a la vez contra los japoneses. Inexplicables errores de coordinación acabaron por crear una inesperada confusión entre los propios almirantes, pero al final se impuso la lógica y los norteamericanos consiguieron hundir los cuatro portaaviones con que contaba la flota nipona.

Por su parte, MacArthur ya había cumplido su antigua promesa de volver. Ahora sólo faltaba entrar triunfante en Manila, pero los japoneses, con el general Yamashita al frente, le pondrían muchos obstáculos en su camino a la capital filipina. Atascado en las montañas, MacArthur requirió de varios asaltos anfibios para apoderarse de la isla de Leyte; Manila, en la isla de Luzón, aún quedaba muy lejos.

Yamashita, consciente de que no podría detener un desembarco en Luzón, permitió a MacArthur llegar a sus playas, pero el hábil general nipón hostigó los flancos del general norteamericano, impidiéndole acercarse a la deseada capital, provocándole así un gran disgusto. La Batalla de Manila duró un mes, muriendo miles de civiles a causa de las bombas norteamericanas, pero MacArthur permaneció insensible al sufrimiento de sus antiguos administrados, obsesionado con tomar la ciudad. Tras salvajes combates urbanos, el general dio por liberada la ciudad el 27 de febrero, pero prefirió no celebrarlo ante la dantesca visión de los cadáveres que se amontonaban en sus destruidas calles.

En Birmania, los británicos reunieron en enero de 1945 más de 250.000 hombres para expulsar a los japoneses hacia la frontera tailandesa. Tras continuos choques que caían del lado aliado, las tropas niponas se escabullían y organizaban una nueva línea de defensa. La capital, Rangún, sería capturada en mayo, pero unos 50.000 japoneses resistirían en Birmania hasta el último día de la guerra.

Con Japón al alcance de las Fortalezas Volantes, se puso en marcha una vasta operación de bombardeo sobre las ciudades niponas. La primera en sufrir la denominada «manta de fuego» fue Tokio. El 9 de marzo, 300 B-29 arrojaron más de 1.500 tone-

El general norteamericano Douglas MacArthur desembarcando en Filipinas y, por lo tanto, cumpliendo con su celebérrima promesa: «Volveré».

ladas de bombas sobre la capital. Cuando se extinguieron las llamas, 250.000 edificios habían ardido en una ciudad sembrada de 80.000 cadáveres.

Los B-29 sobrevolarían a placer el territorio nipón, sometiendo a sus ciudades a tormentas de fuego que se alimentaban de la madera y el papel con que estaban construidas las casas. Pocas ciudades se librarían de convertirse en hogueras; entre estas afortunadas estaban Hiroshima y Nagasaki, pero para ellas la historia tenía reservado un destino mucho peor.

IWO JIMA Y OKINAWA

Entre las islas Marianas y el archipiélago japonés se encuentra una minúscula isla volcánica de arena negra muy fina, que no sería más que un simple punto en el mapa de no ser por la terrible batalla que allí se dirimió en febrero de 1945. Sus dos aeródromos y su proximidad al territorio metropolitano nipón hacían de esta isla de tan sólo nueve por cinco kilómetros una base perfecta para los cazas que debían acompañar a los bombarderos norteamericanos que despegaban desde las Marianas, por lo que se decidió su conquista.

Las previsiones del alto mando pronosticaban la toma de la isla en diez días, pero la realidad sería muy diferente. El día del asalto, el 19 de febrero de 1945, los marines fueron recibidos con un intenso fuego procedente de los 21.000 defensores nipones que estaban decididos a morir en la isla. En ese primer día, los norteamericanos sufrieron 2.500 bajas. La lucha se prolongaría durante 36 días, en los que 7.000 marines perdieron la vida, resultando heridos más de 21.000. Por su parte, la casi totalidad de los japoneses, bajo el mando del tenaz general Kuribayashi, acabarían muertos, excepto unos 400 que fueron hechos prisioneros.

Pero Iwo Jima pasaría a la historia por un hecho aparentemente sin importancia, pero que inmortalizaría y serviría de homenaje a los hombres que allí combatieron. En la mañana del 23 de febrero, un grupo de marines subió al monte Suribachi e izó en su cima la bandera de las barras y estrellas. Junto a ellos iba el fotógrafo Joe Rosenthal, que sin pensarlo dos veces disparó su cámara en ese momento y envió el carrete a su agencia esa misma tarde. Al día siguiente, todos los periódicos de Estados Unidos reproducían la instantánea en su portada, una fotografía que se convertiría, sin duda, en la más famosa de la Segunda Guerra Mundial.

Iwo Jima había sido el primer territorio japonés conquistado por los norteamericanos, aunque a un coste altísimo. El siguiente paso era la toma de Okinawa, otra isla japonesa situada a medio camino entre Formosa y el archipiélago nipón. Su posesión era vital para lanzar en el futuro un ataque contra el territorio metropolitano. Pero en este caso, la isla estaba defendida por más de 100.000 hombres, mandados por el general Ushijima.

El 23 de marzo comenzó el bombardeo naval de Okinawa y el 1 de abril se produjo el asalto anfibio, en el que participarían 170.000 hombres. El desembarco fue relativamente plácido, pero no era más que una estratagema de los japoneses. Éstos se habían concentrado al sur de la isla en unas fortificaciones inexpugnables, para resistir desde allí la invasión.

El 9 de abril comenzó la lucha para desalojar a los nipones de sus puestos defensivos, constituidos sobre todo por intrincados túneles, unos combates que se prolongarían a lo largo de tres meses. Mientras los marines estaban empantanados en esta operación de limpieza, los aviones *kamikaze* se precipitaban contra la flota norteamericana situada en las proximidades de la isla, hundiendo un total de 34 buques y averiando cerca de 400.

La lucha por Okinawa fue una de las más sangrientas de toda la contienda. Aunque 7.000 japoneses se rindieron, el resto murió en combate o se suicidó. Los norteamericanos perdieron 12.500 hombres y contabilizaron cerca de 40.000 heridos. Aquí la realidad de la guerra se mostró en toda su crueldad; el lanzallamas era el único argumento para acabar con los japoneses que, sin comida ni agua, resistían en los túneles. Pero las escenas más impresionantes se producirían en los acantilados de la isla; las madres se arrojaban al vacío con sus hijos en brazos, para evitar caer en manos de los invasores. La propaganda nipona las

Las baterías de cuarenta milímetros del portaaviones
norteamericano USS Hornet disparando contra aviones
japoneses, el 16 de febrero de 1945. Hoy día se puede visitar
este histórico buque, que se encuentra anclado en el puerto de
la localidad californiana de Alameda.

Momento en el que una pieza de artillería en Iwo Jima efectúa un disparo contra las posiciones niponas. Se puede apreciar el color negro de la arena de esta isla volcánica.

había convencido de que los estadounidenses les causarían una muerte terrible, por lo que, víctimas del fanatismo, preferían ellas mismas quitarse la vida.

Las terribles experiencias vividas en Iwo Jima y Okinawa acabaron de convencer a los norteamericanos de que la campaña del Pacífico debía terminar lo más pronto posible. La opción de emplear el arma atómica para evitar nuevas masacres en el caso de una invasión a gran escala de Japón se abría paso inexorablemente.

Una decisión trascendental

El 17 de julio de 1945, los representantes de las tres grandes potencias, Estados Unidos, la Unión Soviética y Gran Bretaña, se reunieron en Potsdam, cerca de Berlín, para decidir el futuro de la Europa liberada. Dos de los tres protagonistas no serían los mismos que en Yalta; mientras que Stalin continuaba al frente de la URSS, el primer ministro Churchill sería sustituido el 28 de julio por Clement Attlee tras vencer éste en las elecciones británicas, y el presidente Harry S. Truman ocuparía el lugar del fallecido Roosevelt.

El mismo día que comenzaba la conferencia, Truman recibió un telegrama que decía: «El niño ha nacido bien» (*Baby well borned*). El presidente esbozó una amplia sonrisa, que fue compartida por el resto de la delegación norteamericana. Aquel sencillo telegrama en clave significaba que la era atómica acababa de comenzar; en Álamo Gordo, en el desierto de Nuevo México, se había ensayado con éxito una bomba nuclear, con un resplandor que se pudo vislumbrar a casi 400 kilómetros de distancia y un trueno que se oyó en todo el suroeste de Estados Unidos. La prensa publicó un comunicado oficial confeccionado de antemano en el que se aseguraba que había explotado un depósito de municiones.

El ensayo de Álamo Gordo era la culminación del Proyecto Manhattan, un esfuerzo que había durado cinco años, que había requerido el trabajo de 125.000 personas y que había costado 2.000 millones de dólares. Un informe remitido a Potsdam no dejaba dudas del éxito cosechado: «La experiencia ha superado las esperanzas más optimistas».

De inmediato, Truman se lo comunicó a Churchill y le expresó su intención de emplearla contra Japón. Ambos decidieron explicárselo a Stalin, pero de forma aparentemente casual, para restarle así importancia y evitar complicaciones innecesarias. El dictador soviético, cuando le fue comunicada la noticia, felicitó a Truman y pasó a otro tema sin prestar mucha atención, pero en realidad conocía todos los detalles gracias a sus espías. A partir de ese momento, el presidente norteamericano no se mostró tan

Marines norteamericanos desembarcando en Iwo Jima. La batalla que debía durar diez días acabaría prolongándose durante treinta y seis, ante la feroz resistencia de los 21.000 defensores japoneses.

complaciente con los rusos como había hecho con anterioridad Roosevelt, gracias a la confianza que le proporcionaba estar en posesión de la considerada entonces como «arma absoluta».

Truman no dudó ni un momento en que debía utilizar la bomba contra Japón, aunque es justo señalar que algunos generales, entre ellos Eisenhower, mostraron sus reservas. La polémica histórica que ha rodeado esta trascendental decisión se basa en el hecho de que el Imperio nipón se encontraba al borde del colapso, y que la campaña aérea con la que estaba siendo castigado era suficiente para forzar su rendición, por lo que no era necesario recurrir a esa arma definitiva. No obstante, cabe la posibilidad de que el objetivo real de arrojar el artefacto nuclear fuera lanzar un aviso a la Unión Soviética para frenarla en la incipiente «guerra fría» que había surgido de Potsdam y dejar patente así el incontestable poder militar de Estados Unidos.

Tres días después de la clausura de la conferencia, el 5 de agosto de 1945, se recibe un mensaje en la base aérea de Tinian que proviene directamente del presidente norteamericano: «Proceded con arreglo a lo previsto, para el 6 de agosto». Aquellas simples palabras encerraban un significado y unas consecuencias que seguramente ni Truman llegó a calcular.

En ese momento, la tripulación de una Fortaleza Volante B-29 se apresta a cumplir la misión para la que se ha estado preparando durante meses. Se trata de arrojar una única bomba sobre una ciudad japonesa. Únicamente su comandante, Paul Tibbets, que ha bautizado el bombarderro con el nombre de soltera de su madre —*Enola Gay*—, conoce la naturaleza del artefacto.

Su preocupación inicial consistía en si el aparato se vería alcanzado por la explosión, pero los científicos le aseguraron que se encontraría lo suficientemente lejos como para que no se viese afectado por el hongo atómico. Aunque existe otro motivo de desazón; la pista de Tinian es muy corta y dos B-29 se han estrellado intentando levantar el vuelo. ¿Qué ocurrirá si eso sucede con la bomba en la bodega? Para evitar esa inquietante posibilidad, uno de los tripulantes encuentra un medio de armar la bomba tras el despegue.

El ingenio nuclear, que ha recibido el apodo de *Little Boy* (Muchachito), es una bomba de uranio 235 de cuatro toneladas de peso con una potencia de explosión de 20.000 toneladas de TNT; esto significa que su poder destructor es similar al de 2.000 Fortalezas Volantes soltando su carga de bombas a la vez (el mayor bombardeo sobre Tokio lo efectuaron 279 aviones de este tipo).

Poco antes de las 2:45 de la madrugada del día 6 de agosto, la hora prevista para el despegue, Tibbets explica a sus hombres el carácter apocalíptico de la bomba que han de lanzar, causándoles una gran impresión. A esa hora, el *Enola Gay* despega sin problemas rumbo a Japón, aunque el objetivo final depende de los datos meteorológicos que proporciona un avión que le precede. A las 7:09, este aparato comunica que la visibilidad

sobre Hiroshima es perfecta. Al comunicarlo, ha escrito la senten-
cia de muerte de esta ciudad.

Una hora después, en Hiroshima el día comienza según su
rutina habitual. La presencia del avión meteorológico hace sonar
la alarma, pero ésta finaliza a las 7:30. Sus habitantes se dirigen
a sus quehaceres diarios con normalidad. Todos ellos se sienten
felices de vivir en Hiroshima; desde el comienzo de la guerra sólo
ha caído una docena de bombas sobre esta ciudad de 300.000
habitantes.

Pero en esos momentos, el *Enola Gay* se encuentra ya en la
vertical de Hiroshima. La portezuela de la bodega se abre y exactamente a las ocho horas, 15 minutos y 17 segundos, Tibbets
ordena soltar la bomba. Desde una altura de 10.000 metros, *Little
Boy* inicia su caída sobre la ciudad y sus desprevenidos habitantes. Tibbets comienza a contar mentalmente los 43 segundos que
la bomba tardará en hacer explosión, unos segundos que tanto a
él como a la tripulación le parecen interminables...

LA HECATOMBE NUCLEAR

De repente, un fogonazo descrito como el desprendido por 1.000
soles inunda de luz el interior del avión. Aunque van protegidos
por gafas ahumadas, los tripulantes quedan deslumbrados. A los
pocos segundos, una doble onda de choque golpea el avión. Al
mirar por las ventanillas pueden ver la formación de un hongo
que no para de crecer, hasta que, tres minutos después, queda
coronado por una densa nube de color blanco.

Uno de los tripulantes, el capitán Lewis, dejó escrito en su
diario que en ese momento dijo: «¡Dios, qué hemos hecho!»,
aunque años más tarde reconocería que en realidad había excla-
mado: «¡Guau, vaya *pepinazo*!». Tibbets, manteniendo la serenidad, lanza un mensaje en el que asegura que «los resultados obtenidos superan todas las previsiones» y Truman es informado del
éxito de la misión. Al regresar a la base de Tinian son recibidos
como héroes.

El gigantesco hongo producido por la bomba atómica lanzada en Hiroshima el 6 de agosto de 1945. La visión de esta colosal columna de humo dejó sin habla a la tripulación del Enola Gay.

Mientras tanto, ¿qué había ocurrido en Hiroshima? Lo primero que advirtieron sus sorprendidos habitantes fue esa cegadora luz, pero no les dio tiempo a preguntarse lo que era, puesto que casi al instante los inundó una ola de calor que les quemó la piel. Los que se encontraban en el epicentro, unos 17.000, simplemente se volatilizaron, al alcanzarse temperaturas de hasta 50.000 grados, capaces de fundir la arcilla.

Seguidamente se produjo una onda de choque expansiva que, al crear un inmenso vacío en el centro, provocó a su vez otra en sentido contrario a una velocidad superior a la del sonido. Los trenes y tranvías volaron como soplados por un gigante, los automóviles se derritieron y bloques enteros de casas desaparecieron. De algunas personas sólo quedó su sombra grabada en una pared; la onda calórica dejó su silueta como testimonio de su desintegración, un fenómeno conocido como «fotografía atómica».

Las secuelas sufridas por los supervivientes harían a éstos envidiar a los muertos. Muchos de ellos, con la piel hecha jirones, experimentaron lo que se llamaría el «sol de la muerte»; era la temible radiación, cuyos efectos se prolongarían en estos individuos durante décadas. Otros, acuciados por una abrumadora sed, se habían arrojado al río Ota para poder beber, sin saber que el agua ya estaba contaminada por todo tipo de partículas radiactivas. Es preferible no describir el efecto que la ingestión de este líquido mortal produjo en aquellos desgraciados.

La hecatombe nuclear de Hiroshima había acabado con la vida de 80.000 personas y 50.000 sufrían horrorosas heridas. Los japoneses, al conocer los detalles de la destrucción de la ciudad, quedaron sumidos en un estado de *shock*. El régimen militarista de Tokio, presidido por Kantaro Suzuki —que había sustituido a Hideki Tojo—, aún no estaba decidido a rendirse, pero el propio primer ministro y el Emperador Hirohito ya maniobraban entre bambalinas para imponerse al sector más duro del gabinete.

Sin embargo, los norteamericanos no esperaron una respuesta del gobierno nipón y lanzaron un nuevo artefacto atómico, ahora sobre la ciudad de Nagasaki. Otra Fortaleza Volante, el *Bock´s*

Car (juego de palabras entre «el coche de Bock» y *Box Car*, vagón de mercancías) se encargó de lanzar un ingenio nuclear, en este caso de plutonio, que recibiría el nombre de *Fat man* por su abultado aspecto.

En la mañana del 9 de agosto, cuando aún no se habían apagado los rescoldos de las ruinas de Hiroshima, el *Bock´s Car* arrojó la bomba sobre Nagasaki después de haber sobrevolado Kokura, que era el primer objetivo. Afortunadamente para los habitantes de esta ciudad, una providencial columna de humo impidió localizar el punto geográfico de referencia y el B-29, tras dos pasadas sobre la ciudad, optó por dirigirse hacia Nagasaki. Allí, a las 11 y dos minutos lanzó la bomba, que quitó la vida a 73.000 personas.

SE FIRMA LA PAZ

Pese a las trágicas noticias que llegaban a Tokio, los militares nipones se negaban a aceptar la rendición. Se estudió la manera de reforzar las defensas antiaéreas para impedir otro ataque nuclear, pero el Emperador estaba resuelto a pedir la paz. Superando un momento de incertidumbre, en el que estuvo a punto de triunfar un golpe de Estado, el 14 de agosto de 1945 Hirohito se dirigió por radio a todos sus súbditos comunicándoles que Japón había perdido la guerra. Era la primera vez que los japoneses escuchaban la voz de su Emperador. La reacción de la población nipona fue, en un primer momento, de pasmo y desconcierto, pero poco a poco fue instalándose una sensación de sufrida resignación.

La respuesta en Estados Unidos, obviamente, sería muy distinta. En cuanto se conoció la noticia, las calles de todas las ciudades norteamericanas se llenaron de gente dispuesta a celebrar la victoria por todo lo alto. Las escenas de euforia popular en la neoyorquina *Times Square*, incluido el célebre beso entre un marinero y una joven, fueron portada en los diarios de todo el mundo. Pero en donde el anuncio de la victoria —que sería conocida como V-J (victoria en Japón)— se recibió con más alegría fue en los cuarteles y campamentos de la costa oeste; los soldados y marineros allí concentrados ya no tendrían que luchar contra los japoneses; muy pronto podrían regresar a casa.

El lugar elegido para la ceremonia de la rendición de Japón ante los Aliados sería el acorazado norteamericano *Missouri*, anclado en la bahía de Tokio. El día, que quedaría grabado para siempre en los libros de historia, era el 2 de septiembre de 1945.

En esa fría mañana de domingo, pese a ser verano, la delegación japonesa llegó en automóvil al puerto de Yokohama. Allí tuvieron que solicitar a las fuerzas aliadas que los trasladasen al *Missouri*, que se encontraba a 16 millas de distancia. Todos los barcos del puerto habían sido hundidos o alcanzados por los bombardeos, por lo que los japoneses no disponían ni tan siquiera de un bote para afrontar la travesía. Los norteamericanos pusieron a su disposición un destructor, el *Landsowe*, que los condujo al encuentro en el *Missouri*.

Este acorazado había sido escogido como escenario para la rendición para homenajear a la flota y proclamar así su decisiva intervención en la derrota de Japón. Pero el protagonismo de la ceremonia sería para MacArthur, general del Ejército de Tierra. El héroe de Filipinas sería quien tendría el honor de recibir, en nombre del gobierno de Estados Unidos, la rendición japonesa.

La delegación imperial llegó al acorazado, avanzando por una escalera de cuerdas que le unía al destructor. Su máximo representante era el ministro de Asuntos Exteriores, Mamoru Shigemitsu, vestido con un anticuado chaqué y tocado con un ridículo sombrero de copa, que contrastaba con la ropa informal de los norteamericanos.

La ceremonia de rendición dio comienzo a las nueve de la mañana en la cubierta del *Missouri* con unas palabras de MacArthur, e inmediatamente invitó a los japoneses a que se acercaran a la mesa. El ministro japonés no sabía exactamente en dónde debía estampar la rúbrica, por lo que MacArthur, bruscamente, le dijo a un oficial: «¡Muéstrele dónde ha de firmar!».

Eran las nueve y cuatro minutos cuando el ministro nipón firmaba el documento que significaba el final de la guerra.

Una toma alternativa del irrepetible momento en el que un marinero besó a una enfermera durante la celebración de la victoria sobre el Japón en la neoyorquina Times Square, el 14 de agosto de 1945. Una foto tomada desde otro ángulo sería la famosa portada de la revista Life. La chica era Edith Sain, pero la identidad del chico es un misterio, aunque una veintena de veteranos han asegurado ser el protagonista masculino de la escena.

Seguidamente fueron pasando por la mesa, entre lágrimas apenas contenidas, los restantes miembros de la delegación japonesa. A continuación, MacArthur firmó las distintas copias del documento. Una vez que los demás representantes de los Aliados pasaron también por la mesa, el acto concluyó.

Los japoneses se retiraron cabizbajos, conscientes de haber protagonizado el episodio más humillante de la historia reciente de su país, aunque se sorprendieron al recibir un inesperado homenaje de los marineros allí presentes; a su paso, fueron recibiendo el saludo militar.

Pero los honores finalizaron con esa pequeña atención, puesto que cuando se disponían a subir al destructor que los había llevado hasta allí se encontraron con la desagradable sorpresa de que el viaje de vuelta no iban a realizarlo en ese buque. Para ellos estaba dispuesto un pequeño bote, en el que deberían efectuar el viaje de regreso.

Tras casi cuatro años de guerra en el Pacífico, el arrogante orgullo del Imperio nipón se veía confinado ahora en una mísera chalupa. Lo mismo había ocurrido con el Reich que debía durar 1.000 años y que en ese momento se encontraba totalmente en ruinas y dividido en áreas de ocupación por las potencias aliadas.

La Segunda Guerra había terminado. De este modo se ponía punto y final a una tragedia que había costado la vida a más de 50 millones de personas. Para expiar la estupidez que le había llevado a aquella matanza sin sentido, la humanidad había pagado un alto precio; como si se tratase del cumplimiento de un castigo, aquella cruenta guerra había durado exactamente seis años y un día.

ANEXOS

LUGARES DE INTERÉS

PESE AL TIEMPO TRANSCURRIDO DESDE EL FINAL de la Segunda Guerra Mundial, aún es posible percibir algunas de las sensaciones de los que participaron en ella. Una visita a cualquiera de las localizaciones en donde se desarrolló la contienda permite, en cierto modo, cumplir el deseo de todos los apasionados por la historia de viajar en el túnel del tiempo. Es posible así trasladarse sin riesgo a aquellos turbulentos años, especialmente si acudimos a aquellos lugares que se conservan tal y como quedaron una vez finalizada la guerra.

Este apéndice pretende servir de breve guía para todos aquellos que deseen ver y tocar los escenarios en donde se desarrollaron los episodios que acaban de leer en este libro. También se incluyen los museos más interesantes, en los que pueden contemplarse los objetos que fueron entonces protagonistas. Aunque, evidentemente, no se trata de una enumeración exhaustiva de todos los destinos relacionados con la Segunda Guerra Mundial que pueden visitarse en el mundo, puede ser útil para despertar la curiosidad por conocerlos.

GRAN BRETAÑA

IMPERIAL WAR MUSEUM (LONDRES)

ESTE EXTRAORDINARIO MUSEO ofrece una espectacular panorámica de la Segunda Guerra Mundial, además del resto de guerras del siglo XX en las que se ha visto involucrado el Reino Unido.

Se exhiben carros blindados y vehículos, armas de todo tipo y cohetes V-1 y V-2, así como el tanque del mariscal Montgomery, el motor del avión en el que Rudolf Hess llegó a Escocia o un ejemplar de la máquina secreta Enigma. Destaca también la presencia de la mascarilla mortuoria de Heinrich Himmler y el águila de bronce que presidía la Cancillería del Reich. La gran calidad de sus exposiciones temporales hace de este museo una cita obligada en cualquier visita a la capital británica (Metro *Lambeth North*).

Es preceptiva una visita al crucero *HMS Belfast*, conservado y gestionado por el Imperial War Museum, que se encuentra anclado en el Támesis (Metro *London Bridge* o *Tower Hill*).

El Imperial War Museum posee también una espectacular sede en Manchester —diseñada por el arquitecto David Libeskind—, en la que puede verse un tanque soviético T-34 y el primer cañón británico que se disparó en la Primera Guerra Mundial. Sus demostraciones interactivas hacen de él un museo especialmente atractivo para los niños.

Információn: www.iwm.org.uk

CABINET WAR ROOMS (LONDRES)

ESTE REFUGIO SITUADO CERCA DE DOWNING STREET (Metro *Westminster* o *St James Park*) se convirtió en el centro de decisiones del mando supremo británico durante la guerra. Fue construido en el verano de 1938 y comenzó a ser ocupado el 27 de agosto de 1939. Hasta el final de la contienda no se hizo público su emplazamiento exacto. Albergaba un complejo sistema de comunicaciones capaz de transmitir las órdenes de Londres a cualquier punto del Imperio británico.

El refugio quedó clausurado el 15 de agosto de 1945 y permanecería cerrado hasta 1981, cuando sus salas fueron abiertas al público. La instalación consta de una veintena de habitaciones; salas de mapas, oficinas, dependencias para el personal y los dormitorios privados destinados a Churchill y a algunos altos oficiales.

En enero de 2005, para conmemorar el 60 aniversario del final de la guerra, se inauguró un museo anexo dedicado íntegramente a la figura de Churchill.

Információn: cwr.iwm.org.uk

MUSEOS DE LA RAF
(HENDON, COSFORD Y DUXFORD)

EL HISTÓRICO AERÓDROMO DE HENDON, al norte de Londres, fue el escenario de la llegada del primer ministro Neville Chamberlain anunciando «paz para nuestro tiempo» tras la firma del Pacto de Munich. En la actualidad se exhiben en este aeródromo-museo, al que se llega fácilmente en metro desde el centro de la capital (*Colindale*, Northern Line), los principales aparatos integrantes de la RAF durante el siglo XX, entre los que destaca un espectacular bombardero pesado *Lancaster*. La Batalla de Inglaterra merece una exposición propia, en la que se muestran aviones legendarios como el *Hurricane*, el *Spitfire*, el *Messerschmitt* 109 o el Junkers Ju-88 *Stuka*.

Existe otro museo de la RAF en Cosford, cerca de Wolverhampton (estación de ferrocarril de *Cosford Halt*), en el que se exhiben 70 aparatos en tres hangares de la época, entre los que destaca un avión de transporte alemán Junkers-52, cuyo interior es accesible para el visitante. Los apasionados por la aviación disfrutarán igualmente con las exhibiciones aéreas que se celebran cada verano en otro aeródromo, el de Duxford, cerca de Cambridge, en el que participan una veintena de aparatos protagonistas de la Batalla de Inglaterra. Se llega en autobús desde la estación de ferrocarril de Cambridge.

Información:
Hendon y Cosford: www.rafmuseum.org.uk
Duxford: www.iwm.org.uk

BATALLA DEL ATLÁNTICO (LIVERPOOL)

LOS INTERESADOS EN LA BATALLA DEL ATLÁNTICO no pueden perderse una visita a Liverpool. El Merseyside Maritime Museum, en el *Albert Dock* de Liverpool, ofrece una amplia visión de este frente, crucial para el desenlace de la guerra. También está abierto al público el centro de mando de la lucha en el Atlántico.

Pero el plato fuerte es la visita al submarino alemán U-534, situado en un dique seco de Birkenhead, en la orilla opuesta del río Mersey, a la que se accede en *ferry*. Este *U-Boot* fue rescatado en 1993 del fondo del mar en las costas argentinas tras ser hundido el 5 de mayo de 1945. El misterio rodea el último viaje del U-534, puesto que aún no se ha descubierto cuál era su misión. Los amantes de las *reliquias* tienen la posibilidad de adquirir allí un pequeño frasco con aceite extraído de los motores de este submarino.

Información:
www.merseysidemaritimemuseum.org.uk
www.historicwarships.org

THE WAR & PEACE SHOW (KENT)

EN UN CENTRO DE OCIO FAMILIAR CERCANO A PADDOCK WOOD, en el condado de Kent, se encuentra una impresionante colección de más de 3.500 vehículos de la guerra de 1939-1945. Pero la cita ineludible es en el mes de julio, cuando es posible ver muchos de ellos en acción en el denominado *The War & Peace Show*. A lo largo de cinco intensos días se celebran ferias de objetos militares, demostraciones de vehículos en combate y representaciones de batallas.

Para los nostálgicos de la Segunda Guerra Mundial más irreductibles se organizan las llamadas *Miller Nights*, en las que se puede cenar en un ambiente propio de los años cuarenta y bailar la música de Glenn Miller ataviado a la moda de aquel entonces.

Información: www.thewarandpeaceshow.com

ALEMANIA
BÚNKER DE HITLER (BERLÍN)

LOS RESTOS DEL BÚNKER EN EL QUE HITLER se suicidó el 30 de abril de 1945 permanecen enterrados en el antiguo Berlín Oriental, entre las calles Vostrasse y Wilhelmstrasse (Metro U6 *Mohren-*

strasse). Tras la guerra, los rusos intentaron dinamitarlo, pero sólo lograron destruir el búnker superior. El inferior, o *Führerbunker*, salió a la superficie durante unas obras a finales de los ochenta. Fue tapado con tierra y justo al lado se construyó un bloque de apartamentos de ocho pisos. La superficie bajo la que se encuentra el búnker es utilizada como zona de aparcamiento para los vecinos, recibiendo a diario cientos de visitas de turistas que buscan infructuosamente algún vestigio que recuerde el escenario del último acto del Tercer Reich.

En la actualidad, los científicos emplean sofisticados instrumentos para detectar el lugar en donde se encuentra lo que queda del búnker, ante la imposibilidad de realizar excavaciones, lo que ha dado lugar a varias versiones sobre su emplazamiento exacto.

Información para conocer la supuesta localización actual:www.thirdreichruins.com/berlin2.htm (*inglés*)

El autor sobre el lugar en el que se encuentran los restos del búnker de Hitler. Pese a que en la superficie no existe nada que recuerde su existencia, salvo un cartel indicador, este punto es uno de los más visitados por los turistas.

CUARTEL GENERAL DE LA GESTAPO (BERLÍN)

EN LA CALLE NIEDERKIRCHNERTRASSE (Metro U6 *Kochstrasse*) se encuentran los restos del que fue el cuartel general de la Gestapo, que representaba el centro del poder del estado policial nazi. El edificio quedó destruido por los bombardeos, y a finales de los cincuenta ya no quedaba nada de él.

Durante los años ochenta se realizaron excavaciones que dejaron al descubierto las celdas, y en 1987 se abrió la zona al público, inaugurando la exposición *Topografía del Terror* en un pabellón de exposiciones provisional. Aunque en 1995 se puso la primera piedra del edificio definitivo, que debía albergar un Centro de Documentación, las escasas obras realizadas se abandonaron en 2004 y se está a la espera de convocar un nuevo concurso arquitectónico.

Otros puntos de interés de la capital berlinesa relacionados con la Segunda Guerra Mundial son un pasaje subterráneo en el Reichstag, el edificio del Ministerio del Aire (actualmente sede del Ministerio de Finanzas), el Museo germano-ruso, o el aeropuerto de Tempelhof, ejemplo de arquitectura nazi.

Para los interesados en el mundo de la aviación, son recomendables las visitas al Museo de la Aviación de Munich, el Zeppelin Museum de Neu Isenburg (cerca de Frankfurt) o el Luftfahrt Museum de Laatzen (Hannover).

Información: www.topographie.de
(alemán con opción en inglés)

OBERSALZBERG (BERCHTESGADEN)

La casa que servía de residencia de montaña a Hitler, en el área de Obersalzberg, en los Alpes bávaros, constituye uno de los lugares míticos de la iconografía de la Alemania nazi. En ese escenario, conocido como el *Berghof* (Casa de Montaña), Hitler, acompañado siempre por Eva Braun, se solía mostrar afable y relajado.

Aunque de esa construcción no queda nada, pues fue demolida por los norteamericanos en 1952, aún se conserva intacta la casa que el secretario de Hitler, Martin Bormann, se hizo construir en sus proximidades, y que supuso un alarde de ingeniería. A ella se accede tras un trayecto de 110 metros de altura por un ascensor excavado en la roca que lleva al visitante a su interior. Los norteamericanos comenzaron a llamarla «El Nido del Águila» o la «casa de té de Hitler», pese a que el *Führer* sólo acudió a esta casa en contadas ocasiones. Hoy día los turistas acceden a ella, convertida en un restaurante, por la sinuosa carretera que mandó construir Bormann para llegar al pie del ascensor.

Cerca de los restos del *Berghof* se inauguró el 1 de marzo de 2005, precedido de una gran polémica, el hotel de lujo Intercontinental Berchtesgaden Resort, equipado con piscina y campo de golf, en donde sus exclusivos clientes pueden gozar de las mismas vistas que disfrutó el dictador nazi. Berchstesgaden se encuentra a 30 kilómetros del aeropuerto internacional de Salzburgo.

Información: Obersalzberg: www.obersalzberg.de
(alemán e inglés)
Nido del Águila: www.eagles-nest.de/seite/geschichte_e.htm
(inglés y alemán)
Hotel: www.ichotelsgroup.com/h/d/ic/1/en/hd/zceha *(inglés)*

WANNSEE (POTSDAM)

El 20 DE ENERO DE 1942, en la villa de Wannsee, a 25 kilómetros de Berlín, se organizaron los detalles de la deportación y el asesinato masivo de los judíos europeos. La sesión se celebró en esa lujosa casa, enmarcada en un paisaje bucólico, junto a un lago. Rodeado de extensos bosques, este lugar es desde hace mucho tiempo uno de los preferidos por los berlineses para sus excursiones (estación de ferrocarril de *Wannsee*).

Hoy día se puede visitar ese tristemente célebre edificio. Con motivo del 50 aniversario de la conferencia se inauguró en la villa un memorial y un centro de información para recordar el burocrático crimen contra la humanidad que allí se cometió.

Información: www.ghwk.de/span/startsp.htm
(*opción en español*)

Estados Unidos

ACORAZADO *USS ARIZONA* (PEARL HARBOR, HAWAI)

Desde el 7 de diciembre de 1941, el acorazado norteamericano USS *Arizona* reposa en el fondo de la bahía de Pearl Harbor, en Hawai. En su interior aún permanecen los cuerpos de un millar de marineros que quedaron atrapados en él, por lo que los restos del buque son considerados como cementerio militar.

En 1950 se izó una bandera norteamericana en el mástil que sobresale del agua, y ocho años más tarde se inauguró un monumento en su superficie que no llega a tocar el barco. La estructura, de color blanco intenso, tiene forma de cubierta estilizada.

Desde 1992 se puede visitar en Pearl Harbor el histórico acorazado USS *Missouri*, en el que Japón firmó la rendición el 2 de septiembre de 1945, y que llegó a participar en la primera Guerra del Golfo.

Información: www.pearlharbormemorial.com (inglés)

MUSEO NACIONAL DEL DÍA-D (NUEVA ORLEÁNS)

El National D-Day Museum contiene la exposición más grande dedicada al desembarco de Normandía —16.000 metros cuadrados—. Exhibe gran cantidad de armas, vehículos y objetos protagonistas del Día-D y presenta los hechos del 6 de junio de 1944 empleando la tecnología más espectacular.

Las numerosas salas dedicadas a toda la intervención norteamericana en la contienda y a los orígenes de la misma lo convierten en una referencia mundial de entre las dedicadas a la Segunda Guerra Mundial. Destaca un apartado dedicado especialmente a los *otros Día-D* que se dieron durante la campaña del Pacífico.

Información: www.ddaymuseum.org (inglés)

MUSEO NACIONAL DEL AIRE Y DEL ESPACIO (WASHINGTON)

ESTE MUSEO, VISITADO ANUALMENTE por diez millones de personas, reúne la mayor colección mundial de aviones de todas las épocas, incluyendo un amplio recorrido por la carrera espacial.

En las salas dedicadas a la Segunda Guerra Mundial se exhibe un caza japonés Zero, un reactor alemán *Messerschmitt* Me-262, un caza norteamericano P-51 *Mustang* y una bomba volante V-2, entre otros.

La visita al National Air and Space Museum se puede combinar con otra al Marine Corps Museum, emplazado en el *Washington Navy Yard*, que refleja el heroico pasado de los marines norteamericanos. En él se encuentra la histórica bandera de las barras y estrellas izada por los marines en Iwo Jima.

Información: www.nasm.si.edu (inglés)
www.usmcmuseum.org (inglés)

MUSEOS DEL HOLOCAUSTO (WASHINGTON, HOUSTON Y FLORIDA)

EL MUSEO DEL HOLOCAUSTO de la capital norteamericana, situado cerca del monumento a Washington, rememora todo el proceso que llevó al exterminio de los judíos, desde el ascenso nazi al poder hasta la liberación de los campos. Tiene especial presencia el recuerdo a los niños que sufrieron este asesinato masivo. Destaca la exhibición de un vagón de ferrocarril que fue utilizado en la deportación.

Una instalación similar se encuentra en la ciudad texana de Houston, que acoge su propio Museo del Holocausto. Exhibe objetos aportados por supervivientes y posee un importante centro de documentación.

El tercer gran centro de este tipo es el Museo del Holocausto de Florida, situado en la ciudad de Saint Petersburg, que presenta unas interesantes exposiciones temporales.

Otras ciudades norteamericanas que cuentan con un museo dedicado al Holocausto son Saint Louis y Richmond, y son muchas más las que cuentan con memoriales promovidos por las comunidades judías locales.

Información:
Washington: www.ushmm.org
(inglés, aunque dispone de una interesante
Enciclopedia del Holocausto en español)
Houston: www.hmh.org
(inglés con información adicional en español)
Florida: http://www.flholocaustmuseum.org *(inglés)*

ITALIA

MONTECASSINO Y ANZIO

EL MONASTERIO, QUE FUE TOTALMENTE DESTRUIDO durante la famosa batalla, fue reconstruido tras la guerra. Hoy se levanta orgulloso exactamente en el mismo lugar, sin que nada denote el dramático episodio que allí se vivió en 1944, si no fuera por los cementerios militares que se encuentran en los alrededores, destacando especialmente el polaco.

En cambio, en el pueblo de Cassino la presencia del recuerdo de la guerra es casi obsesiva; monumentos, placas conmemorativas, un carro norteamericano *Sherman* en una plaza o una pieza de artillería frente al Ayuntamiento.

Este recorrido continúa con una excursión a Anzio, en donde se pueden visitar las playas del desembarco norteamericano. Aún pueden contemplarse allí casamatas de hormigón y otros restos de la batalla.

Información: www.montecassino.it
(*disponible versión en español*)
www.comune.anzio.roma.it (italiano)

**La abadía de Montecassino en la actualidad, reconstruida
meticulosamente después de ser reducida a escombros
por los bombarderos aliados en 1944.**

MAUSOLEO DE LAS FOSAS ARDEATINAS (ROMA)

A LAS AFUERAS DE ROMA puede visitarse esta antigua cantera, en donde fueron masacrados 335 civiles, en represalia por un atentado cometido contra unos soldados alemanes. En esa acción, 32 hombres de la *Wehrmacht* murieron en una emboscada en la Vía Rasella de la capital romana (aún se pueden observar los agujeros de bala en las paredes). Hitler respondió ordenando la ejecución inmediata de diez italianos por cada alemán muerto; la orden se cumplió sacando de las cárceles a detenidos que nada tenían que ver con el ataque, añadiéndose 15 rehenes más. Fueron conducidos a la cantera de la Vía Ardeatina y ametrallados; después se voló la bóveda con dinamita para que los cuerpos quedasen enterrados. El lugar está dedicado hoy a la memoria de los que allí murieron.

También es interesante conocer el antiguo cuartel de las SS en la Vía Tasso. Sorprende su aspecto de inocente bloque de viviendas, que hace difícil imaginar los terribles episodios que se dieron en su interior. Hoy acoge el Museo de la Liberación de Roma.

Información: http://www.activitaly.it/infobase/it/show/1303
(italiano e inglés)

FRANCIA

PLAYAS DEL DÍA-D (NORMANDÍA)

Lugar de peregrinación ineludible para cualquier apasionado por la Segunda Guerra Mundial, Normandía ofrece innumerables escenarios de extraordinario interés. El principal foco de atención es la playa de Omaha, en la que, afortunadamente, se detuvo el proyecto de instalar un gran criadero de mejillones. La inabarcable extensión de cruces blancas del adyacente cementerio norteamericano de Colleville es testimonio del generoso sacrificio realizado por este país para liberar el continente europeo.

Otros puntos de interés son las baterías costeras alemanas de Longues-sur-Mer o Azeville, el pequeño Museo del Día-D de Vierville, el espectacular búnker de Ouistreham —especialmente recomendable, al albergar el museo del Muro del Atlántico— o el Memorial de Caen, además del sobrecogedor cementerio alemán de La Cambe, entre muchos otros. Como se puede comprobar, la región proporciona tal cantidad de alicientes que es imposible cubrirlos en una sola visita.

Aunque Normandía es el principal foco de interés, hay otros puntos de atención en territorio francés. En las proximidades de

París se puede visitar el bosque de Compiègne, en donde se firmó tanto la rendición germana en la Primera Guerra Mundial como la francesa ante Alemania en 1940, aunque el vagón de tren que se exhibe es una reproducción.

También merece la pena una visita a Oradour-sur-Glane, el pueblo cercano a Limoges en donde en julio de 1944 un grupo de soldados de las SS asesinaron a casi todos sus habitantes. Oradour ha quedado sin reconstruir como testimonio de aquella masacre. En él se encuentra el Museo Centre de la Mémoire, dedicado a este suceso.

Información:
www.normandy-tourism.org
(*disponible versión en español*)
www.musee-memorial-omaha.com (*francés e inglés*)
www.memorial-caen.fr (*francés e inglés*)
www.oradour.org (*francés*)

El cementerio militar norteamericano de Colleville, en Normandía. Se encuentra en la meseta adyacente a la playa de Omaha, precisamente el lugar en el que los alemanes opusieron una mayor resistencia en el Día-D.

POLONIA

AUSCHWITZ (OSWIECIM)

Próximo a la población de Oswiecim, al sur del país y cerca de Cracovia, se encuentra el campo de concentración de Auschwitz, el gran símbolo del Holocausto. En realidad, este complejo, al que han acudido más de 25 millones de visitantes, consta de dos campos, separados por 3 kilómetros; Auschwitz, el campo primigenio destinado sobre todo al trabajo esclavo, y Auschwitz II Birkenau, un campo de exterminio en el que fue asesinado un millón de personas.

La visita al complejo, que no está recomendada para niños menores de 14 años, tiene como principales puntos de atención la *Judenrampe* —el lugar adonde llegaban los deportados para ser seleccionados, la primera cámara de gas o los crematorios.

Otro punto de interés en Polonia se encuentra en el bosque de Gierloz, en la antigua Prusia Oriental alemana, en donde se pueden contemplar los restos del cuartel general de Hitler, conocido como *Wolfsschanze* (Guarida del Lobo). Abandonado durante años, hoy es una atracción turística, pese a que los edificios que no quedaron destruidos están en mal estado y rodeados de vegetación.

En cuanto al gueto de Varsovia, no queda ningún resto de él. En su lugar se levanta hoy un barrio obrero de edificios impersonales. El único recuerdo del drama que allí se vivió es un monumento dedicado a las víctimas del nazismo, inaugurado en 1948.

Información:
www.auschwitz.org.pl (*inglés*)
Visita virtual a Auschwitz:
www.remember.org/auschwitz (*inglés*)

REPÚBLICA CHECA

THERESIENSTADT (TEREZIN)

PROBABLEMENTE, EL CAMPO DE CONCENTRACIÓN que presenta una historia más insólita sea el de Theresienstadt. Esta antigua fortaleza, construida en 1780, sirvió como «campo modelo» para ser mostrado a los inspectores de la Cruz Roja, por lo que era pintado de vivos colores y adornado con flores cuando se producían estas visitas. A él estaban destinados judíos veteranos de la Primera Guerra Mundial o judíos importantes cuya desaparición no era aconsejable. De todos modos, cuando el campo agotaba su capacidad, se enviaba el excedente a las cámaras de gas de Auschwitz.

Hoy se puede visitar esta ciudadela, en la que se encuentra el Museo del Gueto. Los barracones ocupados entonces por los internos presentan el mismo aspecto que ofrecían entonces.

Información: www.pruvodce.com/terezin (*inglés*)

La puerta de entrada al campo de concentración de Theresienstadt muestra la misma cínica leyenda que se podía leer a la entrada de Auschwitz: Arbeit macht frei («*El trabajo os hará libres*»)

Austria

MAUTHAUSEN

Situado a 20 kilómetros de Linz, Mauthausen era en realidad un complejo compuesto por 49 campos de concentración. Mauthausen fue utilizado por los nazis sobre todo para el exterminio por el trabajo de intelectuales, artistas o políticos. Los republicanos españoles allí confinados encabezarían el recibimiento a las tropas aliadas cuando el campo fue liberado.

Hoy se puede visitar la cantera en la que los deportados trabajaban 12 horas diarias bajo terribles condiciones y se pueden subir los 186 escalones que debían ascender cargados con grandes piedras.

Información: www.mauthausen-memorial.at

Rusia

TÚMULO DE MAMÁI (VOLGOGRADO)

Stalingrado, hoy Volgogrado, sufrió la batalla más sangrienta y decisiva de la Segunda Guerra Mundial. Para homenajear a los que allí lucharon y cayeron, en 1967 se erigió el mayor monumento del mundo dedicado a los muertos de una batalla.

En el túmulo de Mamái, un montículo que domina la ciudad y que fue objeto de una lucha feroz, se levanta una formidable estatua de 52 metros de altura, que representa a una joven enarbolando una espada en actitud guerrera; una alegoría de la «Madre Patria».

Debido a su enorme peso no fue necesario asegurarla al suelo y se mantiene en equilibrio por sí misma. Para llegar a los pies de la estatua es necesario antes subir 200 escalones, uno por cada día que duraron los combates.

Como testigo mudo de la batalla, permanece hoy en pie el edificio del «Molino», que muestra el mismo aspecto que tenía en el momento en que finalizaron los combates.

Los interesados en la Batalla de Stalingrado han de efectuar también una visita al Museo de las Fuerzas Armadas en Moscú. Allí se exponen al aire libre vehículos y piezas de artillería de la «Gran Guerra Patriótica», así como el original del plan Barbarroja y la bandera soviética que fue izada en el *Reichstag*.

Información: www.stalingrad.com.ru (*inglés*)

BÉLGICA

BASTOGNE

ESTA PEQUEÑA POBLACIÓN BELGA cercana a la frontera con Luxemburgo fue el punto clave de la Batalla de las Ardenas. Los norteamericanos consiguieron resistir aquí el asedio alemán y hoy día Bastogne lo recuerda con orgullo y agradecimiento. A ellos está dedicada una colosal estrella de cinco puntas —el Memorial de Mardasson—, así como un monumento dedicado al general McAuliffe y otro al general Patton. También hay un cementerio militar alemán. Como curiosidad, existe el llamado «Camino de la Libertad», que cubre la ruta que siguió Patton para liberar Bastogne, y que está jalonada por hitos conmemorativos a cada kilómetro.

Información: www.bastogne-tourisme.be (*francés e inglés*)

EBEN EMAEL

EN TERRITORIO BELGA TAMBIÉN PUEDE VISITARSE, además de innumerables campos de batalla de la Primera Guerra Mundial, la fortaleza de Eben Emael, aunque sólo abre sus puertas un fin de semana al mes (consultar web). La visita consiste en un recorrido por las galerías subterráneas que son accesibles —un kilómetro—, aunque no está recomendado para las personas que sufren claustrofobia. También existe un interesante museo en el que se reproduce la vida diaria en el fuerte antes de su captura por parte de los paracaidistas alemanes.

Información: www.fort-eben-emael.be (*francés e inglés*)

Un tanque norteamericano Sherman preside una plaza pública en Bastogne. En esta población resistieron el asedio alemán los soldados comandados por el general MacAuliffe, cuyo busto puede apreciarse a la izquierda de la imagen.

ESPAÑA

CEMENTERIO ALEMÁN
(CUACOS DE YUSTE, CÁCERES)

EN LA LOCALIDAD CACEREÑA DE CUACOS DE YUSTE se levanta un cementerio militar alemán, en el que se encuentran enterrados los cuerpos de 154 soldados germanos fallecidos en territorio español durante la Segunda Guerra Mundial, así como 28 de la contienda de 1914-1918.

Este camposanto, cercano al Monasterio de Yuste —en donde murió precisamente el emperador Carlos I de España y V de Alemania—, se inauguró en 1982, tras una ardua labor de búsqueda y traslado de los restos mortales de estos soldados. La mayoría formaban parte de tripulaciones de barcos o submarinos hundidos en las costas españolas, aunque también hay pilotos de la *Luftwaffe* que se estrellaron en los Pirineos. El cementerio está gestionado por *Volksbund Deutschen Kriegsgräberfürsorge* (Asociación Alemana de Cementerios de Guerra).

Información: www.geocities.com/afterthebattle/yuste.html
www.cerespain.com/cuacos_de_yuste.html

CANADÁ

CANADIAN WAR MUSEUM (OTTAWA)

EN LA CAPITAL CANADIENSE SE ENCUENTRA un museo dedicado a las guerras en las que se ha visto involucrado este país, sobre todo a su no desdeñable participación en la Segunda Guerra Mundial. Hay salas dedicadas a los combates contra los japoneses en Hong Kong y al frustrado *raid* de Dieppe del 19 de agosto de 1942.

La atracción *estrella* de este museo es un vehículo Mercedes Benz blindado de color negro que, aunque en un primer momento se pensó que pertenecía a Goering, en realidad fue utilizado por Hitler en varios desfiles.

Información: www.warmuseum.ca (*inglés y francés*)

Egipto

EL ALAMEIN

En esta aldea egipcia, situada a 100 kilómetros al oeste de Alejandría, y a la que se accede por una carretera costera, se encuentran las huellas más importantes de la batalla que se dirimió allí entre el 23 de octubre y el 4 de noviembre de 1942. Con ocasión del 50 aniversario, el gobierno británico colaboró con el egipcio para remodelar el pequeño museo que allí existía. El resultado es una aceptable exposición de uniformes y armamento utilizados en los combates. Sin embargo, los vehículos se mantienen desprotegidos a la intemperie.

También son interesantes los cementerios militares. En la misma aldea está el británico, perfectamente cuidado. El alemán y el italiano, situados a cinco kilómetros, son más austeros y ofrecen un desangelado aspecto.

No es recomendable salir de las rutas marcadas, puesto que se calcula que las arenas de El Alamein ocultan, todavía hoy, 18 millones de minas.

Información:
http://www.egypttreasures.gov.eg/Egypt_Museums_Al-Alamein.html (*inglés*)
http://www.ehabweb.net/alamein.html (*inglés*)

SINGAPUR

FORT CANNING, FORT SILOSO Y CHANGI

FORT CANNING ES UN BÚNKER situado en un céntrico parque de la capital. En él se firmó la rendición de las tropas británicas ante los invasores japoneses. La escena de la capitulación británica está convincentemente recreada por unos autómatas que representan a los protagonistas de aquel histórico episodio.

En la isla de Sentosa, a medio kilómetro de la costa sur de Singapur, se puede visitar el complejo defensivo de Fort Siloso, compuesto de torres de vigilancia, túneles subterráneos y troneras de cañones. Pese a su espectacularidad, esta fortificación fue totalmente inútil, puesto que los japoneses invadieron Singapur por el norte.

Estas visitas se complementan con la del campo de concentración de Changi, en donde estuvieron recluidos 12.000 civiles británicos. En la actualidad hay una capilla construida por los prisioneros y un museo.

> **Información: http://fr.visitsingapore.com** (*inglés*)
> **www.fortsiloso.com** (*inglés*)

JAPÓN

PARQUE DE LA PAZ (HIROSHIMA)

LA CIUDAD DE HIROSHIMA muestra aún las heridas de la bomba atómica que la arrasó el 6 de agosto de 1945. En el Parque de la Paz, destinado a rendir homenaje a las víctimas, se encuentra el Museo Conmemorativo de la Paz, en el que se conservan objetos que fueron testigos de aquel trágico día.

En el lugar exacto del epicentro de la explosión se conservan los restos de un edificio, conocido como la Cúpula de la bomba atómica, que se ha convertido en el símbolo de la ciudad.

En Nagasaki, que sufrió el holocausto nuclear tres días después, existe otro Parque de la Paz, en el que destaca una fuente dedicada a los niños que murieron al beber de ella agua radiactiva.

Información: www.pcf.city.hiroshima.jp (*inglés*)
www1.city.nagasaki.nagasaki.jp (*inglés*)

Resulta difícil imaginar tanta destrucción ante un Japón moderno y perfectamente reconstruido.

Los Protagonistas

ALEXANDER, Harold George, conde Alexander de Túnez (1891-1969). Mariscal británico. Alcanzó el grado de general con sólo 43 años. Combatió en Francia y formó parte de las tropas evacuadas en Dunkerque. Tras una misión en Birmania y en Oriente Medio, fue adjunto de Eisenhower en África del Norte (1943) y jefe del teatro de operaciones del Mediterráneo (1944). El pueblo británico lo conoció como el «soldado-caballero».

ATTLEE, Clement (1883-1967). Jefe del Partido Laborista, fue miembro del gabinete de guerra entre 1940 y 1945. Primer ministro británico tras derrotar a Winston Churchill en las elecciones generales, sustituyó a éste durante la celebración de la Conferencia de Potsdam. Permaneció en el cargo hasta 1951, siendo sustituido a su vez por Churchill.

AUCHINLECK, sir Claude John Eyre (1884-1981). Mariscal británico. Fue comandante del cuerpo expedicionario en Noruega y después se trasladó a la India (1941). Comandante en Oriente Medio, consiguió romper el cerco de Tobruk y frenar por primera vez al *Afrika Korps* de Rommel, aunque tuvo que batirse en retirada hasta El Alamein. Fue sustituido por el mariscal Alexander, regresando a la India como comandante en jefe (1943-1947).

BADOGLIO, Pietro (1871-1956). Mariscal de Italia, comandante en jefe de los ejércitos italianos (1940); no era partidario de unir el destino de su país al de la Alemania nazi. Participó en la conspiración para derribar a Mussolini, sucediéndole como primer ministro en 1943. Negoció el armisticio con los Aliados.

BENES, Edvard (1884-1948). Estadista checoslovaco. Dimitió de la presidencia después del Pacto de Munich (1938). Presidente del gobierno en el exilio durante toda la guerra, en febrero de 1948 cedió el poder a los comunistas.

BORMANN, Martin (1900-1945). Conocido como la «Eminencia Parda», fue secretario particular de Hitler tras su nombramiento como jefe de la Cancillería en 1941. Miembro del partido nazi desde sus comienzos. De personalidad oscura, intrigante y brutal, gestionaba con eficacia las finanzas del partido, pasando después a administrar las particulares de Hitler. Se convirtió en un auténtico «perro guardián» del *Führer*, llegando a decidir sobre quién podía verle, ganándose el odio del resto de jerarcas nazis. Murió al intentar atravesar las líneas rusas en Berlín, aunque no pudo confirmarse su fallecimiento hasta 1970, cuando se encontró su cadáver durante la realización de unas obras en la capital germana.

BRADLEY, Omar Nelson (1893-1981). General norteamericano. Gran amigo de Eisenhower y de Patton, mandó el 2º Cuerpo en Túnez y Sicilia. También estuvo al frente de las tropas estadounidenses en Normandía y penetró en Alemania a la cabeza del XII grupo de ejércitos, enlazando con los rusos. Modesto y poco dado al protagonismo, era estimado por sus hombres, que lo conocían como «el general-soldado».

BRAUN, Werner Von (1912-1977). Ingeniero alemán, especialista en cohetes dirigidos. Siendo muy joven, fue director del centro de Peenemünde (1936), en donde se fabricarían las bombas volantes V-2. Tras la guerra, los norteamericanos lo incorporaron a su cuerpo de científicos, teniendo un papel muy destacado en el desarrollo de la NASA y la carrera espacial. Obtuvo la nacionalidad estadounidense.

CANARIS, Wilhelm (1887-1945). Almirante alemán, jefe de los servicios secretos del ejército germano —el *Abwehr*— de 1935 a 1940. Fue espía durante la Primera Guerra Mundial y se llegó a decir que fue amante de Mata-Hari. Desde su privilegiado puesto opuso resistencia a la política agresiva del Tercer Reich y ya desde 1938 trabajó en la sombra para derrocar a Hitler. En agosto de 1944 fue detenido por su implicación en el atentado contra Hitler, siendo ahorcado el 9 de abril de 1945 en el campo de concentración de Flossenburg.

CIANO, Galeazzo (1903-1944). Político italiano, yerno de Mussolini. Ministro de Asuntos Exteriores en 1936, se opuso a la política belicista del *Duce* en 1940. En febrero de 1943 acabó siendo destituido y nombrado embajador en la Santa Sede. Se refugió imprudentemente en Alemania tras votar por la destitución de su suegro, pero fue entregado a las autoridades fascistas, condenado a muerte y ejecutado en Verona. Dejó escritos unos «Diarios» de gran importancia para conocer los entresijos de la guerra.

CLARK, Mark Wayne (1896-1986). General norteamericano. Delegado de Eisenhower durante la operación *Torch*. Comandante del V Ejército norteamericano en Túnez y después en Italia, avanzó con extrema lentitud, participando en el fracasado desembarco en Anzio. Entró al frente de sus tropas en Roma el 4 de junio de 1944 al precio de desaprovechar la oportunidad de atrapar a los alemanes en su retirada, pero no quiso dejar pasar la ocasión histórica irrepetible de convertirse en *conquistador* de la Ciudad Eterna.

CHAMBERLAIN, Neville (1869-1940). Primer ministro británico, miembro del Partido Conservador. Tenía como máxima meta mantener la paz en Europa a cualquier precio, para lo que no dudó en aplacar a Hitler con continuas concesiones territoriales y políticas. Firmó el Pacto de Munich, entregando así Checoslovaquia a la Alemania nazi. Su liderazgo durante la guerra quedó en entredicho hasta que el 10 de mayo se vio obligado a abandonar el cargo, que asumió Winston Churchill.

CHIANG KAI-SHEK (1887-1975). Generalísimo y estadista chino. Al frente de los nacionalistas del Kuomintang, derrotó a los comunistas en 1927 e instaló su gobierno en Pekín. Pese a proporcionarle ayuda para rechazar a los invasores nipones, los norteamericanos nunca confiaron en la fuerza militar de su régimen ineficaz y corrupto. Los comunistas de Mao Zedong, mucho mejor organizados, le expulsaron del poder. Tras la guerra, respaldado aún por Estados Unidos, creó un estado nacionalista chino en la isla de Formosa (Taiwán), del que sería presidente hasta 1970.

CHURCHILL, Winston (1874-1965). De familia acomodada, de joven fue rebelde y mal estudiante. Ingresó en la academia militar. Combatió en la India y en Sudáfrica, en donde fue hecho prisionero por los bóers, logrando huir. Fue corresponsal de guerra. En 1899 inició su carrera política, que le llevaría al cargo de Primer Lord del Almirantazgo durante la Primera Guerra Mundial. En 1915 acusó el fracaso del desembarco en los Dardanelos, abandonando el puesto y sintiéndose totalmente acabado. Tras un breve paso por las trincheras, volvió a la política, siendo nombrado ministro de Armamento. En los años treinta se opuso a la política de apaciguamiento de Chamberlain y, una vez nombrado *premier* en 1940, supo galvanizar la resistencia del pueblo británico durante la Batalla de Inglaterra. No dudó nunca de la victoria final; firme, tenaz y con sentido del humor, logró movilizar todos los recursos morales y materiales de su país para vencer a la Alemania nazi. Derrotado inesperadamente en las elecciones de 1945, regresó a *Downing Street* entre 1951 y 1955. Pintor aceptable, obtuvo también el Premio Nobel de Literatura. Pese a ser un gran fumador de puros y bebedor empedernido de champán, *whisky* y coñac, vivió hasta los 91 años.

DALADIER, Edouard (1884-1970). Primer ministro francés. Firmó el Pacto de Munich en septiembre de 1938. Tras la invasión de Polonia declaró la guerra a Alemania, pero se vio obligado a dimitir el día 20 de marzo de 1940 ante la pérdida de apoyo popular, pasando a ocupar el cargo de ministro de Defensa. Tras la caída de Francia se refugió en el norte de África, pero fue capturado y enviado a la Francia de Vichy, y desde allí pasaría a un campo de concentración alemán, y de donde sería liberado en abril de 1945.

DE GAULLE, Charles (1890-1970).
General y estadista francés. Era conocido como «el gran espárrago» por sus
compañeros de la academia militar,
debido a su gran estatura y su aspecto
desgarbado. Luchó con gran valentía
en la Primera Guerra Mundial, siendo
herido y capturado por los alemanes.
Gran teórico del arma blindada, sus
recomendaciones no fueron asumidas
por el Estado Mayor galo. Tras la caída
de Francia en junio de 1940, se trasladó a Londres para seguir combatiendo desde allí a los alemanes.
Estaba considerado por Roosevelt y
Churchill como un «niño problemá-
tico» y trataron en vano de librarse de
él. En 1943 preside el Comité Francés de Liberación Nacional; el 3 de junio de 1944 este órgano se convierte en
gobierno provisional. Su gran tenacidad permitió a Francia
sentarse en la mesa de los vencedores, obteniendo una zona
de ocupación propia. Después de la victoria, es elegido presidente (noviembre 1945) para dimitir al año siguiente, pero
volvería a la presidencia en 1958.

DOENITZ, Karl (1891-1976). Gran almirante alemán. Oficial de
la Marina desde 1912. Organizó la guerra submarina contra
Gran Bretaña (1940-1942), aunque nunca contó con todos
los medios necesarios para llevarla a cabo con éxito; estaba
convencido de que Alemania hubiera ganado la guerra de
haber contado con 300 submarinos. Tomó el mando
supremo de la Marina de Guerra en 1943, en sustitución del
almirante Raeder. Designado sucesor de Hitler por éste, capitula ante los Aliados. Condenado en Nuremberg a diez años
de prisión, es liberado en 1956, retirándose a su casa de
Hamburgo.

DOOLITTLE, James Harold (1896-1958). Teniente general
norteamericano. Dirigió el primer bombardeo sobre Tokio

(1942), llevado a cabo por bombarderos B-25, tras un arriesgado despegue desde el portaaviones *Hornet*. Jefe de la VIII Flota Aérea Estadounidense (1944), encargada de bombardear las ciudades alemanas. Nombrado caballero del Reino Unido por el rey Jorge VI.

EICHMANN, Adolf (1906-1962). Teniente coronel de las SS, encargado de asuntos judíos en la oficina central de la Gestapo (1940-1945). Su principal tarea fue coordinar las leyes raciales alemanas y la deportación de los judíos a los campos de exterminio, labor que ejecutó con terrible eficacia. Paradójicamente, estaba interesado en la cultura judía y hablaba *yiddish* con fluidez. Al terminar la guerra se refugió en Argentina, pero en 1960 fue descubierto y capturado por agentes israelíes. Conducido a Jerusalén, fue juzgado, condenado a muerte y ejecutado. Sus cenizas fueron esparcidas en aguas internacionales.

EISENHOWER, Dwight David (1890-1969). General y estadista norteamericano. Organizó el desembarco en África del Norte (1942). Jefe de las fuerzas aliadas, dirigió la campaña de Túnez y los desembarcos en Sicilia e Italia (1943). Jefe supremo de las fuerzas aliadas en 1944, tuvo la última palabra en el desembarco de Normandía. Recibió la capitulación alemana en Reims. Nunca destacó por su carisma, pero era capaz de coordinar las distintas —y a veces enfrentadas— fuerzas aliadas gracias a sus grandes habilidades diplomáticas. Conocido popularmente como *Ike*, durante su larga estancia en Europa estuvo acompañado siempre por su fiel secretaria y confidente Kay Summersby, pero al regresar a Estados Unidos volvió junto a su esposa, allanando así su carrera política; en 1952 fue elegido presidente, siendo reelegido en 1956.

GOEBBELS, Joseph (1897-1945). Político alemán. Con una sólida formación académica, pero después de fracasar en el periodismo y la literatura, desempeñó el cargo de jefe de Propaganda del Partido en 1928 y ministro de Propaganda de 1933 hasta su muerte. Auténtico maestro de la mentira y la manipulación, su cínica política de información se ha convertido en objeto de estudio. Una de sus más célebres aportaciones es la afirmación: «Una mentira repetida 100 veces se convierte en una verdad». Fanático seguidor de Hitler, recibió el encargo de dirigir la guerra total en 1944. Tras el suicidio del *Führer*, él hizo lo mismo junto a su mujer, Magda, una vez que ésta envenenó a sus seis hijos.

GOERING, Hermann (1893-1946). Mariscal del Aire alemán. Piloto de caza durante la Primera Guerra Mundial, conoció a Hitler en 1922 y se unió al movimiento nazi. Herido en una pierna, arrastrará durante toda su vida la adicción a la morfina. Presidente del Reichstag en 1932, se convierte en un excéntrico megalómano. Amante de los uniformes vistosos y las batas de seda, tenía un león como animal doméstico. Organizó la *Luftwaffe*, consiguiendo el favor de Hitler, que lo nombró en 1940 mariscal del Reich. Pero los fracasos de Dunkerque, Inglaterra o Stalingrado acaban con su prestigio. Al final, Hitler lo destituye y ordena su arresto por traición. Capturado por los norteamericanos, es juzgado en Nuremberg y condenado a muerte, pero consigue suicidarse antes de ser ahorcado.

HALSEY, William (1882-1959). Almirante norteamericano, apodado *Bull* (Toro). Comandante de las fuerzas del Pacífico Sur (1941-1942). Gran estratega, dispuesto a correr riesgos, dirigió los combates por las islas Marshall, Gilbert y Salomón, y organizó el desembarco en las Filipinas (1945). De este impulsivo militar de malos modales —que gozaba de gran simpatía entre la prensa— es célebre la arenga, dirigida a sus tropas: «¡Matad japoneses!, ¡matad japoneses!, y después ¡matad más japoneses!».

HESS, Rudolf (1894-1987). Dirigente nacionalsocialista. Nació en Alejandría, hijo de un exportador de vinos. Combatió en la Primera Guerra Mundial, resultando herido. En 1920 conoció a Hitler y enseguida mostró una desmedida devoción por él. Al comenzar la guerra es el segundo en el orden de sucesión del *Führer*, pero su influencia es decreciente. En mayo de 1941 marchó a Escocia en un vuelo solitario para proponer la paz a los ingleses. Fue internado hasta el fin de la guerra. Juzgado en Nuremberg, fue condenado a cadena perpetua. Confinado en Spandau, se suicidó en 1987, colgándose de un cable eléctrico.

HEYDRICH, Reinhard (1904-1942). General de las SS. Aficionado al violín, el piano y la esgrima. De aspecto nórdico — era llamado «la bestia rubia»—, fue hombre de confianza de Himmler, pese a tener probablemente un antepasado judío, por lo que sus enemigos le llamaban el «Moisés rubio» o «la cabra», por su estridente risa. Fue jefe del Servicio de Seguridad de las SS (la SD o *Sicherheitdienst*). Como Protector de Bohemia-Moravia, cometió atrocidades de todo tipo. Unos resistentes checos apoyados por Londres lograron asesinarlo, sufriendo una larga agonía de una semana, aunque la represión posterior fue durísima.

HIMMLER, Henrich (1900-1945). Jefe de las SS y ministro alemán del Interior. Nacido en una familia católica, estudió para ingeniero agrónomo, graduándose en 1921. Fracasó como criador de pollos, pero en el movimiento nazi escaló rápidamente posiciones hasta convertirse en jefe de las SS en 1929. Durante la guerra puso sus dotes de organizador al servicio del exterminio masivo de judíos. En abril de 1945 intentó pactar con los Aliados a espaldas de Hitler y fue destituido. Al ser apresado por los Aliados se suicidó ingiriendo una cápsula de veneno oculta en la boca. Alguien aseguró que «su cara era la de un cerdo con ojos de pájaro», mientras que otros lo comparaban con un oso hormiguero. Pero fue un juez del proceso de Nuremberg quien le retrató más acertadamente: «No hay ninguna larva viscosa que se retuerza entre el fango y el hedor de la cloaca más sucia que, comparada con él, pudiera ser acusada de despreciable».

HIROHITO (1901-1989). Emperador de Japón. Considerado una divinidad por sus súbditos, pese a ser de pequeña estatura, enclenque y miope. Proclamado emperador en 1926, permitió la política de expansión de su régimen militar. Después de la capitulación se convirtió en soberano constitucional, y en un gran experto en biología marina.

HITLER, Adolf (1889-1945). Estadista alemán. Nacido en Austria, fracasa como pintor y como arquitecto, viéndose obligado a vivir en Viena como un indigente. Se alista en el ejército alemán en 1914 y, aunque no pasa del rango de cabo, es condecorado con la Cruz de Hierro. En 1919 se afilia al Partido Obrero Alemán y protagoniza un esperpéntico golpe de Estado en 1923 que le llevaría a prisión. Reanuda su actividad política, que culmina, gracias a su oratoria y a su ciega ambición, con su nombramiento como canciller el 30 de enero de 1933. Una vez eliminada cualquier oposición, es nombrado *Reichsführer* y somete a Alemania a un régimen totalitario, rearmándola y conduciéndola a la guerra.

La personalidad de Hitler supone aún un enigma; de memoria prodigiosa y autoconfianza exacerbada, presentaba también claros síntomas de desequilibrio psíquico, cambios bruscos de estado de ánimo, así como un avance progresivo de Parkinson. Conforme discurría la guerra, aumentaba su dependencia de las drogas inyectadas a diario por su médico personal. Ajeno por completo a la realidad, para desesperación de sus generales, permaneció impasible ante el sufrimiento del pueblo germano y confió hasta el final en un brusco giro de la guerra que nunca llegaría. Se suicidó junto a Eva Braun el 30 de abril de 1945. Los restos de su cadáver incinerado —la mandíbula y un trozo de cráneo— se encuentran repartidos en dos archivos de Moscú.

JODL, Alfred (1890-1946). General alemán. Jefe del Estado Mayor del general Keitel, desde ese puesto dirigió todas las campañas militares germanas. Era el encargado de informar diariamente a Hitler de la evolución de los distintos frentes. Fue uno de los mejores confidentes del *Führer* durante la guerra. Su nombre pasó a la historia al ser uno de los firmantes de la rendición alemana en Reims el 7 de mayo de 1945. Juzgado en Nuremberg, fue acusado de crímenes de guerra, siendo declarado culpable. Fue ahorcado el 16 de octubre de 1946.

JORGE VI (1895-1952). Rey de Gran Bretaña de 1936 a 1952, permaneció junto a su familia en Londres en los peores momentos, rechazando marchar a Canadá. Dio ejemplo ante su pueblo de dignidad y valor, visitando ciudades en ruinas y refugios antiaéreos. El 13 de septiembre de 1940, una bomba cayó en el palacio de Buckingham, pero resultó ileso. Colaboró estrechamente con Churchill durante toda la contienda.

KEITEL, Wilhelm (1882-1946). Mariscal de campo alemán. Oficial de Artillería durante la Primera Guerra Mundial. Jefe del alto mando de 1938 a 1945, se limitó a aceptar y transmitir sumisamente las órdenes militares de Hitler, lo que le valió los sobrenombres de *lakaitel* —lacayo— y *Der general Jawohl* —el general sí señor—. El propio Hitler lo humilló un día llamándole «portero de cine», pero aún así era de su entera confianza. Firmó la capitulación del Reich el 8 de mayo. Condenado a muerte en Nuremberg, fue ahorcado, pese a su petición de ser fusilado.

KESSELRING, Albert (1885-1960). Mariscal de campo alemán. Nombrado en 1942 jefe del X Ejército y del frente sur, supo organizar una férrea defensa a lo largo de la península italiana ante el avance de los Aliados, que les costó una sangría de hombres y material. Afable y extravertido, era apodado «el sonriente Albert». Encarcelado en Italia y condenado a muerte como criminal de guerra en 1946, se le conmutó la pena por la de cadena perpetua, aunque fue liberado en 1952 por razones de salud. Está considerado por los expertos como uno de los talentos militares más sobresalientes de la contienda.

MACARTHUR, Douglas (1880-1964). General norteamericano. Comandante en jefe de las Filipinas, escapó de la invasión nipona en marzo de 1942, no sin antes prometer solemnemente: «Volveré». Comandante en jefe en el Pacífico Suroeste (1943) y después de la totalidad de las fuerzas armadas en el Pacífico (1945), recibió la capitulación de Japón en el *Missouri* el 2 de septiembre de 1945. Egocéntrico y hambriento de gloria, supo difundir su inconfundible imagen en todo el mundo. Comandante en jefe en Corea (1950), fue relevado del cargo tras proponer seriamente acciones tan expeditivas como lanzar 40 bombas atómicas contra la China comunista.

MOLOTOV, Viacheslav (1890-1986). Ministro de Asuntos Exteriores de la Unión Soviética. Pese a su procedencia burguesa, fraguó su carrera política junto a Lenin y Stalin. Como ministro de Exteriores, firmó con Von Ribbentrop el pacto germano-soviético. De carácter duro y antipático, era un durísimo negociador, lo que le valió el sobrenombre de *«Mister Niet»* (señor No), aunque todos reconocen su extraordinaria habilidad diplomática. Tras la guerra su estrella declinó, hasta que en 1953 volvió a ocupar la misma cartera durante tres años. Finalmente sería apartado del poder por Kruschev, llegando incluso a ser expulsado del partido.

MONTGOMERY, Bernard Law (1887-1976). Mariscal británico, jefe del VIII Ejército en Egipto (1942). Venció a los alemanes en El Alamein, aunque no pudo evitar que lograsen escapar rumbo a Túnez. Excéntrico y engreído, ni bebía ni fumaba. En el campo de batalla era muy conservador y no actuaba nunca sin una larga preparación artillera previa. Tras la campaña de Sicilia y el sur de Italia, mandó las tropas terrestres en el desembarco de Normandía. Fracasó en septiembre de 1944 en su única acción audaz, al intentar penetrar en Alemania a través de Holanda (Operación *Market Garden*), aunque nunca reconoció esa derrota. Fue el jefe de las tropas de ocupación británicas en Alemania y después recibió todos los altos cargos y honores del Imperio británico.

MUSSOLINI, Benito (1883-1945). Político italiano. Fundó el Partido Nacional-fascista en 1919. Tras organizar la marcha sobre Roma, el rey Víctor Manuel II le confía la presidencia del Consejo (1922). Convertido en dictador (*Duce*), invade Etiopía en 1936 y se anexiona Albania en 1939. El 10 de junio declara la guerra a Francia y Gran Bretaña, y en octubre ataca a Grecia. Sus continuos reveses militares exasperan a Hitler, obligándole a aplazar su ataque a la URSS, pero aún así éste mantendrá hasta el final su respeto y admiración por él. Con los Aliados ya en Italia, el 25 de julio de 1943 es obligado a dimitir y es detenido por orden del rey. Rescatado por un comando alemán, se pone al frente de la República Social Italiana en el norte del país, prosiguiendo la guerra del lado del Eje. El 28 de abril de 1945 es capturado y ejecutado junto a su amante Clara Petacci por un grupo de guerrilleros. Sus cuerpos quedaron colgados en una gasolinera en Milán.

NIMITZ, Chester William (1885-1966). Almirante norteamericano. Comandante en jefe de la Flota del Pacífico durante toda la guerra. Consiguió reorganizar la Marina de guerra tras el ataque a Pearl Harbor. Gran estratega, a él se debe la gran victoria en la batalla de Midway. Más de 5.000 barcos y dos millones de hombres estuvieron a sus órdenes durante la guerra. Firmó el acta de la capitulación de Japón en nombre de la Marina.

PATTON, George Smith (1885-1945).  General norteamericano. Nacido indiscutiblemente para la milicia, fue número uno de su promoción en West Point. En 1916 luchó contra las huestes de Pancho Villa. Durante la Primera Guerra Mundial resultó gravemente herido en una temeraria acción. Ya en la Segunda Guerra Mundial, desembarcó en Marruecos (1942), fue comandante del ejército en Túnez y luego en Sicilia (1942-1943). Al mando del III Ejército en Normandía penetró con rapidez en las líneas alemanas, liberando Rennes y Nantes. Contuvo la ofensiva germana en las Ardenas en enero de 1945 y prosiguió su avance hasta Checoslovaquia, pese a las siempre escasas reservas de combustible que le proporcionaban. Creyente en la reencarnación, afirmaba que en vidas anteriores había sido cazador de mamuts, hoplita griego, legionario romano e incluso el mismísimo Aníbal. Falleció en Heidelberg en accidente de automóvil.

PÉTAIN, Philippe (1856-1951). Mariscal de Francia, vencedor en Verdún en 1916. Fue el encargado de pedir el armisticio a los alemanes, obteniendo los plenos poderes el 10 de julio de 1940, en Vichy. Al ser ocupada la zona libre (noviembre de 1942) se convierte cada vez más en rehén de los alemanes, que le sacan de Vichy en agosto de 1944. Vuelve a Francia en abril de 1945, en donde es juzgado y condenado a muerte, pero se le conmuta la pena por la cadena perpetua en razón a su avanzada edad.

PÍO XII (Eugenio Pacelli) (1876-1958). Elegido papa en 1939, publicó dos encíclicas sobre la paz. Aunque intentó evitar el estallido de la guerra abogando por una reunión conjunta de las potencias enfrentadas, su figura es discutida; mientras unos aseguran que sus silencios oficiales salvaron la vida de miles de judíos, otros consideran que habría sido más útil una condena firme de los crímenes nazis.

RIBBENTROPP, Joachim Von (1893-1946). Político alemán. De familia noble, se instaló en Canadá como importador de champán. Gracias a sus contactos, entró en el cuerpo diplomático. Embajador del Reich en Londres en 1936, fue rechazado por la alta sociedad británica, una afrenta que no olvidaría, profesando desde entonces odio eterno a Inglaterra. Ministro de Asuntos Exteriores desde febrero de 1938, no fue más que una correa de transmisión de los deseos de Hitler. Personalidad mediocre y con escasa perspectiva. Condenado a muerte en Nuremberg y ejecutado.

ROMMEL, Erwin (1891-1944). Mariscal de campo alemán. Participó en las invasiones de Polonia y Francia. Al frente del *Afrika Korps* (1941-1943) puso en jaque a los británicos hasta ser derrotado en El Alamein, pero consiguió reorganizarlo hasta alcanzar Túnez. Idolatrado por sus hombres, obtuvo también el respeto y la admiración de sus enemigos, que hicieron popular su sobrenombre de «el Zorro del

Desierto». Valiente, íntegro y noble, y amante de la cultura clásica, no contaba con muchas simpatías entre los dirigentes nazis. Encargado de organizar las defensas del Muro del Atlántico, no pudo evitar la invasión. Al entrar en contacto con la oposición militar al nazismo se convirtió en sospechoso tras el atentado del 20 de julio de 1944, por lo que fue obligado a suicidarse, por orden de Hitler, que veía con recelo su disposición a entablar conversaciones de paz.

ROOSEVELT, Franklin Delano (1882-1945). Estadista norteamericano. De familia acomodada, se licenció en Harvard. En 1921 sufrió una poliomielitis que le obligó a ayudarse de un pesado aparato ortopédico o una silla de ruedas. Elegido presidente en 1932, aplicó un ambicioso programa de reformas sociales. Apoyó a Gran Bretaña en su lucha solitaria contra Hitler hasta que declaró la guerra a Japón tras el ataque a Pearl Harbor (7 de diciembre de 1945). Firme partidario de forzar la rendición incondicional del Eje, mostró una gran energía pese a su mala salud. La muerte por derrame cerebral le llegaría el 12 de abril de 1944, mientras pasaba un día de asueto en su casa de recreo de Georgia con la que era su amante desde hacía tres décadas, Lucy Mercer Rutherfurd. Pese a la incómoda situación, la carismática Eleanor Roosevelt —su esposa desde 1905—, guardó su memoria con gran dignidad.

RUNDSTEDT, Gerd Von (1875-1953). Mariscal alemán. Mandó un grupo de ejércitos durante las campañas de Polonia y Francia, convirtiéndose —junto a los generales Heinz Guderian, Hans Von Kluge o Paul Von Kleist— en uno de los nombres propios de la guerra relámpago. Dirigió el grupo de ejército del Sur en el frente ruso, conquistando Ucrania, pero dimitió al estar en desacuerdo con la campaña de invierno ordenada por Hitler. Enviado al oeste, se le encomendó la ofensiva de las Ardenas. Hecho prisionero por los ingleses, fue liberado en 1949.

SPEER, Albert (1905-1982). Conocido como el «arquitecto de Hitler», fue nombrado ministro de Armamento en 1942. En largas reuniones, diseñó junto al *Führer* el Berlín de 1950. Alcanzó altísimas cotas de producción pese a los bombardeos y la falta de materias primas. Fue condenado en Nuremberg a 20 años de prisión, admitiendo su responsabilidad, pero negando de forma poco convincente su conocimiento del Holocausto. Tras su liberación se dedicó a escribir e impartir conferencias.

STALIN, Josef Vissarionovich Djugachvili (1879-1953). Estadista soviético. Hijo de un zapatero dipsómano que le somete a brutales palizas y de una madre afectuosa, se educa en un seminario. Inicia su andadura política a los 13 años y asciende lentamente hacia el poder. Secretario general del Partido Comunista, ejerce desde 1924 una autoridad absoluta sobre su país. Las purgas ordenadas por él descabezan el ejército soviético. Tras su pacto con la Alemania nazi, se reparte Polonia y se anexiona los Países Bálticos. Sorprendido por el ataque germano (22 de junio de 1941), asume la dirección total de las operaciones, cometiendo al principio numerosos errores. Su política de tierra quemada y el empleo de inagotables masas de soldados, así como el dominio de la guerra invernal, acabó derrotando a los alemanes. Simpático y de trato agradable, destacó igualmente por su astucia y su crueldad, lo que le llevaría a ser odiado por las dos mujeres con las que se casó. En Yalta conseguiría todo tipo de concesiones de los Aliados occidentales, logrando imponer el régimen comunista a los países de Europa Oriental.

TIBBETS, Paul (1915). Coronel norteamericano. Tras una meteórica carrera militar, en la que fue varias veces condecorado, fue nombrado comandante del *Enola Gay*, el avión que lanzó la bomba atómica sobre Hiroshima. Pese a los trágicos efectos de su acción, nunca ha mostrado aflicción e incluso se ha mostrado dispuesto a repetir la misión si fuera necesario.

TOJO, Hideki (1884-1948). General japonés, ministro de la Guerra (1940), consigue ponerse al frente del gobierno en octubre de 1941. Ordena el ataque a Pearl Harbor. Dimite en julio de 1944. En septiembre de 1945, después de un frustrado intento de suicidio, es arrestado por los norteamericanos. Durante su encarcelamiento, un dentista norteamericano le graba en los dientes en lenguaje morse la frase «Recuerda Pearl Harbor». Fue condenado a muerte y ejecutado.

TRUMAN, Harry (1884-1972). Estadista norteamericano. Era conocido como «el camisero», por haber regentado un negocio de camisas en Kansas City. Elegido vicepresidente de Roosevelt en 1944, le sucede tras su muerte en abril de 1945. Organizó la conferencia de San Francisco. Participa en la conferencia de Potsdam y ordena lanzar la bomba atómica, una decisión de la que nunca se arrepentiría. Fue reelegido en 1948.

YAMAMOTO, Irosoku (1884-1943). Almirante japonés. Comandante en jefe de la flota desde 1939. Fue el encargado de elaborar y llevar a cabo el ataque a Pearl Harbor. En 1942 ordenó el ataque a Midway. Durante la batalla de las islas Salomon los norteamericanos lograron derribar su avión. Su muerte supuso un cambio de rumbo en el desarrollo de la guerra.

YAMASHITA, Tomoyuki (1885-1946). General japonés. Tras su espectacular conquista de la península malaya y Singapur en 1942 sería conocido como el «Tigre de Malaya» o el «Rommel de la jungla». Sus éxitos despertaron viejas envidias, por lo que fue injustamente destinado a la instrucción de soldados en la lejana Manchuria. En 1944 regresó a primera línea, en la defensa de las Filipinas, oponiéndose eficazmente al avance de MacArthur. Llegada la paz, fue tratado como criminal de guerra y ejecutado, con el beneplácito del propio MacArthur.

ZHUKOV, Gheorgi (1896-1974). Mariscal soviético. Mandando el grupo de ejércitos de la defensa de Moscú (1941) rechazó la ofensiva germana. Al mando del 1° Frente de Ucrania y después el de Bielorrusia, tomó Varsovia y llegó el primero a Berlín, en donde recibiría la capitulación alemana. Fue destituido por Stalin en 1947, aunque a la muerte de éste sería ministro de la Guerra (1955-1957).

CRONOLOGÍA

1939: Polonia, arrollada por los *panzer*

- 1 de septiembre: A las 4:45 horas los alemanes atacan Polonia. Las fuerzas polacas dispuestas en la frontera no logran contener a las divisiones motorizadas germanas.
- 3 de septiembre: Gran Bretaña declara la guerra a Alemania a las 11 horas. Francia la sigue seis horas después.
- 16 de septiembre: Los soviéticos entran en territorio polaco, de acuerdo con el pacto germano-soviético firmado el 23 de agosto de 1939.
- 27 de septiembre: Varsovia se rinde. Al día siguiente Polonia firma la capitulación.
- 30 de noviembre: La Unión Soviética ataca Finlandia, que ofrece una tenaz resistencia.

1940: París se rinde ante Hitler

- 12 de marzo: Acuerdo de paz entre la Unión Soviética y Finlandia.
- 9 de abril: Los alemanes invaden Noruega, adelantándose a una acción aliada. Dinamarca también es atacada. El día 15, los británicos desembarcan en Narvik.
- 10 de mayo: Alemania invade Holanda, Bélgica y Luxemburgo. Churchill es nombrado primer ministro, sustituyendo a Chamberlain. Holanda capitula el día 15 y Bélgica el 28.
- 4 de junio: Los Aliados consiguen evacuar a más de 300.000 soldados en Dunkerque.
- 10 de junio: Italia declara la guerra a Francia y Gran Bretaña.
- 14 de junio: Los alemanes entran en París y el día 22 de mayo Francia concierta un armisticio con Alemania.
- 24 de julio: Los británicos sufren los primeros ataques aéreos germanos. Ha comenzado la Batalla de Inglaterra.
- 26 de agosto: Aviones británicos bombardean Berlín en represalia por un ataque a Londres.
- 23 de octubre: Hitler se reúne con Franco en Hendaya.

- 15 de noviembre: La *Luftwaffe* ataca Coventry, causando un millar de muertos.
- 1 de noviembre: Mussolini se lanza a la invasión de Grecia desde la ocupada Albania, pero los griegos resisten e incluso pasan al ataque.
- 9 de noviembre: Italianos y británicos combaten en la frontera egipcia.

1941: Duelo en el este

- 20 de enero: Los británicos penetran en la colonia italiana de África Oriental y avanzan hacia Abisinia.
- 6 de abril: Acudiendo en socorro de Mussolini, Alemania invade Yugoslavia y Grecia. Belgrado es sometida a un brutal bombardeo.
- 27 de abril: El *Afrika Korps* inicia su andadura a las órdenes de Rommel. Los británicos resisten en la fortificada Tobruk.
- 12 de mayo: Rudolf Hess se lanza en paracaídas sobre Escocia para negociar un acuerdo de paz, pero es hecho prisionero.
- 20 de mayo: Paracaidistas alemanes caen sobre Creta, que será conquistada.
- 27 de mayo: El acorazado germano *Bismarck* es hundido por la *Royal Navy*, para gran disgusto de Hitler.
- 22 de junio: Se pone en marcha la Operación Barbarroja: Los alemanes invaden la Unión Soviética.
- 19 de septiembre: Avance germano arrollador. Los alemanes toman Kiev. El final ruso parece próximo.
- 7 de diciembre: Ataque de la aviación nipona a la base naval de Pearl Harbor (Hawai). Al día siguiente, Estados Unidos declara la guerra a Japón.
- 11 de diciembre: Alemania e Italia declaran la guerra a Estados Unidos.

1942: El Eje alcanza su máxima expansión

- 5 de febrero: Singapur cae ante el avance nipón por la península malaya.

- 5 de mayo: Los británicos desembarcan en Madagascar, ante el riesgo de una acción nipona.
- 21 de junio: Tobruk se rinde a las fuerzas de Rommel. Se abre la puerta de Egipto.
- 1 de julio: Cae Sebastopol durante la ofensiva alemana de verano.
- 19 de agosto: Incursión aliada en Dieppe, que es repelida con facilidad por los alemanes.
- 25 de octubre: Operaciones contra los japoneses en Guadalcanal. Los ingleses atacan en El Alamein. Comienza la batalla por Stalingrado.
- 4 de noviembre: Las tropas de Rommel, derrotadas, se retiran de Egipto.
- 8 de noviembre: Operación Antorcha (*Torch*): Los Aliados desembarcan en África del Norte.

1943: La guerra cambia de signo
- 2 de febrero: El mariscal Paulus se rinde en Stalingrado.
- 11 de febrero: Los norteamericanos controlan Guadalcanal.
- 12 de mayo: El *Afrika Korps* se rinde en Túnez. El Eje es expulsado de África del Norte.
- 9 de julio: Norteamericanos y británicos desembarcan en Sicilia.
- 25 de julio: Mussolini es depuesto. Le sustituye Badoglio, que acuerda un armisticio el 3 de septiembre.
- 1 de octubre: Los Aliados entran en Nápoles, tras un lento y costoso avance.
- 1 de diciembre: Roosevelt, Churchill y Stalin se reúnen en Teherán.

1944: Normandía abre el camino de la victoria
- 22 de enero: Los Aliados desembarcan en Anzio para abrir el frente de Montecassino, pero no lo logran.
- 28 de febrero: Tropas británicas e indias rechazan una incursión japonesa en la India desde Birmania.
- 9 de mayo: Sebastopol es reconquistada por los soviéticos. Los alemanes retroceden en todo el frente ruso.

- 18 de mayo: Los Aliados se apoderan de Montecassino, tras cuatro meses de dura resistencia alemana.
- 4 de junio: El general norteamericano Mark Clark, al frente del V Ejército, entra en Roma, que había sido declarada «ciudad abierta».
- 6 de junio: Día-D: Los Aliados desembarcan en la costa de Normandía. Tan sólo encuentran dificultades en la playa de Omaha, pero consiguen franquear el Muro Atlántico.
- 4 de julio: En su ofensiva de verano, los soviéticos reconquistan la capital bielorrusa, Minsk.
- 20 de julio: Atentado contra Hitler, del que sale ileso. Se desata una amplia represión, que costará la vida a Rommel.
- 25 de agosto: Los Aliados entran en París.
- 1 de septiembre: El Ejército Rojo alcanza la frontera búlgara en el Danubio.
- 17 de septiembre: Montgomery ordena la Operación *Market Garden*, con el fin de atravesar Holanda rápidamente en dirección a Alemania. El plan fracasa.
- 13 de noviembre: El acorazado alemán *Tirpitz* es hundido en un fiordo noruego, sin haber disparado un solo proyectil.
- 17 de diciembre: Los alemanes inician en las Ardenas su última ofensiva, pero la falta de combustible agota el avance, después de internarse 88 kilómetros.
- 25 de diciembre: MacArthur regresa a Filipinas, cumpliendo así su promesa («Volveré»).
- 28 de diciembre: El general Patton rompe el cerco de Bastogne. La ofensiva alemana fracasa definitivamente.

1945: El último acto
- 17 de enero: Los soviéticos entran en Varsovia, después de que los alemanes ahogasen en sangre la rebelión de la población.
- 12 de febrero: Declaración de Yalta, acordada por Roosevelt, Churchill y Stalin, en la que el líder soviético consigue todas sus pretensiones.

- 19 de febrero: Los marines desembarcan en Iwo Jima. La lucha durará 26 días, en los que la resistencia nipona será desesperada.
- 7 de marzo: El I Ejército norteamericano cruza el Rin por el puente de Remagen. Patton lo atraviesa por el sur, adelantándose a Montgomery, que lo hace por el norte.
- 1 de abril: Los norteamericanos inician la conquista de la isla de Okinawa. La resistencia japonesa es también numantina.
- 16 de abril: Comienza la ofensiva soviética sobre Berlín.
- 26 de abril: En Riese, al sur de Torgau, las tropas norteamericanas y las soviéticas entran en contacto. El Reich ya está partido en dos.
- 28 de abril: Mussolini es fusilado por partisanos italianos y su cuerpo colgado en una gasolinera. El VII Ejército norteamericano entra en Munich.
- 30 de abril: Hitler se suicida junto a Eva Braun en su búnker de Berlín.
- 1 de mayo: El almirante Doenitz asume el poder, cumpliendo la última voluntad de Hitler.
- 7 de mayo: Los alemanes firman el acta de rendición en Reims ante los Aliados occidentales a las 2:41 de la madrugada.
- 8 de mayo: Por exigencias de Stalin, se firma la rendición incondicional en Berlín.
- 26 de junio: Se clausura la Conferencia de San Francisco, en la que se crea la Organización de las Naciones Unidas (ONU).
- 2 de agosto: Declaración de Potsdam, firmada por Attlee, Truman y Stalin.
- 6 de agosto: Se lanza sobre Hiroshima la primera bomba atómica. El día 9 Nagasaki sufre otro bombardeo nuclear.
- 2 de septiembre: Japón firma la rendición incondicional, en una ceremonia celebrada en el acorazado *Missouri*, anclado en la bahía de Tokio. La Segunda Guerra Mundial ha finalizado.

LA II GUERRA MUNDIAL EN EL CINE

El conflicto de 1939-45 ha inspirado un buen número de obras maestras del séptimo arte. Ya sea para destacar el heroísmo de sus protagonistas o para reflejar la cara más trágica de la guerra, los grandes directores han encontrado en la Segunda Guerra Mundial el escenario ideal para plasmar en el celuloide esas historias épicas o dramáticas.

Sin ánimo de ser exhaustivos, éstas serían las principales películas que tienen como eje principal de su argumento la Segunda Guerra Mundial, así como mis respectivas valoraciones:

Alemania, año cero (Germania, anno zero, Roberto Rossellini, 1947) ***

¿Arde París? (Paris, brûle-t-il?, René Clement, 1966) *

Arenas sangrientas (Sands of Iwo Jima, Allan Dwan, 1949) *

Banderas de nuestros padres (Flags of our fathers, Clint Eastwood, 2006) **

Cartas desde Iwo Jima (Letters from Iwo Jima, Clint Eastwood, 2006) ***

Days of glory (Indigènes, Rachid Bouchareb, 2006) **

De aquí a la eternidad (From Here to Eternity, Fred Zinnemann, 1953) **

El desafío de las águilas (Where Eagles Dare, Brian G. Hutton, 1968) **

El día más largo (The Longest Day, Ken Annakin, Andrew Marton y Bernhard Wicki, 1962) ****

El hundimiento (Der Untergang, Oliver Hirschbiegel, 2004) ****

El pianista (The pianist, Roma Polanski, 2002) ***

El puente (Die Brücke, Bernard Wicki, 1959) ****

El puente de Remagen (The Bridge at Remagen, John Guillermin, 1968) **

El puente sobre el río Kwai (The Bridge on the River Kwai, David Lean, 1957) **

El tren (The Train, John Frankenheimer, 1964) **

Enemigo a las puertas (Enemy at the Gates, Jean-Jacques Annaud, 2001) **

Feliz Navidad, Mr. Lawrence (Senjo no Merry Christmas, Nagisha Oshima, 1982) *

Guadalcanal (Guadalcanal Diary, Lewis Seiler, 1943) *

Ha llegado el águila (The Eagle Has Landed, John Sturges, 1976) *

Hasta donde los pies me lleven (So weit die füsse tragen, Hardy Martins, 2001) ****

Infierno en el Pacífico (Hell in the Pacific, John Boorman, 1969) **

Invasión en Birmania (Merril's Marauders, Sam Fuller, 1962) **

La batalla de Alamein (La battaglia di El Alamein, Giorgio Ferroni, 1968) **

La batalla de Anzio (Anzio, Edward Dmytryk, 1968) **

La batalla de Inglaterra (The Battle of Britain, Guy Hamilton, 1969) ***

La batalla de las Ardenas (Battle of the Bulge, Ken Annakin, 1965) *

La batalla de Midway (Midway, Jack Smith, 1976) **

La batalla de Stalingrado (Stalingrads koya bitva, Vladimir Petrov, 1949) **

La Cruz de Hierro (The Iron Cross, Sam Peckinpah, 1976) **

La delgada línea roja (The Thin Red Line, Terrence Malick, 1998) *

La gran evasión (The Great Escape, John Sturges, 1963) ****

La lista de Schindler (Schindler´s list, Steven Spielberg, 1993) ****

La noche de los generales (The night of the generals, Anatole Litvak, 1966) **

Los cañones de Navarone (The Guns of Navarone, J. Lee Thompson, 1961) **

Los héroes de Telemark (The Heroes of Telemark, Anthony Mann, 1965) **

McArthur, el general rebelde (McArthur, Joseph Sargent, 1977) **

Objetivo: Birmania (Objetive Burma!, Raoul Walsh, 1944) ***

Patton (Patton, Lust of glory, Franklin J. Scheffner, 1970) *****

Pearl Harbor (Pearl Harbor, Michael Bay, 2001) *

Rebelión en Polonia (Uprising, John Avnet, 2001) **

Roma, ciudad abierta (Roma, città aperta, Roberto Rosellini, 1945) ****

Salvar al soldado Ryan (Saving Private Ryan, Steven Spielberg, 1998) *****

Stalingrado (Stalingrad, Joseph Vismaier, 1992) ****

Sophie Scholl: Los últimos días (Sophie Scholl: Die leszten Tage, Marc Rothemund, 2005) ***

Tobruk (Tobruk, Arthur Hiller, 1967) **

Tora! Tora! Tora! (Tora! Tora! Tora!, Richard Fleischer, Toshio Masuda, Kinji Fukasaku y Kinji Fukasuku, 1970) ****

Treinta segundos sobre Tokio (Thirty Seconds Over Tokyo, Melvyn LeRoy, 1944) ***

Un puente lejano (A Bridge Too Far, Richard Attenborough, 1977) ***

Uno Rojo, división de choque (The Big Red One, Sam Fuller, 1980) **

¿Vencedores o vencidos? (Judgment at Nuremberg, Stanley Kramer, 1960) ***

Windtalkers (Windtalkers, John Woo, 2002) ***

Calificación personal del autor:

* Prescindible
** Interesante
*** Buena
**** Muy buena
***** Obra maestra

Bibliografía Básica

La Segunda Guerra Mundial dispone de una extensísima bibliografía, imposible de abarcar. No obstante, para los lectores que deseen una primera aproximación a esta contienda, recomiendo un plan de lectura integrado por las siguientes obras, que considero imprescindibles para adquirir una visión global del conflicto:

BOURKE, Joana. «La Segunda Guerra Mundial. Una historia de las víctimas». Paidós. Barcelona, 2002.

CHURCHILL, Winston. «Memorias. La Segunda Guerra Mundial», 2 volúmenes. La Esfera de los Libros. Madrid, 2004 (disponible edición de bolsillo).

CRAIG, William. «La caída del Japón». Luis de Caralt. Barcelona, 1974 (reedición 2006).

FEST, Joachim. «Hitler. Una biografía». Editorial Planeta. Barcelona, 2005.

GILBERT, Martin. «La Segunda Guerra Mundial. 1939-1942». La Esfera de los Libros. Madrid, 2005.

GILBERT, Martin. «La Segunda Guerra Mundial. 1943-1945». La Esfera de los Libros. Madrid, 2006.

GOLDENSHON, Leon. «Las entrevistas de Nuremberg». Taurus. Barcelona, 2004.

HART, Basil Liddell. «Historia de la Segunda Guerra Mundial», 2 volúmenes. Luis de Caralt. Barcelona, 2001 (reedición en 2006 en un solo volumen).

HEIBER, Helmut, ed. «Hitler y sus generales». Editorial Crítica. Barcelona, 2004.

MURRAY, Williamson y MILLETT, Allan. «La guerra que había que ganar». Editorial Crítica. Barcelona, 2002 (disponible edición de bolsillo en Booket).

OVERY, Richard. «Interrogatorios. El Tercer Reich en el banquillo». Editorial Tusquets. Barcelona, 2003.

RHODES, Richard. «Amos de la muerte. Los SS Eisatzgruppen y el origen del Holocausto». Editorial Seix Barral. Barcelona, 2005.

SPEER, Albert. «Memorias». Editorial Círculo de Lectores. Barcelona, 1970 (reeditada por El Acantilado, Barcelona, 2001).

TOLAND, John. «Los últimos 100 días». Bruguera. Barcelona, 1970.

TREVOR-ROPER, Hugh. «Las conversaciones privadas de Hitler». Editorial Crítica. Barcelona, 2004.